Liebe, Mord und Sterne

Frida Becker

Doyé Verlag

IMPRESSUM

Besuchen Sie mich gerne im Internet:
auf facebook:
facebook.com/pages/Frida-Becker /217636765111290

Autorin: Frida Becker
Becker.Frida@web.de
c/o Doyé Verlag
Zur Waage 8
10247 Berlin

ISBN: 978-3-9815843-5-6
Cover-Design: © Martin Keuters
Cover-Foto: © Panthermedia
2014: © Frida Becker

Freitag

"If a song...could get me you.......", Lisa dreht das Autoradio lauter. Die Sonne scheint, weiße Wölkchen segeln am stahlblauen Himmel und es weht ein leichter Wind. Das Leben kann so schön sein. Könnte.

"I could sing it high or low...", Lisa singt voller Inbrunst mit. Dieses Lied hat sie schon immer gemocht und in der jetzigen Situation passt es auch noch so gut.

Sie ist jetzt kurz vor München und der Verkehr wird dichter. Was glotzt die denn so?

Die Frau mit der Haarsprayfrisur in dem Audi, der auf gleicher Höhe mit Lisa fährt, schaut pikiert zu ihr rüber.

Und nicht nur sie, auch die Oma und die zwei Kids auf dem Rücksitz verdrehen sich die Hälse.

Sogar der Typ hinterm Steuer riskiert einen kurzen Blick.

".. sing it on the radio...", Lisa klappt schlagartig den Mund zu. Kann es sein, dass die da drüben ihr Gegröle hören?

Gott, wie peinlich!

Vorsichtshalber kurbelt sie ihr Fenster hoch. Jetzt ist es stickig im Auto und sie hat keine Lust mehr zu singen.

Mechanisch überprüft sie ihr Handy.

Als Polizistin würde Lisa zwar ohnehin nicht ohne Freisprechanlage telefonieren, und so eine hat sie in ihrem alten Fiat nicht. Aber bei Bedarf könnte sie ja mal kurz rechts ranfahren...

Egal, es hat sowieso keiner angerufen. Und wenn Lisa ehrlich zu sich ist, weiß sie auch, dass ihr das Klingeln keinesfalls entgangen wäre.

Das wär ja wider jeden Instinkt. Wie wenn eine Mutter

nachts ihr Baby nicht schreien hört.

***

Jetzt ist sie am Autobahnende und biegt rechts auf den Ring.

Sie kurbelt das Fenster wieder runter. Um sich abzulenken summt sie, sehr dezent diesmal ...da sind Millionen Lichter in der Stadt... mit, obwohl sie die Nummer auf den Tod nicht ausstehen kann, aber gegen den Ohrwurm nicht ankommt. Dabei beobachtet sie aus dem Augenwinkel zwei junge Türken auf der Spur neben ihr.

Keine Reaktion.

Gut, das wollte sie nur wissen.

Vielleicht hat sie sich das mit dem Audi vorhin ja nur eingebildet? Oder aber die Türken sind zu cool, um eine pummelige, fast dreißig-Jährige überhaupt eines Blickes zu würdigen?

Himmel, Lisa hat wirklich andere Probleme. Ihr schweigendes Handy zum Beispiel. Wobei, noch ist nicht alles verloren. In circa zehn Minuten kann sie zuhause bei ihrem Anrufbeantworter sein. Gut, zehn Minuten und drei Stunden wäre realistischer, wenn man die Parkplatzsituation im Glockenbachviertel berücksichtigt. Aber sie könnte ja einen Moment in zweiter Reihe stehen bleiben....

Genau.

So eine klitzekleine Verkehrssünde kann sie sich anbetrachts der Umstände heute ohne schlechtes Gewissen gönnen.

Die Umstände sind die: Vangelis hat sie seit fünf Tagen nicht angerufen. Die ganze lange Woche, die sie in

Langenbach, das ist in der Nähe von Landshut, bei der goldenen Hochzeit ihrer Großeltern war, nicht.

Genau genommen hat er sich nicht mehr gemeldet, seit sie das letzte Wochenende zusammen verbracht haben.

Und um restlos ehrlich zu sein, hat er sie überhaupt noch NIE angerufen.

Andrerseits, sie haben sich ja auch mehr oder weniger nur vom Sehen gekannt, bevor sie sich ganz plötzlich, dafür aber umso heftiger, ineinander verliebt haben. Bevor sie von Freitagabend bis Sonntagnachmittag Vangelis' Schlafsofa so gut wie gar nicht verlassen haben. Bevor Lisa wusste, dass das mit Vangelis das Größte und Schönste ist, was einem im Leben überhaupt passieren kann. Und bevor sie dann als glücklichste Frau der Welt zu ihren Eltern aufgebrochen ist.

Ach, pfeif aufs Handy! Wenn es den guten alten Festnetzanschluss gibt.

Der vorübergehende Liebeskummer hat sogar was Gutes: Lisa hat zwei Kilo abgenommen. Während sich die Feierlichkeiten träge hingezogen haben und ganz Langenbach der Völlerei verfallen war.

Nur Lisa nicht, und darauf ist sie stolz!

Sie ist sich aber auch darüber im Klaren, dass den zwei Kilos noch mindestens fünf weitere folgen müssen, wenn sie den göttlichen Vangelis auf Dauer halten will.

***

Lisa seufzt beim bloßen Gedanken an Vangelis makellose Schönheit. Schwarze Locken, schokoladebraune Augen, bronzene Haut auf Waschbrettbauch…

O.k., intellektuell hat er möglicherweise leichte Defizite, aber Lisa will ja auch nicht mit ihm diskutieren.

Könnte sie gar nicht.

Vangelis spricht nicht mehr deutsch, als er in der griechischen Kneipe, in der er kellnert, zum Überleben braucht.

Und sie selbst kann vielleicht zehn Worte griechisch.

Maximal.

Huuuuup!

Scheiße!

Lisa hat glatt mindestens zehn Sekunden der Grünphase an der Prinzregentenstraße verpennt, die ohnehin höchstens zwanzig dauert. Sie hat vollstes Verständnis dafür, dass es Menschen gibt, die sie jetzt hassen. Oft genug hat sie selbst jeden verflucht, der bei Grün erst mal umständlich den Gang eingelegt hat und dann langsam losgeruckelt ist.

An Kreuzungen wie dieser muss man mit durchgetretener Kupplung in den Startlöchern stehen!

Beschämt konzentriert sich Lisa nun wirklich und ausschließlich auf den Verkehr und biegt fünf Minuten später in die Klenzestraße ab.

Was ist das denn?

Ein Parkplatz direkt vor ihrer Haustür? Das hat es in den fünf Jahren, die Lisa jetzt schon hier wohnt, noch nie gegeben.

Wenn das kein gutes Omen ist!

Genüsslich setzt Lisa den Blinker, legt den Rückwärtsgang ein - und dann wird ihr schlecht.

Da war nur urplötzlich so ein Gedanke.

Eine Schreckensvision.

Was ist, wenn Vangelis NICHT auf ihren Anrufbeantworter gesprochen hat?

Nichts wie weg hier! Sie kann da jetzt nicht einfach

hochgehen.

Nicht dermaßen unvorbereitet.

Sie hat ja noch gar nicht darüber nachgedacht, wie ein Leben ohne Vangelis, nach den Tagen und Nächten mit Vangelis, überhaupt aussehen könnte.

Sie hat bis grade eben erfolgreich verdrängt, dass sie ihm letzten Sonntag ihre Handy – und nicht ihre Festnetznummer aufgeschrieben hat. Damit er sie anrufen kann, während sie bei ihren Eltern ist.

Und auch das Gerücht, dass Vangelis eine feste Beziehung hat, hat sie einfach nicht in ihr Bewusstsein dringen lassen.

***

Lisa hat eine beste Freundin. Ellen.

Sie haben sich vor fünf Jahren kennengelernt, als Lisa bei der Mordkommission angefangen hat.

Ellen arbeitet im Labor der Rechtsmedizin, sie war damals auch neu in München. Ellen kommt aus der Nähe von Hamburg und ist im Prinzip das genaue Gegenteil von Lisa: Blond, dünn, logisch, diszipliniert.

Lisa ist dunkelhaarig, ein bisschen barock und eher chaotisch.

Trotzdem haben sich die beiden auf Anhieb super verstanden und fast alles immer gemeinsam gemacht.

Bis vor einem Jahr.

Seitdem kann Lisa nicht mehr einfach jederzeit bei Ellen aufkreuzen.

Weil Ellen jetzt eine BEZIEHUNG hat.

Ausgerechnet mit Carsten Mayr, dem Staatsanwalt.

Carsten ist so ungefähr der letzte Mensch, dem Lisa in ihrem aufgewühlten Zustand gegenübertreten möchte.

Deshalb muss sie in dieser Stunde der Not auf Ellen verzichten.

Zum Glück gibt es Jan.

Jan Högl ist Hauptkommissar, Lisas direkter Vorgesetzter und ein wirklicher Schatz. Außerdem hat Jan sowieso mehr Sinn für Tragik als Ellen. Und das ist genau das, was Lisa jetzt braucht.

Lisa wird übermorgen dreißig, sie ist seit ihrem endgültigen Umzug nach München, also seit fünf Jahren, Single und wartet seit Tagen auf den Anruf ihres Liebsten!

Wenn das kein Grund zur Tragik ist?

***

Jan wohnt praktisch um die Ecke.

Einfach über die Isar und dann nach dem Mariahilfplatz noch ein Stück den Berg hoch. In einem Wohnblock mit Hinterhof, auf dem man sogar parken darf.

Jans Schatz, Andrea, öffnet Lisa die Tür und freut sich offensichtlich: „Ciao Bella!"

Er drückt Lisa an seine breite, unglaublich männliche Brust. Lisa fühlt sich augenblicklich total beschützt und geborgen.

„Wie war's bei deiner Familia? Magst du mit uns essen?", Andrea grinst, „auch wenn heute Jan gekocht hat?"

„Ich...ähm...ich glaub, ich bin nicht hungrig, Andrea."

„Verstehe." Andrea insistiert nicht weiter, schlägt aber vor: „Aber was hältst du von Dolce? Die mach natürlich ich. Tiramisu? Panna Cotta? Was magst du haben, Cara?"

Lisa muss schlucken. Andrea ist SO lieb zu ihr.

Gut, ihre Mutter hat sie die letzten Tage auch mit Süßigkeiten vollstopfen wollen. Mit Apfelstrudel, Kaiserschmarrn, Birne Helene. Nur das kann man ja kaum vergleichen, oder? Außerdem ist ihre Mutter auch nicht so...so charmant wie Andrea. Sie könnte Apfelstrudel nie so sinnlich sagen, wie Andrea Panna Cotta sagt.

Und sie erinnert Lisa kein bisschen an Vangelis.

Andrea schon.

Der schiebt sie jetzt ein Stück von sich weg und schaut ihr tief in die Augen: „Probleme?"

„Ich...ähm...nein. Nein, natürlich nicht!" Lisa lächelt tapfer. „Ich bin nur ein bisschen müde. Und die Hitze und...na ja, sonst geht's mir wirklich ganz gut."

In dem Moment hört man einen wütenden Aufschrei: „Scheiße aber auch!", gefolgt von einem alarmierenden Scheppern.

„Porco dio!" Andrea stürzt in die Küche, wo Jan einen Topf Tomatensoße offensichtlich gerade in die Spüle gepfeffert hat.

Überall sind eklige, rote Spritzer und es stinkt.

Jan zuckt entschuldigend die Schultern: „Die Pampe ist schon wieder angebrannt!"

Andrea schiebt Jan beiseite: „Geh weg, kümmere dich um deinen Besuch. Ich mach das hier."

Lisa hat schon immer vermutet, dass Jan sich beim Kochen extra dumm anstellt. Verständlich, schließlich ist er mit einem professionellen Koch liiert.

Auch jetzt überlässt er Andrea sehr bereitwillig die Küche und nimmt Lisa in den Arm: „Rehlein! Schön, dass du wieder da bist."

Schon allein dafür, dass Jan sie Rehlein nennt, würde sie ihn lieben!

Lisa findet, dass sie alles andere als ein Rehlein ist.

Gut, die großen, braunen Augen vielleicht, aber sonst? Rehlein sind grazil und zerbrechlich, und Lisa trägt Kleidergröße 40! Da wäre Hirschkuh schon passender. Aber so was würde Jan niemals zu ihr sagen und Lisa revanchiert sich, indem sie Jan manchmal ihren Helden nennt.

Übrigens findet Lisa wirklich, dass Jan ein Held ist. Nicht nur weil er mit seinen blonden Strubbelhaaren und den blauen Augen wie eine kompaktere Ausgabe von Siegfried ausschaut.

Jan hat ihr mal gestanden, dass er nur deshalb zur Polizei gegangen ist, weil er eigentlich ein totaler Schisser ist und weil ihm schlecht wird, wenn er Blut sieht. Dagegen wollte er was tun.

Konfrontation mit den eignen Ängsten und so.

Jan kommt von einem Bauernhof im Bayrischen Wald und heißt eigentlich Johann. Der Johann von damals hat sich eingebildet, dass das, was er fühlt, falsch ist. Dass er sich komplett ändern muss. Dass er das vielleicht hinkriegt, wenn er seinen Körper eisern trainiert und immer eine Pistole einstecken hat.

Na ja, und ein bisschen hat er auch gehofft, dass es bei der Polizei in München von solchen Kerlen, wie er einer werden wollte, nur so wimmelt.

„Hi, mein Held! Mein großer, starker...", sie knufft Jan genau in die Stelle, wo sich unter dem T-Shirt ein Speckröllchen abzeichnet.

„Bäh, du böse Hexe", schmollt Jan demonstrativ tuckig und haut Lisa mit dem Geschirrtuch, das er lässig über die Schulter drapiert hatte, auf den Po. „Wer im Glashaus sitzt..."

Lisa mag sich gar nicht vorstellen, wie sie selbst aussehen würde, wenn sie einen Koch als Lebensgefährten hätte und wechselt das Thema.

„Komm Jan, wir setzten uns auf den Balkon und teilen uns ein Gläschen stilles Wasser?"

„Na gut." Jan sieht Lisa prüfend an, bevor er mit normaler Stimme weiter spricht: „Aber nur, wenn du mir alles erzählst!"

Lisa macht ein erstauntes Gesicht: „Ich war bei meinen Eltern, Jan. Bei der goldenen Hochzeit meiner Großeltern! Was willst du hören? Meine Tante Grete hat sich an der Hüfte operieren lassen. Aber es geht ihr schon wieder recht gut und..."

Jan zuckt die Schultern, schnappt sich eine Flasche Wasser, zwei Gläser und geht an Lisa vorbei zum Balkon, wo er sich betont unbeteiligt auf die kleine Holzbank setzt.

Lisa setzt sich daneben und zögert den Moment der Wahrheit noch ein wenig raus.

Sie weiß natürlich, was Jan von ihr hören will, und sie ist ja auch hier, um ihm genau das zu erzählen.

Aber sie hat sich grade eben so wohl gefühlt.

Und wenn sie jetzt ausspricht, dass Vangelis immer noch nicht angerufen haben könnte, dann wäre diese Möglichkeit plötzlich so real, und dann würde Lisa sich überhaupt nicht mehr wohlfühlen.

Nie mehr.

Also guckt sie einfach geradeaus und fragt möglichst beiläufig: „Und? Was passiert die letzen Tage?"

„Hier?" Jan guckt auch geradeaus: „Nicht viel. Nur die Beerdigung vom alten Segmüller..."

Jetzt schaut Lisa Jan doch an: „Ach, bist du hingegangen?"

„Klar, wär' ja sonst nur seine Schwester da gewesen. Und kein Mensch, der sie tröstet." Jan guckt Lisa immer noch nicht an. „Andrea meint, vielleicht sollte ich mal mit Ilse reden."

Spontan legt Lisa ihren Kopf an Jans Schulter: „Tu das."

Ilse Scharnagel wohnt im Stockwerk unter Jan und Andrea und ist Sozialarbeiterin. Schwerpunktmäßig betreut sie Alten-WG's.

Vielleicht schafft Ilse es tatsächlich, Frau Segmüller in so einer WG unterzubringen? Normalerweise muss man sich dafür zwar Jahrzehnte vorher anmelden, aber Ilse sitzt ja sozusagen an der Quelle.

Lisa kann sich gut vorstellen, dass Frau Segmüller gern umziehen würde.

Sie hat ein Leben lang mit ihrem Bruder zusammengelebt, und dann hat der eines Nachts komische Geräusche aus der Nachbarwohnung gehört. Statt gleich die Polizei zu rufen, hat er selber nachgesehen und ist von einem Einbrecher niedergeschlagen worden. Am nächsten Tag ist er an seinen schweren Kopfverletzungen gestorben. Die Nachbarin selbst hatte Tabletten genommen und das ganze Drama schlichtweg verschlafen.

Und jetzt ist Frau Segmüller ganz allein auf der Welt und in der Wohnung, wo sie doch alles an ihren Bruder erinnert!

Es vergeht wirklich kein Tag, an dem Lisa nicht froh ist, dass sie ausgerechnet Jan Högl zugeteilt worden ist. Dem einzigen Kollegen, für den ein Fall nicht abgeschlossen ist, nur weil der Täter gefasst wurde. Sie hofft, nein sie WEISS, dass Jan genauso gern mit ihr zusammenarbeitet.

Beide schweigen noch einen Moment einvernehmlich, dann schwenkt Jan die Wasserflasche lockend vor Lisas Gesicht. „Entweder, du sagst mir auf der Stelle, was los ist, oder ich lass dich eiskalt verdursten."

Lisa zögert.

Jan gießt sich selbst ein Glas ein und nimmt einen

großen Schluck. „Ah, lecker", dann hält er die Flasche über Lisas Glas, wartet.

„Ich hab Franz getroffen. Zufällig auf der Straße..."

Jan gießt ihr ein kleines Schlückchen ein.

„Wir haben aber nicht viel reden können, weil er seine Schlaftablette, diese Gerda, dabeigehabt hat..."

Noch ein kleines Schlückchen.

„Es ist mir egal, wirklich vollkommen egal, dass Franz mit der langweiligen Kuh verheiratet ist. Ich mein, er hat mir DREI Mal einen Heiratsantrag gemacht, und ich hab ihn ja nicht gewollt. Außerdem ist das alles auch schon fünf Jahre her."

Jan macht das Glas voll, hält es aber noch die Hand drüber: „Und warum erzählst du es mir dann?"

„Weil...weil...hast du gewusst, dass die jetzt Zwillinge haben? Total süß, ehrlich!"

Jan zieht abwartend eine Braue hoch.

Lisa zögert. „Ich hab nie behauptet, dass ich mit Franz nicht glücklich gewesen wär. Oder hab ich das?"

Jan entgegnet leicht ungeduldig: „Komm schon, wenn du mit Franz glücklich gewesen wärst, dann hättest DU jetzt die Zwillinge."

Lisa seufzt: „Stimmt auch wieder. Aber ich würde noch immer in Langenbach sitzen und wär nie Kommissarin geworden. Dich hätte ich auch nicht kennen gelernt."

„Exakt! Genau deshalb hat es dich bisher auch wirklich nicht interessiert, ob Franz Zwillinge hat. Was ist also jetzt der Unterschied?"

„Dass...weil... bisher war ich ja auch noch nie fast dreißig!", platzt Lisa heraus. „Und hab nicht eine ganze Woche lang drauf gewartet, dass mich jemand anruft, der nicht anruft und..."

Jan schiebt ihr das Glas hin: „Dein Ölauge hat sich also immer noch nicht gemeldet? Dann kannst du ihn knicken, würde ich sagen."

Recht hat er!

Aber Lisa will nicht, dass Jan Recht hat.

„Hey, es ist doch gar nicht sicher, dass er wirklich nicht angerufen hat…"

Jan grummelt abfällig.

„Ja gut, vielleicht nicht auf dem Handy, aber ich bin noch gar nicht zuhause gewesen. Und es kann sehr gut sein, dass er mir dort aufs Band gesprochen hat. Er kann sich meine Nummer über die Auskunft besorgt haben, weil er den Zettel mit meiner Handynummer verloren hat und…"

„Sag bloß, du hast noch nicht nachgesehen?" Jan unterbricht, ehrlich überrascht.

Lisa ist auch überrascht, dass ihr plötzlich eine Träne über die Wange kullert. „Nein, weil…weil…Jan, was soll ich denn nur machen, wenn der blöde AB nicht blinkt?"

„O.k., Schätzchen", Jan legt Lisa den Arm um die Schulter und wischt ihr mit der anderen Hand vorsichtig die Träne weg, „ich komm mit!"

Lisa schnieft gerührt: „Tatsache?"

Jan nickt, nimmt einen Zipfel seines T-Shirts, leckt ihn ab und rubbelt was von Lisas Wange.

„Was machst du denn?"

„Da war verschmierte Wimperntusche!"

Lisa zuckt nur die Schultern. Und wenn schon.

„Stell dir vor, du kommst jetzt heim, und der Grieche sitzt seit fünf Tagen vor deiner Tür. Er ist völlig entkräftet, abgemagert, krank vor Sehnsucht, kurz vorm Delirium, und deine Wimperntusche ist verschmiert?"

„Das…das ist jetzt nicht dein Ernst?"

„Doch!" Zum Beweis hält ihr Jan den schwarzen Zipfel seines T-Shirts hin.

Lisa muss unwillkürlich lächeln. Dann zögert sie: „Du

magst Vangelis nicht besonders, stimmt's?"

Jan sieht Lisa direkt in die Augen: „Ich mag keinen, der er dir weh tut."

Lisa dreht beschämt den Kopf weg.

Jan geht also davon aus, dass Vangelis ihr wehtun wird, was gleichbedeutend ist mit: er hat sowieso nicht angerufen.

„Lisa?" Jan dreht ihren Kopf sanft zurück und sieht ihr wieder in die Augen.

Lisa macht sich los und steht entschlossen auf: „Danke, Jan. Weißt du, mir ist grade was klar geworden. Ich kann dein Angebot nicht annehmen, weil...weil ich das allein hinkriegen muss."

Sie nickt Jan tapfer zu, und verlässt zügig den Balkon, bevor sie es sich anders überlegen kann.

Himmel, sie wird sich jetzt am Riemen reißen!

Sie ist kein alberner Teenie, sie ist eine erwachsenen Frau und Polizistin obendrein. Sie wird jetzt Mut zeigen, Willensstärke und eiserne Nerven.

„Ciao Caro!" ruft sie Richtung Küche und Andrea, bevor sie die Tür ins Schloss fallen lässt.

Als sie unten im Hof zu ihrem Auto geht, lehnt sich Jan gefährlich weit über das Balkongeländer: „Falls was ist, rufst du aber an, ja? Ich kann in zehn Minuten bei dir sein! Und Panna Cotta mitbringen, o.k.?"

Fast wird Lisa weich und will Jan bitten, sie doch lieber gleich zu begleiten.

Doch dann wirft sie ihm nur eine Kusshand zu. „Danke, Jan, ich hab dich lieb!"

Jan winkt verlegen ab.

Lisa setzt sich in ihr Auto und lässt entschlossen den Motor an. Hoffentlich ist der geile Parkplatz von vorhin noch da.

***

Lisas Hände zittern, als sie endlich ihre Wohnungstür aufschließt. Natürlich war der Parkplatz weg, und sie steht nun Kilometer entfernt und außerdem zur Hälfte im Halteverbot. Bestimmt hat sie morgen wieder einen Zettel.

Manchmal hat sie Albträume, dass Carsten im Computer der Verkehrsüberwachung rumspioniert und rauskriegt, wie viele Knöllchen Lisa so kassiert. Und dann würde er sie zur Schnecke machen, aber sowas von. Von wegen Vorbildfunktion und alles.

Sie lässt die Reisetasche im Flur stehen und atmet tief durch.

Sie redet sich selbst gut zu, dass ihr Leben NICHT von diesem Anruf abhängt. Dass es ohnehin grenzwertig ist, wie geradezu hysterisch sie sich nach diesem Mann sehnt, mit dem sie ein einziges Wochenende verbracht hat.

Hat sie Torschlusspanik? Und wenn ja, warum hat sie das vorher nie bemerkt?

Kurz spielt sie mit dem Gedanken, einen Termin beim Polizeipsychologen zu machen und verwirft ihn wieder.

Sie ist verliebt – na und!?

Dann strafft sie sich und betritt ihr Wohnzimmer.

Er blinkt!

Der Anrufbeantworter blinkt!

Lisa bekommt auch noch weiche Knie und setzt sich aufs Sofa.

Okay, jetzt nur nichts überstürzen. Momente wie diesen muss man zelebrieren.

Sie springt also wieder auf und holt sich aus dem Kühlschrank den Rest vom Weißwein, den sie neulich abends mit Silvia getrunken hat.

Genaugenommen hat Lisa getrunken, Silvia hat überwiegend dran gerochen. Weil Silvia extrem auf ihre Ernährung achtet, erst Recht seit sie schwanger ist.

Lisa bewundert Silvia einerseits dafür, dass die so genau zu wissen scheint, was gut für sie ist und was nicht.

Andrerseits findet sie deren beschauliches Leben langweilig.

Obwohl manchmal, aber wirklich nur manchmal, ist sie auch ein kleines bisschen neidisch.

Lisa gießt sich also das Restchen in eins von den wunderschönen Kristallgläsern, die Ellen ihr letztes Weihnachten geschenkt hat.

Dann lässt sie sich wieder auf ihr Sofa plumpsen, lehnt sich genüsslich zurück, nippt an ihrem Wein - irgendwas fehlt.

Ob sie vielleicht die Pralinen, die ihr ihre Mutter mitgegeben hat...? Nein! Lisa kann es sich jetzt nicht mehr leisten, wahllos Zeug in sich hineinzustopfen.

Sie möchte irgendwann beim Sex mit Vangelis nicht mehr ständig dran denken müssen, dass sie den Bauch einzieht.

So wie sie es das letztes Wochenende ununterbrochen getan hat.

Zigaretten!

Eine Zigarette wär jetzt genau das Richtige.

Ist doch egal, dass sie Silvester mit dem Rauchen aufgehört hat. Sie muss ja nicht gleich wieder richtig damit anfangen. Nur ab und zu, bei besonderen Gelegenheiten. Und auch nur ein paar Züge. Dagegen ist doch nichts einzuwenden?

Lisa hat noch eine halbe Packung in der linken Tasche ihrer Winterjacke.

Darauf ist sie besonders stolz. Dass sie es schafft,

Zigaretten zu haben und sie trotzdem nicht zu rauchen.

Nun, jetzt gibt es andere Dinge, auf die sie stolz sein kann. Dass ein griechischer Gott sie tatsächlich angerufen hat, zum Beispiel.

Also, Kippe in der einen Hand, Wein in der anderen und jetzt...hat Lisa keine Hand mehr frei, um auf den Wiedergabeknopf zu drücken.

Sie nimmt einen tiefen Zug von der strohtrockenen, verkrumpelten Zigarette, auf den ihr prompt schwindlig wird und legt sie schnell in den Aschenbecher, der immer noch auf dem Tisch steht. Weil er so hübsch ist.

Dann drückt sie endlich auf Wiedergabe.

Es ist Lisas Mutter. Sie will wissen, ob Lisa gut in München angekommen ist. Verdammt!

Lisa ist ja wohl in der Lage, eine knappe Stunde auf der Autobahn zu überstehen? Sie könnte glatt als Stuntfrau arbeiten, so oft hat sie dieses blöde Schleudertraining mitgemacht!

Ganz nebenbei hat sie schon ganz andere Dinge überlebt: Psychopathische Mörder, die mit Pistolen vor ihr rumgefuchtelt haben. Einmal ist sie sogar mitten in eine Messerstecherei geraten!

Lisa ist klar, dass sie jetzt ungerecht ist. Ihre Mutter kann nichts für das Debakel mit Vangelis. Sie weiß ja noch nicht mal, dass es den gibt. Weil Lisa zwar mit Jan und Ellen mehrfach telefoniert, sonst aber noch mit keinem über ihre veränderte Lebenssituation gesprochen hat.

Außerdem, Lisas Mutter hätte es gern gesehen, wenn Lisa tatsächlich Franz geheiratet und daheim im Betrieb von Onkel Bertram als Sekretärin angefangen hätte. Sie hätte sich bestimmt auch jederzeit gern um die Zwillinge gekümmert....

Da! Es klingelt! Das Telefon klingelt.

Lisa reißt den Hörer hoch. Dann hält sie einen Moment die Luft an, bevor sie völlig cool, völlig relaxed: „Hallo?", haucht.

„Hi Lisa, bist du schon zurück?"

Noch so ne dumme Frage! Lisa kann nicht anders, sie ist maßlos enttäuscht: „Warum rufst du mich an, wenn du denkst, ich wär nicht da?", knurrt sie deshalb vorwurfsvoll.

„Meine Güte, wie bist du denn drauf?" Ellen ist irritiert. Dann versteht sie. „Er hat sich also nicht gemeldet."

„Wie denn auch? Kommt ja keiner durch, wenn dauernd besetzt ist!", grummelt Lisa.

„Tut mir leid, echt Lisa", Ellen nimmt Lisa deren schlechte Laune nicht übel, ist vielmehr voller Mitgefühl. Dass sie offenbar nicht nur Jan, sondern auch noch Ellen Leid tut, macht Lisa wirklich fertig.

Sie zieht an ihrer Zigarette, pustet deprimiert den Rauch aus.

„Spinnst du?", jetzt regt Ellen sich doch auf. „Wieso rauchst du? Der Blödmann ist es nicht wert, dass du wieder mit der Qualmerei anfängst!"

Ellen hört aber auch wirklich die Flöhe husten.

Lisa drückt entnervt die Kippe aus. „Tu ich doch gar nicht."

Ellen schlägt sofort einen versöhnlichen Ton an: „Ich warte seit Stunden drauf, dass du dich zurückmeldest. Ich...kommst du denn klar?"

„Mhmm...", die Gelegenheit wär günstig, aber irgendwie bringt Lisa es nicht fertig, zuzugeben, wie absolut unglücklich sie ist.

Nicht gegenüber einer Frau, die Vangelis grade Blödmann genannt hat.

Einer Frau, die wahrscheinlich bald geheiratet wird.

Nicht mal, wenn der potentielle Ehemann der

widerliche Carsten Mayr ist.

„Lisa", Ellens Stimme klingt beschwörend, „du machst jetzt kein Drama aus dieser Sache, ja? Du hattest ein paar nette Nächte, und Vangelis hat dich sowieso nicht verdient. Das weißt du doch, oder?"

Ellen kann Vangelis definitiv nicht leiden!

Lisa ist noch nicht soweit, in Betracht zu ziehen, dass Jan und Ellen eventuell Recht haben könnten und wechselt lieber das Thema: „Ja, ja. Schon klar. Und sonst? Carsten nicht zuhause?"

„Nö." Ellen sagt das betont unbeteiligt und Lisa wird sofort hellhörig.

Carsten ist immer da, wo Ellen ist. Sie waren gerade mal fünf Wochen zusammen, da ist er direkt bei ihr eingezogen!

Und zwar ohne dass Ellen ihn darum gebeten hätte.

Carsten ist nämlich absolut beziehungsfähig.

Genaugenommen hatte er noch nie eine eigene Wohnung, hat IMMER bei seinen Freundinnen gewohnt. Wenn mit einer Schluss war, ist er bei seinen Eltern untergekrochen, bis er dann die Nächste hatte. Dabei ist Carsten vierzig und Staatsanwalt! Er könnte sich locker ein Luxusapartment leisten. Mit Putzfrau und allem.

Andrerseits, warum sollte er?

Ellen ist die perfekte Hausfrau und lässt es sogar durchgehen, dass sich Carsten mit keinem Cent an der Miete beteiligt. Einkaufen tut er auch nicht.

Gut, er hat eine Wahnsinnslebensversicherung auf Ellen abgeschlossen, aber es ist ja kaum zu erwarten, dass er innerhalb der nächsten paar Jahrzehnte stirbt.

Lisa versteht und versteht einfach nicht, wieso Ellen diesen Mann liebt.

Wobei Ellen Carsten natürlich sowieso nicht so liebt, wie Lisa Vangelis liebt. Eher... vernünftig eben.

„Wo ist er denn?", bohrt sie nach. „Im Büro? Am Freitagabend?"

„Carsten ist trainieren."

„Trainieren?", Lisa wüsste nicht, was Carsten trainieren könnte.

„Himmel ja...", Ellen muss sich offensichtlich überwinden. „Carsten trainiert für den Stadtmarathon."

Lisa lacht schallend: „Der kollabiert doch schon, wenn mal der Lift ausfällt!"

Natürlich nimmt Ellen Carsten in Schutz: „Deshalb trainiert er ja. Damit er wieder besser in Form kommt. Jetzt lass ihn doch diesen Stadtmarathon mitlaufen."

„Von mir aus kann er sich zum Iron Man anmelden."

„Sei nicht so gehässig, Lisa."

Lisa schämt sich. Ellen hat Recht. Sie ist gehässig und verbittert. Frustriert.

Genau, wie man sich eine sitzen gelassene, nicht mehr ganz junge Frau halt so vorstellt.

All das will Lisa aber nicht sein! Schluss jetzt. Sie räuspert sich: „Sorry, Ellen, ich...soll ich auflegen, und du rufst mich noch mal an? Und wir tun so, als hätte das Gespräch eben gar nicht stattgefunden?"

„Ach, Süße, ich versteh doch, dass du schlecht gelaunt bist."

Ellen klingt WIRKLICH verständnisvoll.

„Tut mit trotzdem leid"; versichert Lisa und fragt dann möglichst leichthin: „Gibt's sonst was Neues?"

Ellen geht bereitwillig auf den Themenwechsel ein: „Ich hab mir für morgen ein Wahnsinnskleid gekauft."

Morgen feiern Ellen und Carsten ihr 1-Jähriges auf Ellens Dachterrasse.

Lisa hat keine Lust hinzugehen, weil dort ausschließlich Carstens großkotzige Freunde sein werden.

Aber das hat sie Ellen noch nicht so direkt gesagt.

Jan geht jedenfalls auch nicht hin. Es wäre zu kompliziert, Andrea mitzubringen, weil Carsten noch nicht mal weiß, dass Jan schwul ist. Weil Carsten zwar so tun würde, als fände er nichts dabei, aber Carsten ist ein unglaublicher Spießer.

Deshalb trennt Jan Berufliches strikt von Privatem und bleibt gleich daheim.

Ellen findet das zwar schade, aber sie versteht Jan.

Wenn Lisa absagt, würde sie das nicht verstehen.

Lisa lässt sich also das Traumkleid, welches Carsten höchstpersönlich ausgesucht hat, beschreiben, hat aber Probleme, echte Begeisterung zu zeigen. Der Fummel scheint genauso konservativ zu sein, wie er teuer war, und Lisa findet es unmöglich von Carsten, dass er Ellen das Teil zwar aufgeschwatzt, es aber nicht bezahlt hat.

Ellen versteht Lisas Zurückhaltung falsch: „Sorry, ich wollte nicht angeben, Süße. Aber jetzt sag schon, was ziehst DU denn an?"

„Ähm...ich...ich...Ellen, ich glaub, ich komm nicht."

So, jetzt ist es raus.

Ellen ist erwartungsgemäß entsetzt: „Lisa, bitte! Du MUSST kommen!"

„Wieso denn?" Lisa hat wirklich keine Lust.

„Du bist meine beste Freundin! Es ist mir wichtig, dass du da bist. Ich hab doch extra...", Ellen scheint sich verschluckt zu haben. Sie hüstelt, dann sagt sie: „Du hast übermorgen Geburtstag! Willst du vielleicht um Mitternacht allein zuhause sitzen?"

„Wieso denn nicht? Ich könnte früh schlafen gehen!? Dann merk ich wenigstens nicht, wie ich dreißig werde."

Das meint Lisa natürlich nicht wirklich ernst.

Aber Ellen klingt jetzt fast panisch: „Lisa, BITTE!"

Es klopft an der Tür.

„Ellen, ich muss aufhören, es hat geklopft."

„Das wird Silvie sein. Mit der wollte ich sowieso noch reden. Kannst du sie mir mal geben?"

Also nimmt Lisa das Telefon mit zur Tür.

Ellen hat Recht. Wenn es klopft, ist es immer Silvia. Alle anderen klingeln nämlich.

„Hi, Silvie, Ellen will dich", Lisa will Silvia den Hörer in die Hand drücken, aber das geht schlecht, weil Silvia mit beiden Händen ein Blech mit warmen, duftenden Keksen vor ihren dicken Schwangerschaftsbauch hält.

Unfassbar, dass dieses Ökozeug so duften kann!

„Wart mal, Ellen", sagt Lisa ins Telefon und zu Silvia. „Die sind jetzt aber nicht für mich?"

Silvia strahlt Lisa an. „Ich hab sowieso gebacken, und ich hab gedacht, du hast vielleicht Hunger nach der Fahrt?"

„Silvie!", stöhnt Lisa, „das sind locker 400.000 Kalorien!"

„Ach Quatsch! Ich stell sie dir einfach mal in die Küche, ja?"

Silvia marschiert mit wallenden Röcken und ebenso wallender, roter Lockenmähne an Lisa vorbei, sieht sich suchend um, platziert dann das Blech auf der Spüle, und Lisa kann ihr endlich den Hörer übergeben.

„Hallo Ellen? Du, wenn du noch was brauchst für morgen, ich kann Lisa gerne ein paar Sachen mitgeben? Ich hab noch Plätzchenteig übrig. Magst du lieber Zimt oder Kokos?", schnattert Silvia gutgelaunt drauf los.

„Warte!" Lisa möchte keinesfalls die Nacht allein mit diesen Keksen verbringen. „Silvie, Ellen kann doch die da haben!? Warum packst du sie nicht einfach in ein Körbchen, und ich bring sie Ellen gleich noch vorbei?"

„Musst du nicht. Ich mach gern neue. Die kannst du dann morgen ganz frisch mitnehmen."

So wird das nichts. Aber Lisa muss die Kekse loswerden. Dringend!

Sie weiß ganz genau, dass sie sich nicht beherrschen

kann, und dass sie dann morgen nicht in das taubenblaue Kleidchen passt, das zwar lang nicht so teuer, aber bestimmt aufregender als Ellens Fummel ist. Immer vorausgesetzt, dass Lisa doch zu der Party ginge.

Silvia fängt an, mit Ellen hingebungsvoll das Pro und Contra von Duftkerzen zu diskutieren, und Lisa muss sie am Ärmel ziehen, um auf sich aufmerksam zu machen: „Silvia, hör mal. Ich...ich liebe deine Kekse, das weißt du, aber...ich KANN sie nicht essen. Ich...ähm...ich hab mir bei meinen Eltern den Magen verdorben!"

Sie schnappt sich das Blech. „Georg soll sie lieber verkaufen. Ich stell sie dir zurück, o.k.? Du kannst ja so lange weiter mit Ellen telefonieren."

„Georg braucht gar keine...", aber Lisa ist schon aus der Tür.

Sie hört noch, wie sich Silvia besorgt erkundigt, was genau mit ihrem Magen ist und hofft, dass Ellen nicht auf dem Schlauch steht.

Eventuell muss Lisa nachher ein paar von Silvias homöopathischen Tropfen gegen Bauchweh nehmen, aber das ist eben der Preis.

Silvia würde es nie gelten lassen, dass Lisa einfach nur abnehmen will. Sie ist der Meinung, dass der Mensch was Anständiges im Magen und der Mann was Anständiges in der Hand haben muss.

Überraschenderweise scheint sie selbst damit tatsächlich gut durchs Leben zu kommen. Immerhin ist Silvia nicht nur schwanger sondern auch verheiratet.

Sie hat ihren Mann, Georg, letztes Jahr im Frühling bei einem Workshop in der Toskana kennengelernt. Da ging es um ‚Kochen nach Yin und Yang' oder so ähnlich. Drei Monate später haben sie geheiratet, Georg hat seinen Bausparvertrag gekündigt, und von der Kohle haben sie eine Art Bio-Imbiss aufgemacht. Einen Kiosk, wo man statt Currywurst Tofu-Burger bekommt. Das Ding ist eine wahre Goldgrube. Was Silvia aber nicht daran hindert, jeden Cent zwei Mal umzudrehen. Vor vier Monaten, da war Silvie im dritten Monat, ist sie mit Georg in die Wohnung neben Lisas eingezogen.

Davor haben sie bei Georgs Eltern im Gästezimmer gehaust.

Soweit Lisa das verstanden hat, war es für Silvie und Georg der Sechser im Lotto, dass genau in Lisas Haus was freigeworden war.

Weil irgend so ein Spinner ausgerechnet hatte, dass die Lage Feng Shui technisch extrem günstig ist.

So ein Schwachsinn!

Jedenfalls ist die alte Frau Baumann, die vorher die Wohnung gehabt hat, zeitlich sehr passend verstorben.

Jedes Mal, wenn Lisa nachfragt, was Silvie denn gemacht hätte, wenn hier keine Wohnung freigeworden wäre, und ob sie dann für immer bei den Schwiegereltern im Gästezimmer geblieben wär, lächelt sie geheimnisvoll und gibt keine wirklich klare Antwort.

Lisa hat mal die Enkeltochter von Frau Baumann bei Ikea getroffen und hat bei der Gelegenheit gefragt, woran die Oma denn gar so plötzlich verstorben ist.

Nur vorsichtshalber, und weil Lisa bei der Mordkommission schon Pferde kotzen sehen hat.

Aber Frau Baumann war wohl schon lange herzkrank und die Familie hat seit Jahren damit gerechnet, dass es irgendwann mal ganz schnell gehen würde. Seltsam, dass Lisa nie was davon bemerkt hat....

***

Als Lisa zurückkommt, klingelt grade ihr Handy.

Bevor ihr Herz aussetzen kann, sieht sie auf dem Display, dass es wieder ihre Mutter ist.

Lisa bleibt im Flur stehen und meldet sich, mit schlechtem Gewissen.

„Wo steckst du denn? Wieso rufst du nicht zurück? Ich hab dir doch auf dein Band gesprochen?"

„Tut mir leid, Mama, echt", entschuldigt sich Lisa und improvisiert: „Ich...bin aufgehalten worden. Ich...hätte mich schon gleich noch gemeldet!"

Ihre Mutter seufzt skeptisch. „Hoffentlich bist du wenigstens an deinem Geburtstag erreichbar? Papa und ich wollen schließlich gratulieren."

„Hey, Mama, natürlich bin ich erreichbar." versichert Lisa.

Dann lügt sie, dass sie den Rest des Mittagsessen, eines extrem kalorienreichen Nudelauflaufs, den Lisa normalerweise liebt und den ihre Mutter ihr mitgegeben hat, ganz sicher heute noch essen wird und beendet das Gespräch.

Nachdem sie noch mal versprochen hat, an ihrem Geburtstag ganz sicher ans Telefon zu gehen.

Als sie zurück in ihre Küche kommt, bricht Silvia mitten im Satz ab.

Mit völlig veränderter Stimme flötet jetzt: „Ich finde es SO schade, dass ich nicht kommen kann! Aber bei der Hitze und mit meinem Bauch? Ich hab auch so viel Wasser in den Beinen, dass ich immer froh bin, wenn ich sie abends hochlegen kann."

Sie dreht sich freundlich lächelnd zu Lisa rum: „Willst du Ellen noch was sagen?"

Einen Moment lang hat Lisa das überwältigende Bedürfnis, Ellen alles zu gestehen. Wie sehr sie sich verliebt hat, und wie verzweifelt sie ist, weil Vangelis nicht anruft. Wie schlimm es für sie ist, dass keiner ihrer

Freunde Vangelis zu mögen scheint.

Wie schrecklich einsam sie sich fühlt.

Wie sehr sie es jetzt schon hasst, dass sie sich morgen auf der Party als fünftes Rad am Wagen fühlen wird.

Aber sie tut es nicht. Sie schüttelt den Kopf und sagt: „Nö, schon gut. Wir haben alles besprochen."

„Also dann tschüssle, meine Liebe, und viel Spaß morgen!"

Silvia legt auf. „Ich muss dann auch mal wieder. Georg braucht noch eine Ladung Sojawürstchen."

Damit geht sie.

An der Tür dreht sie sich noch mal um: „Wenn das mit deinem Magen nicht besser wird, kann ich dir gern Tropfen geben?"

„Danke, Silvie, vielleicht komm ich nachher noch rüber."

***

Dann ist Lisa allein und gönnt sich ein Bad mit dem teuren Zusatz, den sie nur in Ausnahmefällen benutzt.

Eingehüllt in den dezenten Duft von grünem Tee und Honig gelingt es ihr, endlich ein wenig zu entspannen und ihre Situation etwas klarer zu sehen.

Nein, sie wird nicht länger darauf warten, dass der untreue Kellner sie anruft.

Und ja, sie wird morgen zu der Party gehen.

Und vorher wird sie schwimmen, Rad fahren, joggen, irgendwas, womit sie noch schnell ein Kilo abnimmt.

Das taubenblaue Kleid wird ihr hervorragend stehen, und sie wird ihrem dreißigsten Geburtstag überaus gefasst ins Auge sehen.

Carstens blöde Freunde werden sie vergöttern, und wer weiß? Vielleicht ist ja sogar einer dabei, der sich zum

Trostpflästerchen eignet?
Einer, den sie benutzen und den dann SIE nicht anrufen wird.
Vangelis soll ruhig gucken, wo er bleibt!

Samstag

Weil Lisa gestern früh geschlafen hat, ist sie heute auch früh fit.

Die Sonne scheint, die Vögel zwitschern, und Lisa fällt keine akzeptable Ausrede ein, warum sie das Fitnessprogramm, das sie sich vorgenommen hatte, nun doch nicht durchziehen sollte.

Also kramt sie ihre Joggingklamotten raus, verzichtet aufs Frühstück und läuft los.

Zwei Minuten später bereut sie das schon wieder.

Glücklicherweise ist bereits der Kiosk an der Reichbachbrücke in Sicht, wo jeder, der sich vor neun Uhr morgens etwas kauft, einen Kaffee gratis bekommt.

Lisa entscheidet sich für ein Päckchen zuckerfreien Kaugummi und kippt ihr Becherchen Kaffee ohne Milch und Zucker.

Sie spürt förmlich, wie ein Gramm nach dem anderen schmilzt und genießt es, endlich zu den Guten zu gehören.

Zu denen, die sich klaglos die Isar rauf- und runterquälen und es trotz eines Puls von 260 noch schaffen, den Losern, die genau hier jeden Morgen im Stau stehen, einen verächtlichen Blick zuzuwerfen.

Einen Moment spielt sie mit dem Gedanken, sich ebenfalls für den Stadtmarathon anzumelden.

Es würde ihr schon gefallen, leichtfüßig an Carsten vorbeizuziehen und ungefähr 1,5 Stunden vor ihm am Ziel zu sein.

Dann fällt ihr ein, dass sie komplett vergessen hat, Jan anzurufen.

Gestern Abend wollte sie das Thema einfach nur noch ausblenden, und deshalb hat sie ihm nur eine SMS geschickt: dass Vangelis zwar nicht angerufen hat, dass es ihr aber gut geht, sie jetzt schlafen wird, und dass sie sich meldet, sobald sie wieder wach ist.

Na ja, Lisa ist sowieso grade an der Corneliusbrücke, und wenn sie jetzt rechts hoch läuft, kann sie gleich persönlich bei Jan vorbeischauen.

Dann ist sie zwar nicht ganz so weit gelaufen, wie sie das vorhatte, aber dafür hat sie den Berg erklommen.

Ja genau, das ist eine gute Idee!

***

Jan kommt total verpennt zur Tür und staunt nicht schlecht, als Lisa mit hochrotem Kopf und Schweißperlen auf der Stirn vor ihm steht: „Oh mein Gott! Ist dein Wagen kaputt? Streikt die Tram? Wieso hast du nicht angerufen? Ich hätte dich doch abgeholt!"

„Ach Jan, halt die Klappe." Lisa findet Jans Reaktion echt deprimierend.

Wo doch ausgerechnet Jan immer predigt, dass sie was für ihre Fitness tun soll. „Ich war joggen, o.k.?"

Jan hebt abwehrend die Hände: „Ist ja gut! Aber gib zu, dass damit nicht zu rechnen war."

Er schaut Lisa skeptisch an und bemüht sich dann um praktische Vorschläge: „Wasser! Ich glaub, du brauchst Wasser? Oder magst du lieber Milchkaffee? Andrea hat bestimmt frische Semmeln geholt, bevor er zur Arbeit ist...", er tapst in die Küche, raschelt verführerisch mit einer Papiertüte, „...richtig! Croissants hat er auch mitgebracht. Setzt dich doch schon mal auf den Balkon. Ich bring dir gleich alles, ja?"

„Nein!"

„Nein?", überrascht hält Jan den Kopf aus der

Küchentür. „Magst du vielleicht erst duschen?"

Lisa seufzt: „Hey, ich war grade JOGGEN. Ich mach das nicht zum Spaß! Ich muss heute Abend in das taubenblaue Kleid passen! Ich werde den Teufel tun und mich jetzt mit Croissants vollstopfen."

Jan sieht Lisa, nun beinahe ehrfürchtig, an: „O.k.".

Er holt eine Flasche Wasser aus dem Kühlschrank und reicht sie Lisa. „Brauchst du ein Glas?"

Lisa schüttelt den Kopf und nimmt einen tiefen Zug: „ Was starrst du mich so an?"

„Es ist ja doch bloß wegen dem Griechen!"

„Was?"

„Das taubenblaue Kleid. Und dass du Dinge tust, die du sonst nie tust. Du siehst schon richtig ungesund aus."

Lisa beschließt, Jans Sticheleien positiv zu sehen und grinst: „Ungesund? Du meinst, man sieht schon, dass ich abgenommen hab?"

Jan seufzt: „Glaubst du, der Idiot ruft eher an, wenn du nur noch ein Strich in der Landschaft bist? Dem gefällst du so, wie du bist!" Dann fügt er grummelnd hinzu: „Zumindest haben ihn deine paar Speckröllchen nicht davon abgehalten, dich abzuschleppen."

Lisa lässt sich auf einen Stuhl plumpsen: „ Aber mich haben sie gestört."

Jan zuckt die Schultern: „Müssen sie nicht. Man sieht sie doch kaum? Andrea mag die meinen jedenfalls."

Das stimmt, aber Lisa will sich jetzt nicht aus dem Konzept bringen lassen und betont: „Das Kleid hat mit Vangelis rein gar nichts zu tun! Heute Abend ist lediglich das Fest bei Ellen", sieht schaut Jan jetzt flehend an. „Komm mit! Ich hab keine Lust, da alleine rumzustehen."

Jan versucht, sich rauszureden: „Aber du stehst doch nicht alleine rum!"

„Ach nicht?", Lisa schnaubt. „Wetten, dass außer mir nur Pärchen da sind? Und dann gucken mich wieder alle blöd an und überlegen, ob ich Mundgeruch hab, oder Fußpilz, oder warum ich sonst der einzige Single bin."

Lisa kann sich richtig in ihre Schreckensvision hineinsteigern. „Und wenn ich nur einen einzigen Moment vergesse, dass ich nicht tief durchatmen darf, platzt mein taubenblaues Kleid aus allen Nähten – ratsch! Kannst du dir das vorstellen? Carsten wird bis zu meiner Pensionierung jedes Mal mies grinsen, wenn wir uns auf dem Kommissariat begegnen."

Jan tätschelt Lisas Arm, aber er schaut sie nicht richtig an, als er sagt: „Du kannst doch auch das rote Kleid anziehen, wenn dir das blaue nicht passt. Glaub mir Lisa, du würdest es bitter bereuen, wenn du da heute Abend nicht hingehst."

Lisa wird misstrauisch. „Und wieso kommst du nicht mit, wenn du glaubst, dass es so toll wird?"

„Weil...weil ich heute Abend Babysitten muss, das hab ich dir doch gesagt."

Toller Grund. Jan passt lieber auf fremde Babys auf, als dass er um Mitternacht bei Lisa ist.

Um Mitternacht, wenn sie unwiderruflich 30 wird!

In diesem schicksalhaften Moment wird sie mutterseelenallein auf Ellens Dachterrasse stehen, um sie herum Carstens schnöselige, großkotzige Freunde mit ihren aufgedonnerten Tussis im Arm, und nicht mal Ellen wird Zeit für sie haben.

Weil die nämlich damit beschäftigt sein wird, überteuerte Schnittchen vom Feinkostladen rumzureichen. Von denen Lisa keines essen darf, weil sie sonst ihr blödes Kleid sprengt. Lisa könnte aus dem Stand heulen.

„Jetzt guck doch nicht so. Das wird bestimmt ein

schöner Abend. Wirst sehen!"

Irgendwas stimmt hier doch nicht?

Bevor sie zu ihren Eltern gefahren ist, war Jan völlig ihrer Meinung, dass dieses Fest bestenfalls langweilig werden kann.

Lisa kommt ein übler Verdacht: „Hat Ellen etwa wieder diesen feisten Dominik eingeladen? Diesen Schulfreund von Carsten, mit dem sie mich schon mal verkuppeln wollte?"

Jan guckt Lisa wieder nicht an, als er schnell versichert, dass sie sich wegen Dominik echt keinen Kopf machen muss. Dann strahlt er sie an: „Und deinen Geburtstag feiern wir trotzdem. Wir gehen richtig toll essen!"

„Das hoff ich doch!", darauf freut sich Lisa wirklich.

Jan grinst erleichtert.

„Andrea hat unseren Tisch am Fenster reserviert?"

Jans Lächeln gefriert.

Lisa weiß ganz genau, dass Andrea nie, NIEMALS vergessen würde, den besten Tisch im Via Firenze zu reservieren, wenn Jan ihn darum gebeten hätte.

Also hat Jan vergessen zu fragen. Er kommt nicht mit zu Ellen, und er hat noch nicht mal einen Tisch besorgt? Was ist hier eigentlich los?

„Lisa das...ach, scheiße...das ist jetzt nicht so, wie du denkst!"

„Was denk ich denn?" Lisa versucht, ihren Blick in den von Jan zu bohren, aber der schlägt schnell die Augen nieder.

„Also gut." Jan seufzt. „Aber von mir hast du das nicht. Das wär nämlich eigentlich eine Überraschung gewesen. Wir...wir gehn woanders hin. Weil es da...weil es dort noch viel besser ist, als im Firenze!"

„Echt?" Lisa schwankt zwischen Neugier und Skepsis.

„Ja, klar!"

Lisa hat das Gefühl, dass Jan hinterm Rücken seine Finger kreuzt. Er ist ein verdammt schlechter Lügner.

Und Lisa ist ziemlich gut im Verhören. Sie weiß genau, dass sie problemlos rausbekommen könnte, was hier wirklich gespielt wird.

Aber dann wär ihre Geburtstagsüberraschung ja keine Überraschung mehr.

„Also gut", sagt sie deshalb nur. „Hab's schon vergessen."

Dankbar wechselt Jan das Thema: „Wie geht's dir denn jetzt? Wo der Arsch tatsächlich nicht angerufen hat?"

„Vangelis ist kein Arsch"; erwidert Lisa fast automatisch und überlegt, ob sie das die nächsten paar Jahrzehnte durchhalten wird. Vangelis immer und überall zu verteidigen.

Falls er, wider Erwarten, Teil ihres Lebens sein sollte.

„Wie du willst", Jan verzieht keine Miene. „ Aber angerufen hat er trotzdem nicht."

„Das muss du mir nicht dauernd sagen!"

Jan nimmt sie spontan in den Arm. „Ach Lisa, du hast was Besseres verdient als diese Dumpfbacke. Was machen wir bloß mit dir?"

Lisa zuckt hilflos die Schultern.

Und dann beginnt sie zu weinen.

Jetzt, wo sie einmal damit angefangen hat, kann sie gar nicht mehr aufhören.

Jan streichelt ihr den Rücken. „Nicht weinen. Überleg doch mal. Du kennst den Kerl ja gar nicht richtig? Vielleicht...vielleicht wär er dir in ein paar Wochen vollkommen unsympathisch?"

Lisa schnieft. Jan steht auf und bringt ihr die Küchenrolle. „Putz dir mal die Nase. Und dann machen wir beide uns einen richtig geilen Tag!"

Als Lisa nur skeptisch schaut, bemüht sich Jan um

konstruktive Vorschläge: „Wir könnten nach Starnberg rausfahren? Deininger Weiher? Feringasee?"

Lisa schluchzt auf, Jan reißt ihr ein Blatt von der Küchenrolle ab.

Folgsam putzt sich Lisa jetzt die Nase, aber sie weint weiter: „Ich will an keinen blöden See! Ich will wissen, warum ich nie eine Beziehung haben kann! Was ist denn falsch an mir, Jan?"

„Nichts ist falsch an dir, gar nichts! Ist doch nicht deine Schuld, wenn der Grieche keinen Funken Geschmack oder Anstand im Leib hat!", beteuert Jan sehr überzeugt.

„Und was ist mit Franz? Du kannst echt nicht behaupten, dass Franz nicht anständig wär. Und er hat trotzdem eine andere geheiratet!"

Jan guckt Lisa prüfend an. „Hier geht's doch nicht um Franz? Hier geht's noch nicht mal um Vangelis? Hier geht's darum, dass du morgen dreißig wirst!"

Lisa spart sich eine Antwort. In die Richtung hat sie ja selbst schon gedacht.

Sie putzt sich noch mal die Nase, bevor sie betont beiläufig fragt: „Wie alt warst du gleich noch mal, als du Andrea kennengelernt hast?"

„Zweiunddreißig."

„Ah, gut...", Lisa nickt beruhigt.

Jan nimmt ihre Hand, grinst: „Wenn er dich also in zwei Jahren noch immer nicht angerufen hat, fangen wir an, uns Sorgen zu machen. Und bis dahin genießen wir das Leben. Einverstanden?"

„Mann, du Idiot!", nun muss Lisa auch grinsen.

„Nein, im Ernst. Vielleicht ist alles nur ein Missverständnis, und du bist in zwei Jahren längst mit dem Kerl verheiratet? Oder mit einem anderen? Jetzt wart's doch einfach ab!", er knufft Lisa in die Seite.

„Also, was ist mit See?"

Lisa zögert, dann schüttelt sie den Kopf: „Danke fürs Angebot, aber ich hab leider keine Zeit. In meinem Alter dauert es endlos, bis man sich für so ne Party aufgebrezelt hat."

***

Natürlich verbringt Lisa den Rest des Tages damit, über ihr verkorkstes Liebesleben nachzugrübeln.

Aber während sie das tut, radelt sie bis nach Grünwald und wieder zurück, setzt sich zwei Stunden auf ihrem kleinen Balkon in die Sonne und wird wirklich ein wenig braun.

Sie ist mit dem Ergebnis so zufrieden, dass sie sich traut, sich sowohl die Finger- als auch die Zehennägel in einem zarten Blau, das hervorragend zu ihrem Kleid passt, zu lackieren.

Danach macht sie sich die Mühe, endlich die Haarpackung zu benutzen, die schon seit einem halben Jahr in ihrem Badezimmerschrank verstaubt.

Zwischendurch trinkt sie eine ganze Flasche von dem Mondscheinwasser, auf das Silvia so schwört. Irgendein Quellwasser, das bei Vollmond abgefüllt wird, und das den Körper von innen heraus strahlen lässt – sagt Silvia.

Sie rasiert sich die Beine und cremt den ganzen Körper mit Goldflimmerlotion ein.

Als wollte das Universum sie für all ihre Mühen belohnen, gelingt es ihr tatsächlich, den Reißverschluss des taubenblauen Kleidchens zu schließen, ohne die Luft anzuhalten.

Überrascht betrachtet sich sie dann im Spiegel: Das Ding ist raffiniert geschnitten, umschmeichelt Lisas üppige

Formen und sie ist fast versucht, sich mit Marilyn Monroe zu vergleichen. Die Haarfarbe stimmt zwar nicht, aber ihre dunklen Locken fallen ausnahmsweise gut und nach der Packung glänzen sie auch wunderschön.

Ellen hat im Lauf des Tages dreimal angerufen, um sich zu versichern, dass Lisa auch wirklich zur Party kommt. Die findet es inzwischen rührend, wie sehr der Freundin an ihrer Gesellschaft liegt.

Und das, obwohl heute schließlich Ellens Beziehung mit Carsten gefeiert werden soll.

Na ja, vielleicht ahnt Ellen tief in ihrem Inneren ja doch, dass Lisas Freundschaft reiner ist, als die des Staatsanwalts, der auch in Liebesdingen nur an den eigenen Vorteil denkt.

***

Als um halb neun das Taxi klingelt, ist Lisa gar nicht mal so unzufrieden mit sich und der Welt.

Den ganzen Weg nach Trudering raus, wo Ellen das komplette Dachgeschoss eines spießigen 6- Parteien Hauses bewohnt, plaudert sie leutselig auf den Fahrer ein, bietet ihm Kekse an und spendiert ihm schließlich noch ein großzügiges Trinkgeld.

Voller Elan ignoriert sie den Lift und tänzelt, trotz hochhackiger Sandalen und Plätzchenkorb, die Treppen zu Ellens Wohnung hoch.

Dabei hört sie schon Musik und Gelächter.

Selbstverständlich hat Ellen auch sämtliche Nachbarn eingeladen, in der Hoffnung, dass sie dann das bisschen Lebensfreude nicht gleich wieder als Ruhestörung verteufeln.

Die Wohnungstür steht offen und Lisa nickt den anderen Gästen freundlich zu, während sie einfach zur Terrasse durchgeht.

Wie schön, Vangelis ist auch schon da.

WAS?

Lisas Körper macht einen unkontrollierten Satz rückwärts.

Ihr Verstand hat sich vorrübergehend aus dem Staub gemacht.

Erst als sich Lisas Körper im Gästeklo eingeschlossen hat, kommt der Verstand langsam und vorsichtig zurück. Oh mein Gott! OH MEIN GOTT! - Okay Lisa, jetzt krieg dich mal wieder ein. Das eben war ne Halluzination! - Aber ich hab ihn gesehen! Ich spinn doch nicht? – Ach nein? Weißt du was? Dein übersteigertes Wunschdenken wird langsam zum Wahn! - Hör doch auf! Der Typ da draußen sieht Vangelis zumindest zum Verwechseln ähnlich. - Und wenn schon. Also, du atmest jetzt noch mal tief durch, dann gehst du da raus und siehst dir diese Erscheinung noch mal in Ruhe an. - Gut.

Mit trockenem Mund und weichen Knien pirscht sich Lisa wieder Richtung Terrasse. Viel zu schnell für ihren Geschmack hat sie die zehn Meter vom Klo zum Ziel zurückgelegt.

Und da...da...das IST Vangelis!

Er hat ein Tablett in der Hand und hält den anderen Gästen Drinks hin.

Lisas Herz beginnt wie verrückt zu hämmern.

Deshalb hat er also nicht angerufen. Er wollte sie überraschen! Das ist sein Geburtstagsgeschenk an sie!

Wie SÜSS!

Die Welt schaltet auf Zeitlupe. Lisa breitet schon die Arme aus, hebt ein Bein, wird nannosekündlich auf ihrem Geliebten zulaufen und sich in seine Arme werfen – die Zeitlupe wechselt zum Standbild.

Eine widerlich dralle Blondine war schneller!

Nicht Lisa, sondern die Tussi hat sich, am Tablett vorbei, an Vangelis rangedrückt - und küsst ihn jetzt.

Mitten auf den Mund.

„Lisa? Mein Gott, LISA!" Jemand hat Lisa am Arm gepackt und schüttelt sie. Langsam beginnt die Welt sich wieder zu drehen.

Lisa nimmt vage wahr, dass es Ellen ist, die an ihr rumzuft.

Ellen sieht bezaubernd aus. Der Fummel, mitternachtsblaue Spitze sitzt wie eine zweite Haut an ihrer Traumfigur. Irgendwie hat sie es sogar geschafft einen flotten Schwung in ihre kerzengerade, strohblonde Mähne zu fönen.

Jetzt zerrt Ellen sie weg von der Terrasse, führt sie in die Küche, drückt sie auf einen Stuhl:

„Es tut mir leid, Lisa! Ich...ich kann dir gar nicht sagen, WIE leid es mir tut!"

„Ähm...was?"

Ellen zieht sich einen Stuhl direkt neben Lisas, nimmt ihre beiden Hände und streichelt hektisch dran drum:

„Ich wollte dir eine Freude machen! Ich hab doch nicht ahnen können, dass der Scheißkerl seine Freundin mitbringt!!"

Lisa versteht weitestgehend Bahnhof. Instinktiv hakt sie da nach, wo die Alarmglocken am lautesten schrillen:

„Freundin?"

Ellen tätschelt noch heftiger: „ Na ja, diese...ähm...diese Blonde da...diese...Herrgott, woher soll ich wissen, wie die heißt!"

„Gabi", murmelt Lisa tonlos.

„Gabi?", erstaunt hört Ellen einen Moment auf, Lisas

Hände zu tätscheln. „Ja, kann sein, Gabi." Ellen tätschelt weiter. „Jedenfalls die, die ihn schon öfter im Dyonisos abgeholt hat. Mensch Lisa, das hast du doch selbst auch mitbekommen!"

„Ja und?", energisch schiebt Lisa Ellens tätschelnde Hände weg. „Dann hat sie ihn eben schon mal abgeholt! Deshalb muss er die Kuh doch nicht mit auf meinen Geburtstag schleppen?"

Ellen sieht Lisa einen Moment betroffen an: „Lisa, das Mädel ist seine Freundin. Und das hier...das ist nicht dein Geburtstag, also nicht in erster Linie, schon auch, aber eigentlich...das ist...das ist unser Jahrestag. Und Vangelis..."

„Vangelis hat hier nichts, rein gar nichts zu suchen!", stellt Lisa, für einen Moment durchaus vernünftig, klar.

„Im Prinzip natürlich nicht, aber...aber ich hab ihn doch......eingeladen. Engagiert genaugenommen..."

Lisa springt auf. Ihr Stuhl kippt polternd um. „Du hast WAS?"

In dem Moment platzt Carsten in die Küche und knallt das Körbchen mit Silvias Keksen, das Lisa glatt im Klo vergessen hatte, auf den Tisch. „Ellen, wo steckst du denn? Oldenbergs haben schon nach dir gefragt! Und was, bitteschön, sollen diese Kekse in der Gästetoilette?" Vorwurfsvoll nimmt er Lisas umgekippten Stuhl und stellt ihn penibel im rechten Winkel zum Küchentisch hin.

„Die Kekse, die...die hab ich mitgebracht und dort..."

Carsten lächelt Lisa schmallippig an: „Schön, dass du kommen konntest. Schade aber, dass wir deine Kekse jetzt nicht mehr anbieten können. Du verstehst, dass das unhygienisch wäre."

Lisa sollte darauf etwas entsprechend Feindseliges erwidern.

Das fällt ihr schon unter normalen Umständen nicht leicht. Aber angesichts der Tatsache, dass dieses feiste Blondchen, Gabi, nebenan ihren Vangelis abknutscht, ist Lisa nicht fähig, auch nur im Entferntesten angemessen zu reagieren.

Also reagiert sie gar nicht.

Ellen schaut hektisch von einem zum anderen.

Dann schiebt sie Carsten sanft aber immerhin bestimmt aus der Küche: „Ich kümmere mich um die Kekse. Eine Sekunde, Schatz. Ich bin sofort bei euch."

Kaum hat sich die Tür hinter dem Staatsanwalt geschlossen, beginnt Ellen auf- und ab zulaufen. „Hör zu, Lisa, ich hab Vangelis zum Kellnern engagiert. Ich hab gehofft...also, ich wollte euch die Gelegenheit geben, dass ihr euch ganz ZUFÄLLIG begegnet. Einfach im Dyonisos aufzukreuzen wär, so wie die Dinge nun mal liegen, meines Erachtens viel zu plump gewesen, und da..."

„Ich werde nie, NIE wieder einen Fuß in diese scheiß Kneipe setzten!", stellt Lisa mit bebender Stimme klar.

„Na siehst du! Und deshalb....verflucht, glaub bloß nicht, dass es einfach war, Carsten beizubringen, dass ich einen Kellner engagiert hab. Du weißt doch, wie knickrig er immer ist."

„Willst du behaupten, dass ER ihn bezahlt?", so verwirrt, dass sie das einfach so schlucken würde, ist Lisa dann doch nicht.

Damit irritiert sie Ellen so sehr, dass die spontan und ehrlich mit einem: „Nein, das nicht." reagiert. Dann nutzt sie Lisas lichten Moment. „Ich konnte es einfach nicht mehr mitansehen, wie du wartest und wartest und wartest. Wie lange hättest du denn noch gewartet?"

„Bis ich 32 bin."

„Was?"

Lisa winkt ab.

„Sag mir, was ich tun soll, Lisa. Ich hab gedacht, dass wär die Supergeburtstagsüberraschung! Hätte ja sein können, dass das doch noch was wird mit euch beiden? Und wenn nicht...", Ellen zögert, „ach, ist ja auch schon egal. Jetzt kann ich dir ruhig auch alles sagen..."

Lisa starrt ihre Freundin mit einer Mischung aus Spannung, Angst und Zorn an.

Ellen schluckt. „Ich hab mir gewünscht, dass du dir den Kerl noch mal in Ruhe ansiehst. Damit du von selbst drauf kommst, dass ihr zwei hinten und vorne nicht zueinander passt."

„Oookaaay." Lisa nickt und sieht sich, scheinbar gefasst, suchend in Ellens durchgestylter Küche um.

Auf der Anrichte sind die Schachteln mit den Feinkost-Schnittchen akkurat gestapelt. Neben den Schachteln steht ein Schwung Edelstahlplatten, die Ellen wohl nur mit Handschuhen anfasst. Jedenfalls ist nicht die Spur eines Tapsers drauf zu sehen. Auf der Fensterbank frieren in einer Zinkwanne voller Eiswürfel Unmengen an Weißwein und Champagner vor sich hin.

Praktischerweise hat Ellen einen Korkenzieher gleich danebengelegt.

Lisa schnappt sich eine von den Weinflaschen, dreht den Korken raus und nimmt einen tiefen Schluck direkt aus der Pulle.

Sofort steht Ellen devot und schuldbewusst mit einem Glas neben ihr: „Hier Lisa, nimm doch ein Glas."

Lisas Fassung explodiert: „Hau ab mit deinem scheiß Glas! Du hast den Kerl hierhin gebracht, jetzt sieh zu, dass er wieder verschwindet!"

An Ellens Schwanenhals zeigt sich ein hektischer, roter Fleck: „Das geht nicht...ich kann doch nicht...das ist vollkommen ausgeschlossen..."

Lisa hält ihre Flasche provozierend über die Schnittchenschachteln: „Schmeiß ihn raus, oder ich kipp den Fusel über deine Schnittchen."

„Nicht!" Ein zweiter hektischer Fleck.

Die Tür fliegt auf, ein Tablett mit leeren Gläsern schiebt sich in Lisas Blickfeld. Gefolgt von einem unfassbar schönen Mann.

Lisa vergisst, was sie vorhatte und nimmt lieber noch einen Schluck.

Ellen lächelt blöde und robbt sich langsam zwischen Lisa und die gefährdeten Schnittchen.

Vangelis leidet unter Gedächtnisverlust.

Völlig unbefangen stellt er das Tablett auf der Spülmaschine ab, geht zu Lisa, küsst sie rechts und links auf die Wange: „Yassu."

„Ähm...ja", presst Lisa hervor.

Vangelis strahlt sie an: „Du bist wunderschön heute. Geht's dir gut?" Und dann zwinkert er auch noch anzüglich.

Lisa würde gern antworten, oh, sie hätte eine ganze Menge zu sagen, aber sie bekommt nur ein heißeres Krächzen heraus.

Ellens Hals ist mittlerweile durchgehend dunkelrot, doch sie tut, was sie kann: „Tja...ähm...Vangelis, Champagner...", sie greift wahllos in die Wanne und drückt Vangelis ein paar Flaschen in den Arm. „Ich glaub, unsere Gäste...wollen Champagner! Lisa und ich...wir...wir bereiten gerade die Häppchen vor."

Während sie weiter Vangelis fixiert, beginnt sie vollkommen planlos Schnittchen auf die oberste Platte zu klatschen. Wie ferngesteuert greift auch Lisa in die Schachtel und lässt weitere Schnittchen neben die von Ellen plumpsen.

„Ist gut, okay", strahlend lächelnd zieht Vangelis mit den Flaschen wieder ab.

Lisa und Ellen starren sich fassungslos an.

Lisa ist so schockiert, dass sie vergisst, weiter wütend auf Ellen zu sein: „Das war jetzt der Hammer, oder?"

Ellen nickt wortlos.

„Der hat so getan, als ob...ich mein, dem ist das alles kein bisschen peinlich?"

Ellen schüttelt stumm den Kopf.

Lisa nimmt wieder einen Schluck von ihrem Wein. Dann stellt sie die Flasche entschlossen ab und sagt ganz ruhig: „Weißt du, was ich mache, Ellen? Ich geh jetzt da raus. Ich greif mir seine Tussi und erzähl ihr ein paar Takte!"

„Nein!" In Ellens Augen steht die nackte Panik.

„Nein? Warum denn nicht? Wenn du Angst vor einer Szene hast, hättest du den Arsch eben nicht herholen dürfen!"

Ellen sucht fieberhaft nach einem plausiblen Grund, Lisa von ihrem Vorhaben abzuhalten: „Wenn du das jetzt tust, Lisa, dann...dann...überleg doch mal! Dann...wird er dich HASSEN! Dann kannst du ihn vergessen. Ein für allemal!. Du...du musst jetzt souverän sein...du musst ihn beeindrucken. Ihn beschämen!"

Lisa zögert, Ellen fasst Hoffnung, drängt: „Verstehst du, Lisa? Er muss denken, dass du dieses Wochenende schon fast vergessen hast. Dass er dich echt nicht sonderlich beeindruckt hat. Er muss glauben, dass du kein Interesse daran hast, dich ein weiter mit ihm einzulassen. Mensch Lisa, der Kerl ist Grieche! Wenn er denkt, dass du denkst, dass er nicht...nicht gut war...im Bett...du weißt schon...wetten, dass er alles dran setzt, nochmal eine Chance zu bekommen?"

Lisa ist nicht wirklich überzeugt. Andererseits, möglich

ist Vieles. Außerdem, was hat sie, genaugenommen, schon zu verlieren?

***

Die nächsten Stunden konzentriert sich Lisa also darauf, sich selbst zu beruhigen. Nur ja nichts Dummes machen! Lässig gegen die Brüstung gelehnt schaut sie den Sternen beim Funkeln zu und lässt sich den warmen Nachtwind um ihre nackten Beine streichen.

Vangelis kommt immer mal wieder vorbei. Ab und zu bittet sie ihn, ihr eine neue Flasche Wein zu bringen. Nein danke, sie möchte kein Glas.

Irgendwann fällt ihr auf, dass sie nicht mehr steht, sondern, mit dem Rücken gegen die Brüstung gelehnt, sitzt.

Na, und wenn schon?

Kein Mensch kann stundenlang in hochhakigen Riemchensandalen rumstehen. Hauptsache, Lisa ist im Kopf vollkommen klar. Das ist sie, denn sie erkennt gestochen scharf, dass sie nun wirklich keinen Mann braucht, um glücklich zu sein.

Sie kann die laue Sommernacht sehr gut allein genießen!

Sie hat auch kein Problem damit, dass Carstens verklemmte Freunde ziemlich bemüht durch sie hindurchgucken.

Dass sie Ellens wiederholten Bitten, sich doch einen Stuhl zu nehmen, nicht nachkommen kann, tut ihr dagegen leid. Aber dazu müsste sie aufstehen, und das ist jenseits aller Möglichkeiten.

Um nichts in der Welt möchte Lisa mit diesem drallen Blondchen tauschen.

Das arme Ding ist ja völlig ahnungslos!

Lisa hat es weiß Gott nicht nötig, die naive Kleine aufzuklären. Es ist Triumph genug, dass sie, Lisa, alle Fäden in der Hand hat. Sie ist die Göttin der Nacht! Ein Wort von ihr würde genügen.

Es reicht, dass Lisa das weiß.

Es gefällt ihr zu beobachten, wie Vangelis akribisch darauf achtet, dass sich sein Blondchen nur ja nicht zufällig in Lisas Richtung bewegt.

Kurz zieht sie in Erwägung, einen harmlosen Plausch mit ihr anzufangen. Übers Wetter. Oder über Enthaarungscremes. Nur um zu sehen, wie Vangelis hyperventiliert, wenn sie beide die Köpfe zusammenstecken.

Aber dazu müsste Lisa ebenfalls aufstehen, und folglich scheidet dies aus.

***

Im Laufe der dritten Flasche Wein kippt Lisas Stimmung. Ihr wird vage bewusst, dass Mitternacht unerbittlich näherrückt, und dass aller Voraussicht nach kein Wunder geschehen wird. Egal wie souverän sie ist.

Natürlich, Ellen wird sie kurz in den Arm nehmen und ihr alles Gute wünschen.

Wenn Lisa es jetzt schaffen sollte, Jans Handynummer im Kontaktspeicher zu finden und anzutippen, würde Jan möglicherweise sogar doch noch herkommen?

Aber was nützt das schon?

Sie würde trotzdem verzweifelt, sturzbetrunken und steinalt auf dieser verfluchten Terrasse sitzen und zusehen müssen, wie Vangelis – IHR Vangelis – sich immer wieder von dieser anderen Frau küssen lässt.

Wenn Lisa es sich recht überlegt, würde sie DOCH mit Gabi tauschen wollen.

Wenn sie ehrlich ist, wünscht sie sich sogar nichts mehr als überhaupt in der Position zu sein, in der Vangelis sie betrügen KÖNNTE.

Sie weiß nicht, wie lange sie noch die Kraft haben wird, sich nicht an seinem Bein festzuklammern, wenn er das nächste Mal an ihr vorbeigeht.

Himmel, sie hat sich hier schon genug blamiert!

Sie muss weg. Und zwar schnell.

***

Zum Glück taucht Ellen bald wieder bei ihr auf. Diesmal mit einer riesengroßen Tasse Kaffee.

Den Kaffee will Lisa nicht, aber sie will ein Taxi. Und Ellen müsste ihr netterweise auf die Beine helfen. Ellen ist gar nicht einverstanden. Es ist gleich halb zwölf, Ellen möchte um Mitternacht bei Lisa sein. Aber will sich Lisa vielleicht einen Moment auf Ellens Bett legen?

Lisa besteht auf dem Taxi, ansonsten wird sie zu Fuß nach Hause gehen.

Dann wird Ellen sie wenigstens begleiten. Im Taxi natürlich. Zu Fuß wären sie in Lisas Zustand und den Riemchensandalen von Trudering zum Glockenbach vermutlich mehrere Tage unterwegs.

Obwohl Lisa wirklich verzweifelt ist, muss sie kurz kichern.

Dann lehnt sie entschieden ab.

Immerhin hat Ellen einen Lebensgefährten und feiert heute das 1-jährige Bestehen dieser Beziehung! Und auch im Taxi wäre Ellen mindestens eine Stunde unterwegs. Und die Gäste wären allein. Und Carsten würde die Krise kriegen.

Lisa kann ihren Rausch sehr gut alleine ausschlafen. Im eigenen Bett. Und Babysitter braucht sie keinen!

Also ruft Ellen schließlich doch ein Taxi, führt Lisa nur die Treppe runter und schärft dem Taxifahrer ein, Lisa zuhause, und unter keinen Umständen woanders, abzuliefern.

Sie drückt ihm einen 50 Euro-Schein in die Hand, woraufhin er verspricht, Lisa daheim die Treppe auch wieder hoch zu helfen. Er lässt sich sogar drauf ein, bei Ellen anzurufen, wenn Lisas Wohnungstür hinter ihr ins Schloss gefallen ist.

Lisa lächelt milde.

Ihrer Freundin zuliebe, wird sie dem Taxifahrer keine Schwierigkeiten machen.

Sonntag

NICHT SO SCHRILL! Lisa fährt entsetzt aus dem Tiefschlaf hoch. Ihr Kopf pocht und hämmert. Ihr erster Gedanke ist: Oh mein Gott, ich bin 30! Ich hätte nicht gedacht, dass es SOO weh tut!

Irritiert versucht sie, zu begreifen, was dieses Schrillen zu bedeuten hat.

Und wieso es nicht aufhört?

Jetzt fängt es auch noch an zu wummern. „Lisa! Süße! Lässt du uns reihein?" Das ist Silvia.

Lisa kombiniert: Silvia wummert? Vielleicht gegen die Wohnungstür? Dann könnte das Schrillen die Klingel sein?

Lisa will jetzt nicht mit Silvia sprechen. Sie will mit überhaupt niemandem sprechen! Aber sie will noch weniger, dass es weiter wummert und schrillt.

Mit ungeheuerer Willensanstrengung schiebt sie ein Bein aus dem Bett und dann das zweite.

Langsam, GANZ vorsichtig stellt sie sich hin. Sie atmet durch, Billionen Sternchen explodieren und regnen auf sie nieder.

Dann schlurft sie zur Wohnungstür.

Eine strahlende Silvia hält ihr einen Geburtstagskuchen entgegen, auf dem die brennenden Kerzen schon angefangen haben, zu tropfen.

Hinter Silvia stehen Ellen und Jan mit Blumen und Champagner.

Deren Lächeln ist eine Spur bemühter als das von Silvia. Die hebt die Kuchenplatte an, nickt und alle Drei schleudern Lisa ein schmerzhaft schallendes Happy Birthday entgegen.

Lisa würde gerne was sagen, wirklich, aber sie kann

nicht.

Ihr Mund ist dermaßen trocken und die Zunge klebt so fest am Gaumen, dass sie sich mit einem – wie sie hofft, dankbar-erfreuten – Lächeln begnügen muss. Dann schleppt sie sich, so schnell sie kann, zu ihrem Kühlschrank.

Sie trinkt fast einen ganzen Liter Apfelsaft auf ex.

„Hallo", versucht sie es noch einmal und diesmal funktioniert es. „Schön, dass ihr da seid!"

Dann lässt sie sich ermattet auf einen Küchenstuhl plumpsen.

Silvia drückt ihr das Kuchentablett mit den, nun bedenklich tropfenden, Kerzen in die Hand.

Lisa ist überfordert, lächelt aber tapfer, während sie sich bemüht, den Kopf nicht so weit hängen zu lassen, dass ihre Haare Feuer fangen würden.

Jan rettet sie.

Er stellt die Champagnerflasche auf den Tisch, nimmt Lisa das Kuchentablett ab und schiebt es achtlos neben den Champagner. Dann setzt er sich neben sie, gibt ihr behutsam einen Kuss auf die Wange: „Alles Gute, Rehlein. Hier, ich hab dir was mitgebracht." Er kramt in seiner Jackentasche und hält Lisa ein zerknittertes, halbleeres Päckchen Aspirin hin. „Ellen hat gemeint, das könntest du brauchen?"

Ellen, die Lisas Küchenschrank auf der Suche nach einer Vase durchforstet, seufzt, legt die Blumen in die Spüle, kommt zum Tisch, streicht Lisa eine wirre Strähne hinters Ohr. Dann folgt ein besorgter Blick: „Geht es dir sehr schlecht?"

Lisa registriert, dass nun auch Silvie sorgenvoll die Stirn runzelt, und dann trifft sie die Erinnerung wie ein Hammerschlag. Gut, diese Erinnerung mag bruchstückhaft sein, aber die Bruchstücke reichen aus, um Lisa das ganze Desaster des gestrigen Abends bildhaft vor Augen zu führen.

Sie stöhnt auf.

„Ist doch überhaupt nichts passiert", tröstet Jan sofort. „Was war vom Griechen schon anderes zu erwarten? Und du hast dich wirklich großartig gehalten!"

Jan wirft Ellen einen warnenden Blick zu. Sie soll bloß nichts Anderes sagen.

Ellen sucht weiter nach der Vase und beeilt sich zu versichern, dass Vangelis sich noch sehr besorgt nach Lisa erkundigt hat, nachdem sie weg war. Aber dann kann sie sich nicht verkneifen, hinterherzuschieben, dass sie sehr hofft, dass das Kapitel Vangelis nun abgeschlossen ist?

Dazu möchte Lisa im Moment keine verbindlichen Angaben machen.

Ellen findet die Vase und Silvie kommt mit Tassen, Tellern und Besteck an den Tisch.

„So, Süße, jetzt bitte mal pusten", sie zeigt aufmuntert auf den Kuchen, „und nicht vergessen: Du darfst dir was wünschen, wenn du alle Kerzen auf einmal auspusten kannst."

„O.k., ich wünsch mir Wasser für das Aspirin", sagt Lisa und tastet schwach nach der Packung.

„Erst pusten!" Silvia kennt keine Gnade, und Lisa pustet notgedrungen.

Wider Erwarten gehen tatsächlich alle Kerzen aus. Damit hat Lisa nicht gerechnet, und deshalb hat sie sich auch nicht wirklich was gewünscht.

Silvia tröpfelt etwas in ein Glas, füllt es mit Wasser auf und reicht es Lisa: „Ich hab dir ein paar Bachblüten rausgesucht. Das hilft und du brauchst keine Chemie."

Sie macht eine verächtliche Geste Richtung Tablettenschachtel.

Lisa schaut hilfesuchend zu Jan.

Der drückt ungerührt zwei Aspirin aus der Packung und lässt sie zu den Bachblüten ins Glas fallen: „Doppelt genäht hält besser!", er reicht Lisa das Glas, das sie dankbar leer trinkt, während sich die Tabletten noch zischend auflösen.

Silvia beobachtet das argwöhnisch, verzichtet aber auf einen Kommentar. Stattdessen hält sie Lisa ein Messer hin:„Jetzt schneid mal schön deinen Kuchen an!"

Automatisch macht Lisa, was Silvia ihr aufgetragen hat.

Sie kennt sie inzwischen gut genug, um zu wissen, dass Widerspruch eh zwecklos wäre. In ihrem warmen, mütterlichen Körper verbirgt sich ein Wille aus eiskaltem Stahl.

Nun verteilt Silvie ziemlich fette Stücke von dem Kuchen und plappert unbekümmert: „Man muss immer nach vorne schaun, Lisa. Du musst froh sein, dass die Sache ausgestanden ist! Weil du jetzt nämlich offen bist, damit du endlich den Richtigen kennen lernst."

Lisa lacht ungläubig auf.

Aber Silvia nickt überzeugt und wendet sich wieder den praktischen Dingen des Lebens zu: „Oh je, ich hab ja ganz vergessen, Wasser aufzusetzen! Wir brauchen doch Kaffee zu unserem schönen Kuchen."

Und schon scheppert sie mit dem Wasserkessel rum.

Jan hält den Blick gesenkt.

Ellen hört auf, an den Blumen rumzuzupfen, hüstelt nervös, will was sagen, aber Silvia ist schneller: „Trara, und jetzt kommt dein Geschenk! Ellen, Jan und ich, wir haben zusammengelegt und wir...wir möchten dir diesmal was ganz Besonderes schenken." Sie gibt Ellen ein Zeichen, dass die sich um den Wasserkessel kümmert, nestelt an ihrer Rocktasche und holt einen Umschlag raus: „Lisa, wir alle hoffen, dass dir das hier", sie überreicht ihr feierlich einen Umschlag, „helfen wird, den richtigen Mann zu finden!"

Misstrauisch beäugt Lisa den Umschlag.

Ellen versucht ein aufmunterndes Nicken: „Mach doch mal auf."

„Vielleicht sollten wir erst...", Jan schaut sich suchend um, „...anstoßen!" Er greift sich den Champagner, lässt den Korken knallen und füllt den Schampus in die Kaffeetassen.

„Herrje, der Kaffee ist doch gleich fertig!" Silvia hat sich wieder am Küchenschrank zu schaffen gemacht und schaut nun schmollend auf den Filter in ihrer einen und das Päckchen Kaffeemehl in ihrer anderen Hand.

„Lass gut sein, Silvie!" nimmt Silvia die Sachen weg, stellt sie in die Spüle, schaltet den Herd wieder ab und schiebt Silvia zum Tisch. „Ein Schlückchen Sekt kann jetzt nicht schaden." Sie drückt Silvia eine Tasse in die Hand, hebt eine andere hoch: „Also dann, prost auf das Geburtstagskind!"

Alle stoßen an.

Silvia nippt, Jan und Ellen nehmen einen Schluck und Lisa leert ihre Tasse auf einen Zug.

Ellen nickt Lisa zu: „Dann guck doch jetzt mal nach."

Lisa öffnet also den Umschlag, wirft einen Blick auf den Gutschein, den er enthält.

Sie starrt ihre Freunde fassungslos an: „Habt ihr sie noch alle?"

Jan zieht die Augenbrauen hoch, als wollte er sagen: Hab ich's doch gewusst.

Ellen beeilt sich, zu versichern, dass dieses Geschenk im ersten Moment ungewöhnlich erscheinen mag. Aber schließlich hat sogar SIE sich überzeugen lassen, dass es ein wirklich netter Gag ist. Und wer weiß, vielleicht bringt es ja tatsächlich was?

Silvia erklärt stolz, dass das Geschenk ihre Idee gewesen ist.

Das wundert Lisa nicht. Sie ringt sich ein Lächeln ab.

Die nächste Stunde reden alle gemeinsam auf Lisa ein. Lebensberatung sei heutzutage völlig normal! Alle Stars haben ihren Coach, sonst könnten sie niemals so erfolgreich sein. Wenn ein Außenstehender einen Blick auf Lisas Lebenssituation wirft, kann das doch nicht schaden? Und wenn es nichts nutzt, war es bestimmt zumindest unterhaltsam? Mal was Anderes als Kino, oder?

Geknickt stellt Lisa fest, dass ihre Freunde sie also für eine Versagerin halten, die sich alleine nicht mehr aus dem Sumpf ziehen kann.

Da könnte sie genau so gut gleich zum Polizeipsychologen gehen.

Jan wirft Ellen und Silvia einen vielsagenden Blick zu, bevor er Lisa sanft in den Arm nimmt und ihr versichert, dass schließlich jeder Mensch gewisse Defizite hat. Das ist vollkommen normal! Lisa weiß doch, wie hart grade er selbst daran gearbeitet hat, zu sich und seinen eingebildeten Macken zu stehen. Mit einem Coach wär es bestimmt schneller und einfacher gewesen.

Lisa will trotzig wissen, warum es IHR Defizit sein soll, wenn VANGELIS seine Freundin betrügt?

Silvia lächelt huldvoll: „Im Universum ist alles immer für irgendwas gut! Du musst deine leidvolle Erfahrung zum Anlass nehmen und ab sofort aktiv an deiner Beziehungsfähigkeit arbeiten."

Lisa protestiert: „ICH bin beziehungsfähig! Die Männer sind es nicht! Was soll denn dieser...dieser...", sie schaut auf dem Gutschein nach, „Samuel dran ändern, wenn Vangelis nichts von mir wissen will?"

Ellen zieht, nun leicht genervt, die Luft ein: „Das ist doch genau der Punkt, Süße. Du sollst den Mistkerl vergessen und froh darüber sein!"

Jan meint dasselbe, lediglich sein Tonfall ist netter: „Hör dir doch wenigstens an, was dieser Bursche zu sagen hat, hm?"

Samuel ist, wie Silvia stolz betont, der beste Lebensberater in ganz München. Ehrfürchtig fügt sie hinzu, dass es wahrscheinlich in ganz Deutschland keinen vergleichbaren Magier gibt!

Damit handelt sie sich einen strafenden Blick von Ellen, sowie ein ungläubiges Kopfschütteln von Lisa ein.

„Magier? Geht's noch? Ich mein, Coach ist schlimm genug, aber ihr wollt mich doch nicht allen Ernstes zu einem Hexer schicken?"

Jan und Ellen vermeiden betreten, Lisa direkt anzusehen, aber Silvia ist nicht mehr zu bremsen. Begeistert plappert sie weiter: „Ein weiser Mann, Lisa, ist das nicht fantastisch? Stell dir vor, Samuel ist sogar schon im Fernsehen aufgetreten! Die Leute stehen bei ihm Schlange! Es ist ja SO ein Glück, dass fast genau an deinem Geburtstag noch ein Termin bei ihm zu buchen war. Samuel wird in Nullkommanichts herausfinden, warum es bei dir und den Männern bisher nicht geklappt hat! Und er kann dir definitiv wertvolle Ratschläge geben, wie du es in Zukunft besser machst!"

Ellen und Jan nicken brav zu allem, was Silvie so leidenschaftlich von sich gibt.

„Weißt du, Lisa, Samuel saugt sich seine Ratschläge nicht einfach so aus den Fingern. Was der sagt, ist total fundiert, er hat den direkten Draht zum Universum!"

Lisa fasst es einfach nicht: „Liest der mir dann aus dem Kaffeesatz vor, oder was?"

„Samuel wird deine Situation analysieren und dir Hilfestellungen geben, damit du selbst tust, was für dich richtig und wichtig ist.", erklärt Silvia geduldig, bevor sie, dann doch leicht zickig, hinterherschiebt: „Herbeizaubern kann er allerdings nichts."

„Schade", Lisa meint das sarkastisch, „wär praktisch gewesen, wenn er diese Gabi unsichtbar machen könnte."

„Oder sie in die Frau ohne Unterleib verwandeln?", schlägt Jan, der Gute, solidarisch vor.

Silvia schaut Jan irritiert an, aber dann erklärt sie Lisa wieder allen ernstes. „Schau, du bist für dein Glück selbst verantwortlich! Samuel kann dich aber auf den richtigen Weg bringen. Mit Hilfe der Sterne!"

Sterne? Das wird ja immer schlimmer!

Gut, zu Silvia passt es natürlich, dass sie an solchen Unsinn glaubt.

Aber dass Ellen und Jan sich an dem Gutschein beteiligt haben und ihr offenbar tatsächlich zumuten, dass sie sich von einem alternativen Spinner zutexten lässt, schockiert Lisa dann doch.

Erst als Ellen nachsetzt, dass es schon vorgekommen ist, dass Hellseher entscheidend dazu beigetragen haben, vermisste Personen wieder zu finden, gibt Lisa schließlich nach.

Na schön, wird sie sich also zum Deppen machen und zu einem Hexer rennen.

„Gut, ich geh da morgen hin. Und wie ist das eigentlich nachher? Holt ihr mich ab?"

Ellen wirft Jan einen überrascht tadelnden Blick zu.

Jan rechtfertigt sich: „Ich hab nur gesagt, dass wir nicht ins Via Firenze gehen. Weil sie mich direkt danach gefragt hat. Von heute oder morgen war nicht die Rede."

„Süße, man kann das so wunderbar verbinden", säuselt Ellen nun zuckersüß. „Dieser neue Italiener ist direkt gegenüber von Samuels Praxis. Wir werden alle mitkommen und dort auf dich warten. Und schau, dir geht es doch heute sowieso nicht gut. Wir essen morgen zusammen, da schmeckt es dir sicher sehr viel besser."

Lisa ist tatsächlich schlecht und sie fühlt sich wirklich zu schwach, um überzeugende Gegenargumente zu finden.

***

Als Lisa gegen fünf am Nachmittag das nächste Mal wach wird, fühlt sie sich etwas weniger mies. Bis ihr A wieder einfällt, was sie morgen tun wird, und sie B feststellt, dass sie heute Nacht im Vollrausch den Telefonstecker rausgezogen hat.

Sie wird also nie erfahren, wer ihr alles zum Geburtstag gratuliert hätte.

Sie ruft schnell ihre Eltern an und lügt mit extrem schlechtem Gewissen, dass sie ausgerechnet heute eine Störung am Telefon hatte. Ihr Handy....tja ihr Handy, das...das hat den ganzen Tag kein einziges Mal geklingelt. Lisa hat sich auch schon gewundert. Wahrscheinlich betraf die Störung auch das Mobilnetz? Glücklicherweise sieht niemand, wie rot sie bei dieser Lüge wird.

Fakt ist, dass Lisa keinen Schimmer hat, wo ihr Handy sein könnte. Und deshalb auch nicht beurteilen kann, ob, und wenn ja, wie oft es geklingelt hat.

Noch während sie ihre Mutter besonders herzlich verabschiedet, beginnt sie hektisch danach zu suchen. Sie findet es schließlich unter dem taubenblauen Kleidchen auf dem Badezimmerteppich. Zunächst sieht sie, dass der Akku leer ist und dann, als sie ihn auflädt, dass acht Leute angerufen haben. Vangelis ist nicht dabei.

Lisa ertappt sich, wie sie einen kurzen Moment hofft, dass dieser Hexer ihr eventuell tatsächlich weiterhelfen könnte.

Und bis es soweit ist, verbringt Lisa den Rest ihres Geburtstages allein vor dem Fernseher. Bevor sie sich wieder ins Bett legt und sich selbst fest verspricht, dass sie an ihrem nächsten Geburtstag verheiratet ist. Zumindest verlobt.

Montag

Lisas Handy auf dem Nachttisch klingelt.

Es ist Jan und es ist vier Uhr morgens.

„Lisa, sorry, ich hoff, du bist wieder fit? Ich hol dich in zehn Minuten ab. "

„Mhmm", nuschelt Lisa und tapst ins Bad. Dass sie die letzten 24 Stunden fast durchgehend geschlafen hat, kommt ihr jetzt zugute.

Sie hat diese Situation schon so oft erlebt, jeder Handgriff sitzt.

Zwei Minuten unter die Dusche, Haare nicht nass machen, Zähne putzen, ein bisschen Wimperntusche, Lipgloss und Klamotten von der linken Seite im Kleiderschrank.

Rechts hängen die Sachen, die Lisa wirklich mag, links die langweiligen, seriösen Teile, die sie im Dienst trägt und in denen sie sich immer ein bisschen verkleidet fühlt.

Acht Minuten später steht sie unten auf der Straße.

Jan ist noch nicht da, und Lisa geht vor bis zur Ecke Fraunhoferstraße. Da kommt Jan im Dienstwagen. Auch er hat es geschafft, sich trotz der nachtschlafenden Zeit vernünftig anzuziehen. Dezente Jeans, weißes, von Andrea gebügeltes, T-Shirt und unauffällige Lederjacke. Jan hat zwar keine doppelte Garderobe, aber er hat zwei Aftershaves. Eines von Gaultier und eins von Nivea for men. Im Dienst nimmt er Nivea.

Lisa steigt ein, Jan wendet.

Erst mal sagt keiner von beiden was. Lisa ist schlecht. Jan auch, das weiß sie. Bitte, BITTE lass es nicht Schlimmes sein!

Natürlich ist jeder Mord schlimm.

Trotzdem gibt es Unterschiede.

Ein aufgeschlitzter Bauch oder ein eingeschlagener Schädel ist ganz klar schlimmer als ein Giftmord, wo man der Leiche praktisch nicht ansieht, dass sie tot ist.

Für Lisa macht es auch einen Unterschied, ob ein Zuhälter bei einem Revierkampf umgekommen ist, oder eine Mutter von zwei kleinen Kindern, die nur zufällig zur falschen Zeit am falschen Ort gewesen ist.

Selbstverständlich tut sie in beiden Fällen alles, um den Mörder zu fassen, aber bei der Mutter ist sie emotional eindeutig mehr beteiligt.

Lisa räuspert sich: „Und...weißt du was Genaueres?"

„Eine Frau. Der Sohn hat angerufen."

Scheiße! Also die Mutter: „Der Sohn?"

Jan ist klar, was Lisa denkt: „Der Junge ist erwachsen. Hoff ich jedenfalls. Ich mein...ich hab ja auch einen Vater. Sogar mein Vater hat noch einen, meinen Opa halt...was ich sagen will: die Zentrale hat nichts von einem Kind gesagt."

Lisa nickt dankbar: „Wo?"

„Bogenhausen."

Danach schweigen sie wieder und hängen ihren Gedanken nach. Lisa bereut in solchen Momenten meistens, dass sie nicht doch Schreibkraft in der Firma von Onkel Bertram geworden ist. Wo ihre Mutter das so gern gesehen hätte, und Onkel Bertram sagt, er hätte sie jederzeit genommen.

Dann würde sie jetzt gemütlich im Bett liegen, wahrscheinlich neben Franz. Es würde ihr auch rein gar nichts ausmachen, wenn sie kurz mal aufstehen müsste, weil beispielsweise die Zwillinge grad Zähne kriegen.

Aber Lisa wollte Polizistin werden, wie ihr Vater auch Polizist ist. Allerdings zuhause in Langenbach, und da ist in den letzten zwanzig Jahren nur ein einziger Mord passiert. Lisa erinnert sich genau, wie so ein aufgeblasener Kerl von der Mordkommission aus Landshut aufgetaucht ist und so getan hat, als hätte er den Mörder überführt. Dabei war das ihr Vater. Dem Kerl aus Landshut haben die Leute in Langenbach nämlich eh kein Wort erzählt. Einer Kommissarin aus München würden sie erst recht nichts sagen, auch wenn sie genaugenommen eine von ihnen ist.

Es ist Lisa ein echtes Anliegen, Schwache zu beschützen und für Gerechtigkeit zu sorgen.

Aber wenn sie ehrlich ist, hat sie einfach nicht genug darüber nachgedacht, was es bedeutet, wenn man mitten in der Nacht zu einer Leiche gerufen wird. Das ist eben was anderes, als im Büro Berichte tippen.

Sie ist so was von dankbar, dass sie da jetzt wenigstens nicht alleine hin muss. Oder, was genau so schlimm wäre, mit einem von den Kollegen, die so tun, als ob das alles bloß Routine wär.

***

Lisa und Jan sehen schon von weitem, welches Haus es sein muss.

Weil alle Lichter brennen, und weil mehrere Autos in der Einfahrt stehen.

Jan steigt aus und strafft die Schultern. Lisa weiß, dass er gleich mit tiefer, fester Stimme sprechen wird. Er wird jedem den Eindruck vermitteln, dass er jetzt die Dinge in die Hand nimmt, und dass man sich voll und ganz auf ihn verlassen kann.

Das kann man ja auch wirklich.

Jan geht, vor Lisa her, auf die Haustür zu.

Ein Kollege von der Spurensicherung pinselt gerade

weißes Pulver auf die Türklinke. Ein Zweiter kniet auf der Schwelle und untersucht das Schloss. Er blickt auf, unterdrückt ein Gähnen: „Morgen."

Lisa nickt den Männern freundlich zu und schaut aufs Klingelschild.

Reinert heißen die Leute. Sie scheinen Geld zu haben.

Jan betritt die Diele, Lisa fasst ihn am Arm: „Hörst du das?"

Jan nickt: „Da spielt einer Schlagzeug. Aber die Hütte ist gut isoliert."

Ein junges Mädchen kommt auf sie zu, zart, zerbrechlich, blass. In ihren großen, blauen Augen flackert Angst.

Mein Gott, das arme Ding!

Lisa schätzt sie auf sechzehn, höchstens siebzehn.

„Jan Högl, Mordkommission", sagt Jan mit seiner Dienststimme. „Das ist meine Kollegin, Lisa Klaushofer."

„Kommen Sie bitte rein. Da...da sind schon Polizisten."

„Ja, die Kollegen von der Spurensicherung", Jan räuspert sich. „Sind Sie...ist das...wer ist denn verstorben?"

„Hilde ist tot...die Mutter von meinem Freund." Die Augen des Mädchens füllen sich mit Tränen: „Mir tut Hilde so leid! Kommen Sie...", sie geht zwei, drei Schritte, bleibt wieder stehen: „Entschuldigung. Ich heiß Sonja, Sonja Uhlen. Ich...bin so durcheinander. Soll ich... Markus holen?"

Jan kombiniert: „Den Sohn? Ja bitte."

Sonja geht zu einer Tür, offensichtlich der Kellertür. Als sie sie öffnet scheppert das Schlagzeug nun ziemlich laut.

Es hört sich verzweifelt an.

Jan drückt Lisas Hand.

Dann ist es auf einmal still.

Plötzlich hört man einen Kollegen von der Spurensicherung, irgendwo weiter drin im Haus, etwas sagen und einen anderen lachen.

Lisa zuckt unwillkürlich zusammen.

Sonja kommt mit einem attraktiven Jungen zurück.

Ihm laufen Tränen übers Gesicht: „Mein Vater ist das gewesen! Er hat meine Mum umgebracht!"

Sonja streicht ihm über die Wange: „Nicht, Markus."

Markus stößt Sonja weg: „Scheiße, sie ist tot! Kapierst du das? Tot!" Damit läuft er einfach an Jan und Lisa vorbei nach draußen.

Jan wirft Lisa einen kurzen Blick zu und geht Markus nach.

Sonja zieht hilflos die Schultern hoch: „Das ist...sehr schwer für ihn."

„Natürlich ist es das." Blablabla. Lisa weiß einfach nie, was sie in solchen Momenten sagen soll. Alles, was sie auf der Polizeischule darüber gelernt hat, fühlt sich immer irgendwie falsch an. „Habt ihr beide...Hilde gefunden?"

Sonja nickt. „Ich hab heut Geburtstag. Ich werd 19. Wir haben reingefeiert, und dann wollte mir Markus hier noch was zeigen..."

„Neunzehn? Oh Gott, das tut mir leid...ich mein natürlich, alles Gute...also ähm...ich hätte Sie jünger geschätzt?"

„Tun die Meisten."

„Wie alt ist Markus?"

„Auch neunzehn."

„Und Sie beide sind ein Paar?"

„Früher mal, ungefähr drei Jahre lang. Aber jetzt", Sonja versucht ein Lächeln, „Markus ist mehr mein Bruder. Wie wir uns getrennt haben, da...da haben wir uns so schrecklich vermisst. Und...", das Lächeln verschwindet,

„die Reinerts sind sowieso fast meine Eltern. Ich bin bei meiner Oma groß geworden. Meine Mutter hat selten Bock auf mich gehabt, und wer mein Vater ist, weiß sie selber nicht so genau."

Lisa würde dieses Mädchen gern in den Arm nehmen. Aber wenn sie im Dienst ist, darf sie so nicht spontan reagieren. Da muss sie sachlich und souverän sein.

Sonja zuckt traurig die Schultern. „ Soll ich Sie zu Hilde bringen?"

„Gleich. Sonja, wieso denkt Markus, dass sein Vater seine Mutter umgebracht hat?"

Sonja schüttelt den Kopf: „Er kann eben nicht begreifen, dass sie tot ist. Er...sucht nach einem Grund...ich mein, wir kommen hierhin, und dann liegt da Hilde...bevor Markus mittags weg ist, war sie noch vollkommen o.k...ja, und dann...dann hat er die Tropfen gesehen und deshalb denkt er..."

„Welche Tropfen?"

„Irgendwas zur Beruhigung. Oder zum Aufputschen. Hilde hat sich ständig was reingepfiffen! Aber das will Markus nicht zugeben. Markus will lieber denken, dass es ein Mord gewesen ist."

„Denken Sie das auch?"

„Ganz sicher nicht!"

„Und wieso verdächtigt er ausgerechnet seinen Vater?"

„Er hat in der letzten Zeit ziemlich Stress mit ihm. Hören Sie einfach nicht hin, was Markus sagt! Er meint's nicht so".

Und damit zeigt sie zu einer offenen Zimmertür, unterdrückt ein Schluchzen und geht schnell weg.

Hier, im Wohnzimmer, liegt eine Frau – Hilde - auf dem Sofa. Sie sieht ziemlich attraktiv aus.

Und gar nicht tot.

Mit ein bisschen Glück könnte sie einfach nur schlafen.

Aber dann wär ja die Spurensicherung nicht hier.

Herr Bendel – Lisa weiß von Ellen, dass Herr Bendel frisch geschieden ist und ein Magengeschwür hat – kommt auf Lisa zu. Er ist der Chef der Spurensicherung und, anders als seine Kollegen, trägt Herr Bendel keinen weißen Schutzanzug.

Immerhin hat er sich Latexhandschuhe übergezogen: „Ah, die Frau Klaushofer! Wissen's, ich glaub, wir hätten alle im Bett bleiben können. Nichts weist drauf hin, dass die Frau ermordet worden wär."

Dann hat das Mädchen Recht?

Aber so einfach darf es sich Lisa nicht machen. „Der Sohn der Dame hat doch einen Mord gemeldet?"

Herr Bendel zuckt die Schultern: „Dann müsst der Mörder einen Schlüssel gehabt haben." Er wirft dem Kollegen, der grade noch an der Haustür gearbeitet hat und jetzt auf dem Boden kniet und den Teppich aufmerksam nach irgendetwas, das nicht hierhin gehört, absucht, einen auffordernten Blick zu. „Na, sagen Sie's der Frau Kommissarin gleich selber."

„Es waren keinerlei Einbruchspuren festzustellen", antwortet der Spusi brav.

Da auch alles ordentlich an seinem Platz zu sein scheint und keine Schubladen rausgerissen sind oder so, ist ein Einbruch auf den ersten Blick tatsächlich eher unwahrscheinlich.

Das kann allerdings genau so gut für die Theorie des Jungen sprechen. Denn natürlich würde sein Vater, der Ehemann, in seinem eigenen Haus keine Einbruchspuren hinterlassen.

Lisa geht zu einem weiteren Spurensicherer, der weißes Pulver auf den Griff der Terrassentür streut.

„Die Terrassentür ist auch nicht aufgebrochen worden. Ich nehm aber trotzdem mal Fingerabdrücke. Ihr wollt

doch sicher wissen, wer hier ein- und ausgegangen ist?"
Lisa nickt zustimmend, obwohl das mit Fingerabdrücken
so eine Sache ist.

Auf dem Türgriff wird es von Abdrücken nur so
wimmeln. Türgriffe sind nun mal dazu da, dass man sie
anfasst.

Es dürfte also schwierig werden, überhaupt brauchbare
Abdrücke herauszufiltern. Und selbst wenn das gelingen
sollte, der Abdruck aber jemanden gehört, der nicht im
Polizeicomputer gespeichert ist, ist man genauso schlau
wie zuvor.

Und vor allem, wenn wirklich dieser Vater der Täter sein
sollte, wär die ganze Arbeit ohnehin umsonst. Denn
dass der seine eigene Terrassentür schon mal angefasst
hat, beweist ja schließlich rein gar nichts....

„Mei, vielleicht hat die Frau ja Probleme gehabt? Und
nicht mehr wollen? Oder sie hat sich mit ihren Tropfen
verzählt? Bloß, damit man gleich stirbt, also da müsst
man sich schon arg verzählen", teilt Herr Bendel nun
dem Gerichtsmediziner, Herrn Dr. Stahtwald seine
Überlegungen mit. Dabei nimmt er eine Kaffeetasse und
ein kleines Fläschchen vom Couchtisch und packt beides
vorsichtig in Plastikbeutel.

Lisa wendet sich an Dr. Stahtwald: „Hallo Doc, was
können Sie denn zur Todesursache sagen?"

Wie zu erwarten, ziert er sich: „Festlegen kann ich mich
natürlich erst nach einer Obduktion. Aber so wie es
aussieht, würd ich auf Atemlähmung tippen."

„Todeszeitpunkt?"

„Auch schwierig. Aber bestimmt vor mindestens zwölf
Stunden."

Herr Bendel nickt und schwenkt die beiden
Plastiktütchen vor Lisas Nase hin und her: „Der Kollege
ist immer so überkorrekt. Natürlich hat die Frau eine

Atemlähmung gehabt. Und wissen's auch woher die gekommen ist? Von dem Zeug da! Das ist nämlich ein starkes Beruhigungsmittel und wenn man zu viel davon in seinen Kaffee tut, dann kann das eben böse enden. Nicht wahr, Kollege?"

„Nun ja, denkbar ist das durchaus", räumt Dr. Stahtwald ein.

Herr Bendel nickt zufrieden: „Wenn's mich fragen, Frau Klaushofer, dann hat die Frau das Zeug freiwillig geschluckt. Hab ich recht, Herr Doktor?"

Herr Stahtwald hebt abwehrend die Hände: „Das kann ich im Moment wirklich nicht beurteilen." Aber dann fügt er vorsichtig hinzu „Allerdings waren an der Leiche keinerlei Kampf- oder Abwehrspuren festzustellen."

„Ja, und sonst ist auch nichts verdächtig!", setzt Herr Bendel zufrieden nach. „Also zumindest nicht in dem Zimmer hier. Und gestorben ist die Frau definitiv hier im Raum, da auf dem Sofa."

Lisa sieht Dr. Stahtwald fragend an.

„Nun, die Anordnung der Totenflecken - ausschließlich auf der Körperunterseite – legt diese Vermutung nahe..."

„Mei, Herr Doktor, jetzt sind's doch nicht päpstlicher als der Papst! Dann obduzieren's halt, wenn's meinen, dass des notwendig ist", unterbricht Herr Bendel und wendet sich an Lisa: „Hat Ihnen das junge Fräulein ned erzählt, dass unsere Frau Reinert hier gern ein bisserl viel von dem Zeug genommen hat?"

Lisa weiß, dass sie diese Diskussion jetzt beenden muss.

Es ist ja nichts dagegen einzuwenden, dass ein alter Hase wie Bendel seine Sicht der Dinge schildert. Aber dass er offensichtlich mit Sonja gesprochen – also eine Zeugin verhört – hat, geht eindeutig zu weit! „Danke, Herr Bendel", sagt Lisa deshalb streng. „Bitte sind Sie so gut und schreiben Sie das alles in Ihren Bericht."

Damit macht sie auf dem Absatz kehrt und verlässt den Raum. Sie wird jetzt zunächst mal mit dem Ehemann sprechen.

Wo steckt der eigentlich?

Wieso ist der um die Zeit nicht daheim? Schlafen wird er ja wohl nicht? Ist er am Ende geflohen? Weil er tatsächlich ein Mörder ist?

Lisa wird in ihren Überlegungen unterbrochen. Sie hört Stimmen. Die eine Stimme gehört dem Mädchen und die andere...dem Staatsanwalt persönlich!

Was ist das denn?

Carsten kommt fast nie zum Tatort. Und schon gar nicht mitten in der Nacht! Höchstens wenn jemand extrem Wichtiges ermordet worden ist, und Carsten davon ausgehen kann, dass Presse da ist und ein Interview mit Foto von ihm bringt.

War Hilde prominent?

Sonja und Carsten sind so in ihr Gespräch vertieft, dass sie Lisa gar nicht bemerken.

„Wirklich, Herr Mayr, es war ein Unfall! Egal, was Markus Ihnen erzählt, er irrt sich!"

Carsten nickt ergriffen: „Natürlich war's ein Unfall. Mein Gott, die arme Hilde!"

Die arme HILDE?

Sonja redet weiter: „Vielleicht wissen Sie ja, dass Hilde...na ja, sie hat halt gern getrunken. Und Tabletten hat sie auch jede Menge geschluckt. Das hat auf Dauer einfach nicht gut gehen KÖNNEN!"

Carsten schickt einen betroffenen Blick gen Himmel und dann entdeckt er Lisa: „Ach, Frau Klaushofer!"

Lisa nervt es wirklich, dass sie mal ‚du Lisa' und mal ‚Sie Frau Klaushofer' ist.

Was wär denn schlimm daran, wenn Carsten sie auch im

Dienst duzen würde?

Aber wahrscheinlich würde er lieber überhaupt nie du zu ihr sagen, wenn er das, wegen Ellen, nicht manchmal müsste.

„Was wollen Sie denn hier?", rutscht es Lisa raus.

„Ich möchte mir gern mein eigenes Bild machen." Er lacht künstlich. „Bevor es zu Missverständnissen kommt."

Missverständnisse? Lisa schaut Carsten abwartend an.

„Ich kenn die Leute persönlich. Reinert ist ein alter Tennisfreund von mir. Natürlich hat die junge Dame Recht! Ein Mord ist völlig undenkbar!"

Da kommt Lisa doch gleich die Galle hoch. Ein Mord ist undenkbar, bloß weil Carsten mit diesem Reinert schon mal Tennis gespielt hat? Geht's eigentlich noch?

„Ich würde vorschlagen, HERR MAYR, wir warten ab, bis die Spurensicherung hier fertig ist?"

„Selbstverständlich", Carsten lächelt diesmal schmal und wendet sich wieder Sonja zu. „Vielleicht sollten wir einen Psychologen herholen, damit der sich um Markus kümmert? So, und damit mir die Kollegin", abschätzender Blick zu Lisa, „nicht vorwerfen kann, hier würde nicht alles Menschenmögliche getan, guck ich mir den Tatort – oder vielmehr die Unglücksstelle - jetzt noch mit eigenen Augen an!" Carsten seufzt. „Dann kann ich mich außerdem persönlich von Hildchen verabschieden." Und schon ist er wieder forsch. „Wo ist sie? Im Wohnzimmer?"

Sonja nickt, weicht Lisas Blick aus und geht mit Carsten.

Lisa will gerade wütend hinterher, da kommen Jan und Markus zur Tür herein. Markus scheint jetzt ruhiger zu sein. „Ich mach mal Kaffee. Für Sie auch?"

„Ja, ja gern." Jan lächelt Markus nett an.

Markus wirft Lisa einen fragenden Blick zu, die nickt

angetan.

Dann geht Markus den Flur entlang und verschwindet hinter einer Tür, vermutlich der Küchentür.

Lisa schaut Jan erwartungsvoll an: „Und? Was rausgekriegt?"

„Der Junge ist natürlich total durch den Wind. Er hat ne ganze Menge erzählt, aber ich kann im Moment nicht sagen, war wir ernst nehmen müssen und was nicht."

„So wie's aussieht ist die Frau an einer Überdosis eines Barbiturats gestorben", setzt Lisa Jan ihrerseits ins Bild. „Möglicherweise hat sie das Zeug freiwillig genommen."

„Wer sagt das?"

„Das Mädchen, Sonja, und Bendel..."

Jan zieht skeptisch eine Braue hoch.

„...na ja, der Doc denkt das im Prinzip auch."

Jan nickt jetzt nachdenklich: „Markus ist aber felsenfest davon überzeugt, dass sein Vater seine Mutter vergiftet hat."

Lisa seufzt: „Es gibt weder Einbruchspuren noch Kampfspuren. Das kann alles Mögliche bedeuten: Markus kann recht haben, oder die Tote hat ihren Mörder gekannt oder zumindest reingelassen. Oder, es handelt sich um einen Unfall, wie Sonja meint. Selbstmord ginge auch. Die Frau hat das Zeug jedenfalls sehr wahrscheinlich in ihrem Kaffee geschluckt. Bendel hat die Tasse eingepackt."

„Warten wir mal ab, welche Fingerabdrücke sich drauf finden und..."

„Das heißt doch nichts", unterbricht Lisa. „Dieser Ehemann kann die Tasse aus der Spülmaschine genommen und in den Schrank gestellt haben! Schon hat er Abdrücke hinterlassen und trotzdem seine Frau nicht umgebracht. Ganz spontan glaub ich zwar, dass er es doch war, aber er hätte andrerseits die Tasse ja nicht mal anfassen müssen, um Tropfen reinzutun?"

„Haben wir das Barbiturat auch?"

„Ja, Bendel hat das Fläschchen sichergestellt. Das Problem ist aber, dass Carsten...."

„Carsten?" Jan schaut Lisa irritiert an.

„Der ist hier und schließt einen Mord definitiv aus. Und weißt du auch warum? Weil er mit diesem Reinert Tennis spielt! Damit steht für ihn fest, dass Herr Reinert ein Ehrenmann ist und seine Frau sich zu Tode gesoffen hat."

Jan flucht leise, bevor er einräumt: „Ich sag's nicht gern, aber vermutlich hat er damit sogar Recht."

„Hey, und was ist mit dem Jungen?"

„Der Junge sagt auch, dass seine Mutter getrunken hat. Allerdings in letzter Zeit angeblich nicht mehr. Sie soll versucht haben, ihr Leben wieder auf die Reihe zu kriegen."

„Na bitte!"

„Lisa! Wir sind grade mal ein paar Minuten hier. Das Mädchen sagt dies, der Junge das. Wissen tun wir gar nichts." Jan zögert: „Warum glaubst du dem Mädchen eigentlich nicht?"

„Weil...weil Hilde nett aussieht...edel irgendwie..."

Jan verdreht die Augen.

Lisa weiß, dass das unprofessionell ist. Aber ihr wär's einfach lieber, wenn diese Hilde sich nicht versehentlich im Suff vergiftet hätte.

Andrerseits ist auch das Mädchen sehr sympathisch.

Bislang gibt es keinen objektiven Grund, an dem, was Sonja sagt, zu zweifeln.

Aber schließlich macht auch Markus einen guten Eindruck. Er wird schon wissen, warum er seinen Vater verdächtigt.

Wenn jetzt auch noch der Vater nett ist, dann...Lisa seufzt. „Hast du eine Ahnung, wo dieser Reinert eigentlich steckt?"

„Der hat ne eigene Wohnung. Die Ehe war wohl ziemlich kaputt. Deshalb glaub ich auch nicht, dass er hier Tassen aus der Spülmaschine holt. Insofern wären Fingerabdrücke von ihm durchaus ein ernstzunehmender Hinweis."

Lisa kann das nicht begründen, aber sie tendiert dazu, Reinert nicht zu mögen.

Dass seine Ehe mit Hilde, die sogar tot noch sympathisch aussieht, zerrüttet war, macht es nicht gerade besser.

Sonja steht plötzlich neben ihnen. Wahrscheinlich hat sie einiges mitgehört, sie ist jedenfalls ziemlich aufgeregt: „Wollen Sie wissen, warum die Ehe kaputt war? Weil es kein normaler Mensch auf Dauer mit einer Alkoholikerin aushält!"

Jan und Lisa wechseln einen Blick, bevor Jan feststellt: „Nun, Markus hat es offensichtlich ausgehalten?"

„Ja, fragt sich nur, wie. Grad er müsste wirklich verstehen, warum sein Vater ausgezogen ist! Aber nein, er nimmt es ihm verdammt übel, und deshalb verzapft er hier so einen Schwachsinn. Klaus und ein Mörder!? Das ist das Absurdeste, was ich in meinem ganzen Leben gehört hab! Ich hab Hilde gern gehabt, echt gern, aber die Wahrheit ist: sie hat sich zu Tode gesoffen."

Lisa schaut Sonja nachdenklich an: „Sie macht einen sehr gepflegten Eindruck. Ich finde, das passt nicht?"

Sonja seufzt: „Ich hab hier noch nie Schnapsflaschen rumstehen sehen. Und Hilde hat IMMER gepflegt ausgeschaut. Ich kann das schlecht erklären, aber...", sie sucht nach Worten, „Hilde hat funktioniert... wie...wie ein Roboter. Von ihr selber war praktisch nichts mehr übrig. Nur die Klamotten und die Frisur. Ich glaub, ihr war's schon lange egal, ob sie lebt oder tot ist."

„Hat Hilde getrunken, weil ihre Ehe kaputt war?", will Jan wissen.

„Anders rum, die Ehe war kaputt, weil Hilde getrunken hat. Klaus hat irgendwann aufgegeben. Und Markus hasst ihn dafür." Dann fügt sie traurig hinzu: „Ich hab bloß nicht gewusst, dass er ihn so schlimm hasst."

„So, wenn uns der Herr Staatsanwalt dann nicht mehr braucht, gehen wir jetzt alle wieder ins Bett. Sie legen sich doch auch noch mal nieder, Frau Klaushofer? Oder ned?" Herr Bendel marschiert an den Dreien vorbei. Seine Assistenten tragen die Ausrüstung hinterher. „Ihnen auch eine gute Nacht, Herr Högl!"

Lisa schaut empört zu Jan, dann ruft sie Herrn Bendel nach: „Aber Sie...Sie können doch noch gar nicht fertig sein!?"

Statt darauf zu antworten, schreit Bendel, der bereits draußen bei den Autos ist: „Ja, Herr Stahtwald, wo bleiben'S denn? Sie wissen doch, dass' mich zugeparkt haben!" Er verschwendet offensichtlich keinen Gedanken an eventuell schlafende Nachbarn.

„Bin ja schon da." Im Vorbeigehen informiert Dr. Stahtwald Jan: „Der Kaffee ist fertig, soll ich Ihnen sagen. Ich hätte auch gerne noch ein Tässchen getrunken, aber der Kollege Bendel gönnt mir ja nichts."

Herr Bendel muss extrem gute Ohren haben, denn er reagiert prompt: „Sind'S froh, Herr Doktor, dass ich Sie in dem Haushalt keinen Kaffee trinken lass. Sie haben ja g'sehen, wie das ausgehen kann!"

Damit setzt er sich in sein Auto und knallt ungeniert die Tür zu.

„Tut mir leid, der Kollege meint's nicht so", entschuldigt sich Herr Stahtwald bei Sonja. Dann senkt er die

Stimme: „Ich würde eine Obduktion befürworten, Frau Klaushofer. Vielleicht können Sie den Staatsanwalt überzeugen? Auf mich wollte er nicht hören", dann sieht er zu, dass er zu seinem Wagen kommt.

Lisa könnte vor Wut platzen, aber sie beherrscht sich, fasst Sonja sanft am Ellbogen.

„Kommen Sie, gehen wir zu Markus."

Sonja legt kurz ihre Hand auf Lisas und sieht ihr direkt in die Augen: „Ich würd fast alles für Markus tun. Wenn es ihm hilft, wenn er denkt, dass seine Mutter umgebracht worden ist, dann soll er das halt denken. Ich mag mich heute Nacht nicht mit ihm streiten. Aber Ihnen sag ich's jetzt noch mal: das mit seinem Vater ist kompletter Blödsinn!"

Carsten kommt aus dem Wohnzimmer. Er tätschelt völlig unangebracht Sonjas Wange und schleimt: „Ich hab veranlasst, dass die Leiche abgeholt wird. Sie müssen sich also im Moment um gar nichts mehr kümmern. Sie auch nicht", fährt er sachlich in Richtung Jan und Lisa fort. „Ich hab die Kollegen nach Hause geschickt, sie haben hier ohnehin nur ihre Zeit verschwendet. Frau Klaushofer, Herr Högl, ich hab trotzdem darum gebeten, dass man Ihnen einen schriftlichen Abschlussbericht zukommen lässt."

„Ja, aber..." versucht es Lisa.

Carsten lässt sie einfach stehen, eilt zur Haustür, dreht sich noch mal um: „Ach ja, Sonja, ich wollte auch mit Markus sprechen. Aber das hat im Moment wenig Sinn. Vielleicht erinnern Sie ihn in ein paar Tagen daran, dass er jederzeit einen von unseren Psychologen gratis buchen kann?" Damit ist für Carsten alles geklärt. „Kann ich jemanden mitnehmen? Richtung Trudering?"

Lisa, Jan und Sonja schütteln stumm die Köpfe. Die Tür fällt ins Schloss.

Jan räuspert sich: „Ja, dann...ehm...setzen wir uns doch noch auf eine Tasse Kaffee zusammen."

***

Markus hat in der Küche ein paar Becher hingestellt. Jetzt sitzt er verloren am Küchentisch und starrt ins Leere.

Wortlos stellt sich Sonja hinter ihn und fängt an, seine Schultern zu kneten. Markus lehnt den Kopf gegen ihre Brust.

Jan beginnt, sich sehr einfühlsam mit den beiden zu unterhalten.

Damit nicht auffällt, dass dies hier trotzdem ein Verhör ist, verzichtet Lisa darauf, sich Notizen zu machen. Sie hofft, dass sie sich auf ihr Gedächtnis verlassen kann. Zumindest, bis sie nachher im Büro sitzt.

Markus hat gestern Mittag das Haus verlassen. Zu dem Zeitpunkt ging es seiner Mutter gut. Sie hat keinen Besuch erwartet, war weder krank, noch depressiv, noch betrunken, noch sonst irgendwie komisch. Höchstens traurig, weil es am Abend vorher mal wieder Stress mit ihrem Ehemann, der kurz zu Besuch da war, gegeben hatte.

Markus hat ein paar Sachen besorgt, ist dann zur Kletterhalle in Laim gefahren, wohin Sonja am frühen Abend nachgekommen ist. Vorher hat sie bei sich zuhause aufgeräumt. Sie lebt schon seit zwei Jahren allein in einem kleinen Apartment, auch ein Grund, warum sie so gern hier war.

Sonja und Markus sind beide leidenschaftliche Kletterer, nehmen an Wettkämpfen teil und halten Kurse für Kids ab.

Gestern aber haben sie einfach nur für sich trainiert. Danach waren sie essen und hinterher noch in einer Kneipe.

Kurz vor zwölf sind sie an die Isar, es war ja wirklich schrecklich schwül, haben bis zum Bauch im Wasser mit einer Flasche Sekt auf Sonjas Geburtstag angestoßen. Dann haben sie noch in einem Club vorbeigeschaut. Gegen drei Uhr dreißig waren sie hier.

Sonja übernachtet manchmal bei Reinerts. Sie schläft dann im Gästezimmer. Zahnbürste, Deo und so hat sie noch im Bad.

Bei ihrer Ankunft war die Haustür zu, es hat nirgends Licht gebrannt. Markus wollte eine CD aus dem Wohnzimmer holen und mit nach oben nehmen.

Ja, und dann haben sie Hilde gesehen. Bevor Sonja einen Arzt rufen konnte, hatte Markus schon die Polizei verständigt. Danach hat er sich direkt an sein Schlagzeug im Keller gesetzt. Den Rest kennen Jan und Lisa ja.

Markus will wissen, wann sein Vater endlich verhaftet wird?

Jan erklärt, dass sie erst Ergebnisse abwarten müssen, Beweise brauchen. Natürlich werden sie der Sache nachgehen. Aber, so wie es im Moment aussieht, ist es auch denkbar, dass Markus sich irrt.

Markus springt auf: „Glauben Sie, es macht mir Spaß, dass mein Vater ein Mörder ist? Glauben Sie, ich sag das gern?"

Sonja schaut Lisa verschwörerisch an.

Lisa wird deutlich bewusst, dass sie sich bereits entschieden hat. Sie steht auf Markus' Seite, auch wenn sie dieses blasse Mädchen mag.

Das behält sie natürlich für sich. „Ich schlag vor, wir reden später weiter. Jetzt würde ich mich gerne noch

mal im Wohnzimmer umsehen. Kommst du mit, Jan?"
Die beiden gehen raus und Jan will leise wissen, ob Lisa was Bestimmtes sucht?

Lisa macht eine vage Geste: „Carsten hat die Spurensicherung viel zu früh nach Hause geschickt. Ich bin fast sicher, dass die was übersehen haben!" Sie holt eine Kamera aus ihrer großen Dienstumhängetasche und fotografiert das Zimmer aus verschiedenen Blickwinkeln.

„Lisa, der Bendel ist ein Fuchs und er ist schnell! Wenn hier was zu finden war, dann hat er das gefunden!"

Ja, wahrscheinlich hat Jan Recht. Aber Lisa fühlt sich irgendwie verantwortlich. Für Sonja, für Markus und für die tote Frau da auf dem Sofa.

Also geht sie zum Telefon, drückt mit einem Stift den Wahlspeicher und schreibt sich die Nummern auf, die zuletzt ankamen und gewählt wurden.

Markus steht in der Tür: „Was passiert jetzt?"

Lisa atmet durch: „Markus, Ihre Mutter wird gleich abgeholt. Sollen wir hier bleiben, bis der Leichenwagen da war? Wir machen das gern, ehrlich!"

„Wenn es Ihnen hilft", erklärt Jan, was Lisa gemeint hat.

Markus schüttelt den Kopf: „Verhaften Sie meinen Vater, wenn Sie mir helfen wollen. Aber danke."

„Ja, dann", Jan hebt spontan die Hand, um Markus über die Wange zu streichen, merkt es grade noch und lässt es sein, „dann stören wir jetzt nicht länger. Wir bleiben in Kontakt, o.k.?"

Sonja hat im Flur gewartet und bringt Jan und Lisa jetzt nach draußen. Lisa steckt ihr ihre Visitenkarte zu und lässt sich versprechen, dass sie gut auf Markus aufpasst. Und dass sie sofort anruft, wenn irgendwas ist.

Sonja verspricht es.

***

Mittlerweile ist es kurz vor sieben. Die Sonne strahlt von einem wolkenlosen Himmel, die Vögel zwitschern, die Natur kümmert sich einen Dreck darum, dass Hilde Reinert möglicherweise von ihrem eigenen Ehemann ermordet worden ist. Dass sein Sohn, der trotz seiner geschätzten 1,85m noch ein halbes Kind ist, mit der Situation hinten und vorne nicht klar kommt. Wie sollte er auch.

Jan und Lisa sitzen im Auto, ohne loszufahren. Sie müssen sich erst einigen, WOHIN sie fahren.

„Also, ich glaub Markus", eröffnet Lisa. „Ich würd gern sofort seinen Vater besuchen."

„Und ich bin mir überhaupt nicht sicher, was ich von seinem Verdacht halten soll", hält Jan dagegen.

„Ist vielleicht nur ein Bauchgefühl, aber trotzdem."

Wenn es um die Arbeit geht, irrt sich Lisas Bauch selten, und das weiß Jan. Andrerseits ist es sein Teil des Jobs, Lisas Ahnungen so lange zu hinterfragen, bis sie gemeinsam Fehler entdecken. Oder auch nicht.

„O.k., auf das, was Carsten sagt, müssen wir nichts geben. Klar. Aber was ist mit dem Mädchen? Und mit dem, was die Spurensicherung schon weiß?"

„Das Mädchen kann sich halt nicht vorstellen, dass Reinert so ein mieses Schwein ist. Sie scheint ihn sehr zu mögen. Und die Spurensicherung..."

„...schließt einen Mord so gut wie aus."

„Tut sie nicht, Jan! Es hat keinen Einbruch gegeben und keinen Kampf, also gibt es wohl keinen FREMDEN Mörder. Aber der Ehemann..."

Jan bleibt in seiner Rolle: „Die Frau hat getrunken. Das sagen sie alle..."

„Nicht alle. Markus sagt, in letzter Zeit hat sie NICHT mehr getrunken!"

„Von mir aus. Aber wir können nicht ausschließen, dass sich der Junge da was vormacht. Er hat seine Mutter sehr geliebt. Er will nicht, dass wir schlecht über sie denken, also spielt er die Sauferei runter. Und die Medikamente auch. Auf seinen Vater ist er stinksauer. Wahrscheinlich weil der ausgezogen ist. Lisa, objektiv wissen wir doch überhaupt noch nicht, was sich in dieser Familie überhaupt abgespielt hat! Im Prinzip wissen wir gar nichts. Ein Unfall, von mir aus ein Selbstmord, das wär doch naheliegender als ein Mord?"

„Wenn wir so wenig wissen, müssen wir eben recherchieren!", besteht Lisa. „Wir müssen uns Reinert wenigstens mal anschauen." Lisa legt entschlossen ihren Sicherheitsgurt an.

Jan zögert: „Rehlein, wenn wir jetzt direkt da hinfahren, dann weiß der Mann vermutlich noch nicht mal, dass seine Frau tot ist. Ich hasse es, wenn ich Leute aufwecken muss, um ihnen so was Grauenvolles zu sagen."

Das stimmt. Lisa hasst das auch. Normalerweise.

Aber im Fall von Reinert ist das anders, weil sie davon ausgeht, dass er längst weiß, was Sache ist – es als Allererster gewusst hat. „Jan, ich mach das schon. Du musst nur daneben stehen, okay?"

Also schnallt Jan sich ebenfalls an, dreht den Zündschlüssel rum und grummelt: „ Ich hass es trotzdem", und fährt los.

„Ähm, weißt du wohin wir fahren?"

„Ja. Markus hat mir gesagt, dass sein Vater jetzt in der Lerchenfeldstraße wohnt, gleich an der Ecke zur Prinzregenten. Werden wir schon finden."

***

Klaus Reinert scheint nicht daheim zu sein. Zumindest reagiert er nicht auf die Klingel.

Dem Namensschild nach wohnt er im ersten Stock, in einem hübschen Altbau, und wenn es nach Lisa ginge, würde sie die Nachbarn rausläuten und sich dann vor Reinerts Wohnungstür setzen.

Aber da spielt Jan nicht mit. Er meint, egal, ob der Mann nicht aufmacht, weil er noch schläft, oder weil er wirklich nicht zuhause ist, bislang würde es keinen echten Grund geben, anzunehmen, Klaus Reinert wäre was anderes, als ein Mann dessen Ehefrau auf tragische Weise ums Leben gekommen ist. So jemanden fasst man mit Samthandschuhen an.

Punkt.

Sie werden später wiederkommen.

Als Jan und Lisa also zum Auto zurückgehen, kommt ein Pärchen um die Ecke gejoggt.

Sie, jung, schön, die blonde Mähne nachlässig im Nacken zusammengebunden.

Er, ein attraktiver Mittvierziger.

Die beiden stoppen vor Reinerts Haus. Küsschen rechts, Küsschen links.

Dann macht die Frau ein Fahrrad los, das an einen Laternenpfahl gekettet war und radelt davon.

Der Typ holt einen Schlüssel aus seiner Jogginghose und schließt die Haustür auf. Dabei wird er auf Lisa aufmerksam, die stehen geblieben ist und ihn offen anstarrt.

„Kann ich Ihnen helfen?", fragt der Mann freundlich.

„Ja, ähm...wir suchen einen gewissen Klaus Reinert. Kennen Sie den?"

Der Mann kommt verwundert ein paar Schritte auf Lisa zu und lächelt entwaffnend: „Da haben Sie aber Glück. Klaus Reinert, das bin nämlich ich."

„Sie?" Lisa sieht sich schnell nach Jan um „Jan komm her, das ist er!"

Jan hat das Auto gerade aufgeschlossen, schließt es wieder ab und kommt zögernd zurück. Inzwischen mustert Lisa den Mann argwöhnisch. Sie muss zugeben, dass er ziemlich sympathisch aussieht. Aber das heißt ja nichts. Wenn jeder Mörder gleich wie ein Monster ausschauen würde, hätte Lisa jeden ihrer Fälle binnen zehn Sekunden gelöst.

Hat sie aber nicht.

„Entschuldigen Sie bitte, dass wir Sie so einfach überfallen. Aber hätten Sie wohl einen Moment Zeit für uns?" Jan holt seinen Dienstausweis heraus. „Kriminalpolizei. Jan Högl, meine Kollegin Lisa Klaushofer."

„Kriminalpolizei?", wundert sich Reinert, hat sich aber gut im Griff. Denn er fährt ganz unbefangen fort: „Na, wenn's wirklich nur einen Moment dauert? Ich muss nämlich noch duschen und in vierzig Minuten fängt mein Unterricht an."

„Unterricht?" Lisa bleibt misstrauisch. Gut, der Kerl sieht WIRKLICH nett aus. Aber hat er nicht gerade eben dieses junge Ding geküsst? Kein Wunder, dass ihm eine Ehefrau da im Weg war.

„Ich bin Lehrer am Hedwig-Gymnasium. Aber darf ich jetzt mal wissen, was Sie eigentlich von mir wollen?", er grinst unbefangen, „hab ich falsch geparkt?"

„War das eben Ihre Freundin?" Lisa kommt direkt zur Sache.

Reinerts Augen werden schmal: „Nein, und wenn, wüsste ich nicht, was Sie das angeht?"

Jan räuspert sich: „Herr Reinert, können wir uns kurz in Ihrer Wohnung unterhalten."

Jetzt verwundert schließt Reinert die Tür auf: „Ja...dann kommen Sie halt mit hoch."

***

Gott, was für ein Saustall! Lisa ist ja nun selbst bestimmt nicht die Ordentlichste, aber dieser Reinert scheint seit Wochen nicht mehr aufgeräumt zu haben. Alles liegt rum wie Kraut und Rüben.

Arme Hilde! Die wird ganz schön hinter ihrem Göttergatten hergeräumt haben, als der noch zuhause gewohnt hat.

Reinert schiebt ein paar Klamottenberge und Bücherstapel in die äußerste Sofaecke und bietet Jan und Lisa an, Platz zu nehmen. Jan setzt sich, aber Lisa bleibt wie angewurzelt stehen.

Da!

Ein schwarzer Spitzen-BH zwischen Reinerts ungebügelten Hemden!

Reinert folgt Lisas Blick, und Lisa könnte schwören, dass sich seine Wangen leicht rötlich verfärben. Jedenfalls schiebt er den BH ganz schnell weiter unter die Hemden, so dass er nicht mehr zu sehen ist.

„Machen Sie sich keine Umstände, Herr Reinert", zwitschert Lisa honigsüß. „Wir haben das Mädel ja eben schon in Natura gesehen."

Reinert tut zwar so, als ob nichts wäre, ist aber offensichtlich sauer. Er packt den ganzen Klamottenberg und wirft ihn hinter eine Tür. Vermutlich das Badezimmer.

Lisa zieht vielsagend die Augenbrauen hoch.

Reinert nimmt eine Flasche Wasser aus dem Kühlschrank, setzt sie an, hält inne und fragt: „Kann ich Ihnen was anbieten? Ich hab keine Zeit mehr, Kaffee zu machen, aber wenn jemand einen Schluck Wasser möchte?"

„Nein, danke." Lisa denkt nicht dran, auf Reinerts plumpe Freundlichkeit hereinzufallen.

Jan schüttelt lächelnd den Kopf, wird dann ernst, räuspert sich wieder: „Herr Reinert, wir...wir müssen Ihnen leider eine traurige Mitteilung machen."

„Traurige Mitteilung?" Reinert wischt beunruhigt ein paar Zeitschriften von einem Stuhl und setzt sich.

Jan schluckt: „Herr Reinert, es ist leider so, dass Ihre Frau..."

„Hilde? Was ist mit ihr? Hat sie einen Unfall gehabt?"

Nicht schlecht. Lisa muss zugeben, dass Reinert den Erschrockenen ganz gut spielt.

„Ihre Frau ist tot...es tut mir leid." Jan hebt bedauernd die Hände.

Reinert starrt ihn fassungslos an. Dann starrt er Lisa an: „Tot?"

„Überrascht Sie das, Herr Reinert?" Lisa kann eiskalt sein, wenn es sein muss.

Reinert schließt einen Moment die Augen: „Nein, das überrascht mich nicht." Dann - peng! Die Flasche Mineralwasser fliegt gegen die Wand, zerspringt in tausend Scherben.

Lisa spürt etwas Kaltes an ihrer Wange. Sie hofft mal für Reinert, dass das ein Wasserspritzer und kein Glassplitter ist. Wenn der Kerl sie mit seiner Schmierenkomödie auch noch verletzt hat, dann kann er was erleben!

Reinert ist aufgesprungen, steht am Fenster mit dem Rücken zu ihnen. Es sieht aus, als ob er weinen würde.

Jan hat offensichtlich Mitleid: „Herr Reinert, bitte...können wir... irgendwas für Sie tun?"

Reinert dreht sich rum, ihm laufen tatsächlich Tränen über die Wangen. Lisa ist beeindruckt. Wobei, kann ja sein, dass der Kerl heult, weil sie ihm so schnell auf die Schliche gekommen sind.

Reinert wischt sich mit dem Handrücken übers Gesicht: „Warum hat sie's nicht gelassen? Warum? War doch klar, dass das nicht ewig gut geht!" Er sieht Jan eindringlich an: „Ist sie betrunken Auto gefahren? Hat sie andere Menschen verletzt? Ich mein, es muss doch einen Grund geben, warum sich die Kriminalpolizei für Hilde interessiert?"

„Ihre Frau ist in ihrem Wohnzimmer verstorben...eingeschlafen. Also, genaugenommen war die Todesursache wahrscheinlich eine Atemlähmung..."

„Was?" Reinert scheint verwirrt.

„Die Atemlähmung ist aufgrund einer Überdosis eines starken Beruhigungsmittel eingetreten", stellt Lisa klar. Und dann fügt sie noch scharf hinzu „Noch mal: überrascht Sie das, Herr Reinert?"

Reinert starrt Lisa einen Moment irritiert an und wendet sich Jan zu: „Aber Hilde hat doch...sie hat mir hoch und heilig versprochen, dass sie das Zeug nicht mehr anrührt! Sie hat sogar behauptet, sie würde nicht mal mehr trinken? Gut, das hab ich ihr nicht unbedingt geglaubt, aber dass sie immer noch Beruhigungsmittel nimmt...das hab ich wirklich nicht gewusst."

Jan hebt bedauernd die Schultern: „Wir stehen mit den Ermittlungen noch ganz am Anfang, aber es sieht tatsächlich nach einer Überdosis aus."

Reinert schließt gequält die Augen.

Lisa bohrt weiter: „Hatten Sie vor sich scheiden zu lassen, Herr Reinert?"

Reinert öffnet die Augen, schaut Lisa verständnislos an: „Scheiden lassen? Nein, ich hab Hilde doch geliebt."

„Ach? Und deshalb sind Sie zuhause ausgezogen? Weiß Ihre blonde Freundin, dass Sie Ihre Frau angeblich immer noch geliebt haben?"

Reinert setzt sich wieder auf den Stuhl, stützt seinen Kopf in beide Hände. Plötzlich wirkt er vollkommen erschöpft: „Hilde war diejenige, die weggegangen ist."

„Wollen Sie uns alles erzählen, Herr Reinert? Manchmal hilft das ja...", Jan klingt äußerst mitfühlend, vermutlich ist er das ja auch wirklich, und Reinert lässt sich erwartungsgemäß drauf ein: „Sie war monatelang nicht eine Stunde nüchtern. Körperlich war sie anwesend, ja, sie hat funktioniert...irgendwie. Aber in Gedanken war sie weg...ganz weit weg. Nichts hat sie mehr interessiert. Ich am allerwenigsten."

Er hebt den Kopf und schaut Jan direkt an. „Jeden Tag bin ich von der Schule sofort heimgerannt, weil ich mir eingebildet hab, Hilde würde weniger saufen, wenn ich ihr dabei zusehe. Also wollte ich möglichst immer in ihrer Nähe sein. Jedes Mal war mir schlecht vor Angst, in welchem Zustand ich sie diesmal vorfinden würde. Wie oft hab ich Verabredungen mit Freunden unter irgendwelchen fadenscheinigen Entschuldigungen abgesagt, weil...weil ich einfach nicht wollte, dass sie Hilde so sehen. Herrgott, ich hab sie beschützen wollen..."

Jan nickt verständnisvoll.

„Abends hab ich mich krampfhaft wachgehalten, bis Hilde eingeschlafen war. Weil ich verhindern wollte, dass sie alleine mit ihren gottverdammten Flaschen im Wohnzimmer sitzt. Ich hab mich mit ihr gestritten, ich hab gebettelt, ich hab gedroht...manchmal hab ich ein paar Flaschen in den Ausguss gekippt." Er lacht bitter.

„Dann ist Hilde eben zum Kiosk, oder, wenn der schon zu hatte, zur Tankstelle und hat sich neue geholt." Er sieht Jan direkt in die Augen „Ich hab das einfach nicht mehr ertragen."

„Sie haben einen Sohn! War es Ihnen komplett egal, wie der ganz alleine mit der Situation klarkommt?" Lisa lässt sich nicht einlullen, auch wenn Reinert durchaus glaubhaft wirkt.

Diesmal hält Reinert Lisas Blick stand: „Ich hab mit mehr als einem Psychologen gesprochen. Man kann einem Alkoholiker nicht helfen, außer man überlässt ihn sich selbst. Er muss sich an den eigenen Haaren aus dem Dreck ziehen. Anders läuft das nicht. Ich hab Markus nicht zwingen können, dass er mit mir weggeht. Aber ich hab gehofft, dass er weiß, dass er jederzeit bei mir unterkommen könnte."

Reinert steht auf und beginnt im Zimmer auf- und abzugehen. „Ich Idiot hab geglaubt, dass wir jetzt endlich aus dem Gröbsten raus sind. Hilde hat mir weisgemacht, dass sie ihr Problem im Griff hat! Dass sie demnächst ein paar Wochen in irgend so eine scheißteure Klinik gehen wird und...dass sie danach nie mehr einen Tropfen anrührt. Ich...ich hab mir wirklich eingebildet, es könnte wieder alles so werden wie früher." Plötzlich fährt Reinert herum, tritt gegen den Stuhl, der krachend zu Boden fällt und schreit: „Verdammt! Verdammt, verdammt, verdammt!"

Jan zuckt sichtlich zusammen.

Aber Lisa bleibt cool: „Jetzt reißen Sie sich mal zusammen, ja! Ihre Frau ist diejenige, die tot ist! Und Ihr Sohn ist derjenige, der sie gefunden hat, und der bei ihr geblieben ist, bis der Leichenwagen sie abgeholt hat! Während Sie sich mit Ihrer kleinen Freundin vergnügt haben. Finden Sie das in Ordnung, Herr Reinert?"

„Sie haben Recht." Das scheint gesessen zu haben, denn Reinert wird blass. „So weit hab ich ja noch überhaupt nicht gedacht. Ich muss zu meinem Jungen. Sofort!"

„Warten Sie!" Jan springt auf. „Ihr Sohn...er steht natürlich unter Schock. Ich glaub, er will Sie jetzt nicht sehen..."

„Unsinn! Wo ist Markus? Zuhause?"

„Ich denke schon. Seine Freundin ist bei ihm, aber..."

„Freundin...? Ach, Sie meinen Sonja? Gottseidank! Trotzdem, mein Junge braucht mich jetzt. Sie entschuldigen mich also?"

Reinert sieht sich überfordert im Zimmer um. „Sehen Sie zufällig irgendwo meinen Autoschlüssel?"

Lisa entdeckt den Schlüssel in einer Schale mit angeschrumpelten Äpfeln. Sie lässt ihn vor Reinerts Gesicht baumeln: „Markus ist überzeugt, dass seine Mutter ermordet worden ist. Und er denkt, dass Sie der Mörder sind!"

***

Jan und Lisa fahren schon seit fünf Minuten Richtung Büro, und Jan hat noch kein Wort gesagt.

Er guckt stur geradeaus, scheinbar hochkonzentriert auf den Verkehr, der aber auch nicht anders ist, als jeden anderen Morgen um diese Zeit.

Mann, Lisa weiß genau, dass Jan stinksauer auf sie ist.

Sie weiß natürlich auch, warum.

Aber schließlich wollte sie nur eine Reaktion erzwingen! Eine Reaktion, die Reinert verraten sollte.

Wenn der wirklich so nett wäre, wie er eben getan hat, so...so aufrichtig und so gefühlvoll, dann würde doch sein eigener Sohn nicht denken, dass er ein Mörder ist?

Außerdem, wie kann der Kerl behaupten, er hätte seine Frau geliebt, und er hätte keine Freundin, wenn Lisa das Mädel mit eigenen Augen gesehen hat? Und den BH!

Lisa schielt vorsichtig aus den Augenwinkeln zu Jan rüber. Sie HASST es, wenn Jan nicht mit ihr spricht. Er kann so ZICKIG sein: „Gib wenigstens zu, dass er kein richtiges Alibi hat."

Jan schaut weiter geradeaus: „Hör zu, Lisa, du hast keinen, KEINEN einzigen ernsthaften Anhaltspunkt und behandelst diesen Mann wie einen Verbrecher. Hast du auch nur eine Sekunde dran gedacht, dass wir ihm eben beigebracht haben, dass seine Frau tot ist? Was ist, wenn er unschuldig ist? Was?!" Jan ist richtig laut geworden.

„Ja aber...aber Markus..."

„Markus will seinen Vater, warum auch immer, in Schwierigkeiten bringen", unterbricht Jan barsch. „Ich würde vorschlagen, wir fangen erst mal an zu ermitteln, bevor du haltlose Beschuldigungen aufstellst!"

„Er hat aber nun mal wirklich kein Alibi…", versucht es Lisa noch einmal.

„Wie soll er ein Alibi haben, wenn wir nicht mal wissen, nach welchem Zeitpunkt wir konkret fragen sollen?"

„Okay Jan, jetzt hör doch bitte auf mit mir zu streiten." Lisas Ton ist deutlich versöhnlich. „Der Doc sagt, Hilde war mindestens zwölf Stunden tot, als sie gefunden worden ist. Also ist sie irgendwann am Nachmittag gestorben. Reinert hat nur für den Vormittag ein Alibi, solange er unterrichtet hat. Zwanzig nach eins ist er von diesem Hedwig-Gymnasium losgefahren, und maximal eine halbe Stunde später will er zuhause gewesen sein. Alleine, Jan! Von kurz vor zwei an, den ganzen Nachmittag, die ganze Nacht! Bis ihn angeblich heut früh um viertel nach sechs diese Frau zum Joggen abgeholt hat."

„Wieso denn angeblich?" Jan lässt Lisa abblitzen.

„Ja weil...weil...", Lisa fasst es nicht. „Du hast doch gesehen, dass er sie geküsst hat! Und zwischen seinen Klamotten, da war ein schwarzer Spitzen-BH. Von daher ist die Tussi doch wohl seine Geliebte!?"

„Trotzdem kann er allein zu Hause gewesen sein. Und falls nicht, hätte er erst Recht ein Alibi."

„Und warum sagt er das dann nicht?" Lisa denkt nicht dran, klein beizugeben. „Warum weigert er sich, dass er uns auch nur den Namen von dieser Frau sagt? Wenn die ihn entlasten könnte?"

Jan schweigt.

Lisa macht weiter: „Weil er lügt und Angst hat, dass Blondie uns was Anderes erzählen könnte."

Jan bleibt stur: „Fakt ist, dass Hilde ein massives Alkoholproblem gehabt hat. Und dieses Mädel, Sonja, die schwört Stein und Bein, dass Reinert alles, nur kein Mörder ist."

„Markus schwört das Gegenteil."

„Für mich ist Sonja glaubhafter. Spätestens seit ich Reinert jetzt persönlich kennengelernt hab. Mir ist der Mann sympathisch!"

Und Lisa ist er unsympathisch! Genau. Sie hat ihren ersten Eindruck längst revidiert.

***

Lisa steigt die abgelatschten Stufen zu ihrem Büro im zweiten Stock des Kommissariats hoch, während Jan noch eben zum Bäcker ist. Sie LIEBT den Geruch dieses alten Gebäudes. Hier fühlt sie sich sicher, hier kann ihr nichts Schlimmes passieren. Lisa weiß, dass das paradox ist, denn schließlich wird sie genau hier regelmäßig mit den brutalsten Verbrechen konfrontiert.

Aber sie ist ja auf der sicheren Seite.

Drüben, da sind die Mörder, das Leid, das Grauen, Klaus Reinert, die tote Hilde, ihr Sohn, dieses Mädchen....

Lisa weiß, dass sie die Gedanken an diese Familie erstmal beiseite schieben muss. Jan hat Recht, sie müssen jetzt abwarten, zu welchem Ergebnis die Spurensicherung kommt. Lisa würde gern Druck machen, aber sie hat Jan versprochen, vernünftig zu sein. Sie will keinen neuen Streit riskieren, nachdem sie sich grade wieder versöhnt haben. Außerdem ist Ellen heute auf einer Fortbildung und der Kollege, der sie vertritt, mag Lisa genau so wenig, wie sie ihn. Der wird für sie ganz sicher keine Überstunden machen.

Lisa reißt das Fenster im Büro sperrangelweit auf und schaltet die altersschwache Kaffeemaschine an. Die gurgelt vertraut vor sich hin, als Jan, mit einer dicken Bäckertüte reinkommt.

„Ui, Kaffee", sagt er und: „Ich muss mal schnell telefonieren."

Er schmeißt die Tüte auf Lisas Schreibtisch, setzt sich hinter seinen eigenen und legt die Beine hoch. Dabei lehnt er sich mit seinem Stuhl wie üblich so weit zurück, dass Lisa immer Angst hat, er könnte kippen.

Lisa ignoriert die verführerisch duftende Tüte, nimmt zwei Tassen aus dem abgestoßenen Aktenschrank und für Jan auch die Schachtel mit den Zuckerherzchen, sowie zwei abgepackte Schälchen Dosenmilch. Sie selbst wird ihren Kaffee wieder schwarz trinken.

Schlimm genug, wie sie die letzten 36 Stunden gesündigt hat!

An der Innenseite des Schranks hängt ein Poster von einem unglaublich schnuckeligen Mann mit nacktem

Oberkörper und Waschbrettbauch. Jans Poster. Carsten hat es mal entdeckt und Lisa damit wochenlang aufgezogen.

Sie hat das stumm ertragen. Lieber würde sie sich die Zunge abbeißen, als Carsten zu stecken, dass Jan derjenige ist, der in diesem speziellen Fall das Faible für Waschbrettbäuche hat.

Der Kaffee ist durch, Lisa gießt zwei Tassen ein, trägt sie zu ihrem Schreibtisch, der an der Ecke mit dem von Jan zusammenstößt.

Dann schiebt sie unschlüssig ein paar alte Akten hin und her. Klar, aufzuarbeiten gäbe es immer was, aber wenn es nicht unbedingt sein muss?

Jan hat sein Gespräch beendet. Wahrscheinlich war es sein Bruder oder sonst wer aus der Familie, weil Jan so richtig bayrisch gesprochen hat.

Jetzt strahlt er Lisa an: „Na, wollen wir frühstücken?", er zeigt auffordernd zu der Bäckertüte. „Nusshörnchen?"

„NEIN DANKE!"

„Sei doch nicht so ungemütlich! Schau, ich hab extra so viel eingekauft." Jan beugt sich rüber, reißt die Tüte auf und zeigt auf die Berge von Köstlichkeiten.

„Nein, Jan."

„Spaßbremse." Jan lässt vier Zuckerherzchen in seine Tasse fallen und beißt herzhaft in eine Apfeltasche. „Mmmhhh, lecker!"

Wenn es ums essen geht, kann Jan echt ein Junkie sein. Immer drauf bedacht, andere auch abhängig zu machen.

„Du willst nur nicht alleine moppelig sein!"

„Wer ist hier moppelig? Ich nicht, ich geh nachher zum Fitness!" Jan hält ihr ein Hörnchen hin.

Lisa wird schwach. „Also gib her. Aber ich ess es nur zur Hälfte!"

Jan grinst zufrieden.

„Und ich geh mit trainieren."

Unten im Keller ist ein super ausgestattetes Sportstudio. Schließlich soll man sich als Polizeibeamter körperlich fit halten. Lisa muss zugeben, dass sie seit Monaten nicht mehr im Keller gewesen ist. Nicht in diesem Teil. Im anderen Teil ist sie fast täglich. Denn dort befindet sich die Gerichtsmedizin. Und im Labor der Gerichtsmedizin Ellen. Lisa seufzt. Zu blöd, dass Ellen ausgerechnet heute nicht da ist. Dann

beißt sie herzhaft in ihr Nusshörnchen. Jan sieht amüsiert zu, wie sie es bis auf den letzten Krümel verschlingt und sich danach genüsslich die Finger ableckt.

Lisa zuckt die Schultern: „Ich brauch was im Magen, sonst kollabiere ich nachher auf dem Laufband."

Jan grunzt zustimmend und nimmt sich noch eine Rosinenschnecke. Dann schlägt er vor, dass sie vor dem Training ein paar Schreibarbeiten erledigen. Damit ist klar, dass Jan nicht vorhat, ein weiteres Wort über den Fall Reinert zu verlieren. Nicht im Moment zumindest.

Also tippt Lisa brav ein paar Berichte, sortiert die Papierberge auf ihrem Schreibtisch um und beantwortet die Emails, die sich im Laufe der letzten Woche, die sie ja freigehabt hat, angesammelt haben.

***

Lisa rechnet es Jan hoch an, dass er auf dem Laufband neben ihr klaglos schwitzt und keucht. Sie weiß ganz genau, dass er nur wegen ihr im Kraftraum ist. Weil sie diejenige ist, die abnehmen will. Anschließend zeigt er ihr sogar noch ein paar besonders effektive Übungen für die Baumuskeln. Wobei, entweder sind diese Übungen nicht wirklich effektiv, oder Jan hat sie seit ungefähr zehn Jahren nicht mehr gemacht.

Das sagt Lisa aber nicht. Nicht, wenn Jan so nett zu ihr ist.

Sie befolgt seine Anweisungen so gut sie kann und hat jetzt schon Angst vor dem Muskelkater, den sie morgen mit Sicherheit haben wird.

Ob Carsten wohl auch Muskelkater hat, wenn er jetzt doch für den Stadtmarathon übt? Lisa würde es ihm wünschen.

Nach dem Training gönnen sich Jan und Lisa einen frühen Feierabend.

Schließlich sind sie seit vier Uhr morgens auf den Beinen und haben später noch einen wichtigen Temin: Lisas nachträgliches Geburtstagsessen und ihr Gespräch mit Samuel, dem Magier.

***

Nachdem Lisa eine Weile vergeblich versucht hat, sich zu erinnern, wie das mit dem Power Napping - von dem sie gelesen hat, dass es unglaublich erfrischt und auch noch schlank macht, weil angeblich nur müde Leute zu unkontrolliertem Essen neigen- genau ging, duscht sie lieber ausgiebig, wäscht sich die Haare und zieht ihre Lieblingsjeans und eine hübsche Bluse an.

Weil die Riemchensandalen sowieso noch im Flur rumliegen, entschließt sie sich, die Folterteile einen zweiten Abend zu ertragen.

Dann klingelt sie bei Silvia und die beiden nehmen ein Taxi in die Wörthstraße, obwohl Slivie lieber mit der Tram gefahren wäre. Weil es weniger kostet und die

Umwelt nicht so verschmutzt.

***

Lisa fasst es nicht, als sie die Bruchbude sieht. Das soll ein Edel-Italiener sein?

Sie holt ihr Handy raus um bei Jan nachzufragen. Ganz sicher stehen sie hier vor dem falschen Lokal!

Aber Silvie hat schon entschlossen die Tür aufgestoßen, und Lisa sieht im Inneren der Spelunke tatsächlich Ellen und Jan an einem der trostlosen Resopaltische sitzen. Sie steckt konsterniert ihr Handy wieder weg.

Jan druckst unglücklich rum. Für ihn ist Lisas Geburtstag offenbar ein einziger Albtraum: „Ja, du hast ja recht. Die Wahrheit ist, dass ich hier allerhöchstens eine Pizza Margaritha riskieren würde. Aber der Laden liegt so günstig." Er zeigt durchs Fenster auf das Haus gegenüber. „Da drüben wohnt dein Hexer und..."

Silvia belehrt: „Hexer sagt man nicht. Samuel ist ein Magier!"

Ellen, noch etwas gestresst, weil ihre Fortbildung erst vor einer Stunde zu Ende war, merkt spitz an, dass ihr die Bezeichnung Coach am angenehmsten wäre.

Jan fährt tröstend fort: „Ist doch egal, wie der Kerl sich nennt. Wir behalten das Gebäude jedenfalls im Auge, du stehst also quasi unter Personenschutz!"

Ellen reißt sich am Riemen und nickt aufmunternd: „Hey, wenn ich hier sitzen kann, kannst du das auch!?"

Da ist was Wahres dran.

So pingelig wie Ellen normalerweise ist, muss dieser Laden eine ziemliche Herausforderung für sie sein.

Lisa begreift, dass dieses Unternehmen durchaus ein Liebesbeweis ihrer Freunde ist und entschließt sich, das zu würdigen.

Also verzichtet sie auf weitere Vorwürfe und widersteht sogar der Versuchung, Ellen zu fragen, was Carsten über seinen nächtlichen Einsatz erzählt hat, kippt einen schnellen Espresso, lässt sich von allen über die Schulter spucken und stöckelt über die Straße zu einem kleinen, etwas windschiefen, aber originellem und sorgfältig renoviertem Häuschen, das sich zwischen zwei weniger originelle Mietshäuser duckt.

Ein kurzer Blick zurück bestätigt ihr, dass ihre Freunde sich die Nasen am Fenster der Pizzeria plattdrücken.

Sie muss fast grinsen, als sie entschlossen auf die Klingel, auf der ‚Studio Samuel - Lebensberatung' steht, drückt.

***

Während sie wartet, dass dieser Mensch ihr aufmacht, wappnet sie sich innerlich gegen alles, was gleich passieren könnte.

Lisa nimmt sich vor, dem, was der Kerl ihr sagen könnte, keinerlei Bedeutung zu schenken.

Andrerseits, na ja, sie befindet sich aktuell in einem emotionalen Ausnahmezustand, was ja schon allein die Tatsache, dass sie hier steht, eindeutig beweist.

Trotzdem, Lisa schärft sich ein, höflich distanziert zu bleiben, keine Auskünfte über sich zu geben und spätestens in einer halben Stunde zurück bei ihren Freunden zu sein.

Sie rechnet damit, dass der Hexer Profi auf seinem Gebiet sein dürfte und weiß, dass diese Typen extrem gut darin sind, anderen Leuten das Geld aus der Tasche zu ziehen.

Unter keinen Umständen wird sie sich zu weiteren Konsultationen überreden lassen. Auch nicht, wenn dieser Samuel behaupten sollte, er könne tatsächlich was in Sachen Vangelis bewirken.

Über diesen Überlegungen ist das Grinsen auf ihrem Gesicht verschwunden.

Wie kommt sie dazu, sich überhaupt solche Gedanken zu machen? Das Ganze hier ist ein Gag, ein Witz, eine spleenige Idee von Eso-Silvie, der Jan und Ellen nur deshalb zugestimmt haben, weil ihnen kein besseres Geburtstagsgeschenk eingefallen ist.

Dabei hat Lisa in den letzten Wochen mehrfach angedeutet, dass sie ihre Wohnung gern aufpeppen würde. Sie hätte sich über neue Sofakissen genau so gefreut, wie über die hübsche Lampe, die sie Jan neulich extra noch im Schaufenster gezeigt hat...

Ah, jetzt hört sie Schritte.

Die Tür wird schwungvoll aufgerissen und vor ihr steht...nanu...so hat sie sich einen Hexer ganz bestimmt nicht vorgestellt!

Nicht so jung, nicht so attraktiv, nicht mit solch strahlend grünen Augen? Mit so einem netten Lächeln?

„Hallo?", sagt Samuel und sieht Lisa abwartend an.

Auch Lisa wartet ab. Als von Samuel nichts kommt, und er einfach nur weiter fragend guckt, nimmt Lisa die Sache in die Hand: „Ja, guten Abend, Herr...", Lisa räuspert sich. Sie findet diesen Namen wirklich albern, „...Herr Samuel. Ich bin Lisa Klaushofer, und ich hab jetzt einen...ähm...Beratungstermin bei Ihnen."

Lisa sieht genau, dass sich Samuels Pupillen weiten, und in dem Fall muss man aufpassen!

Eins der ersten Dinge, die man im Fach Verhörtechnik lernt: geweitete Pupillen signalisieren Stress. In aller Regel heißt das, das Gegenüber lügt!

Abgesehen von den verräterischen Pupillen bleibt Samuel vollkommen gelassen. Sein Lächeln wir sogar noch eine Spur breiter: „Na, dann kommen Sie mal rein, Frau Klaushofer. Oder darf ich Lisa zu Ihnen sagen? Wissen Sie, ich spreche meine Klienten eigentlich immer mit dem Vornamen an. Am besten, wir gehen in mein Arbeitszimmer."

Er geht vor Lisa her und hält ihr die Tür zu einem spärlich, aber hübsch eingerichteten Raum auf. Alles sieht hell und luftig aus, total aufgeräumt, ein bisschen alternativ vielleicht, aber durchaus geschäftsmäßig.

Samuel zeigt an einem fröhlich gemusterten Sofa vorbei zu einem großen Tisch, um den vier bequeme Stühle stehen.

Schade.

Hat Silvie nicht behauptet, der Typ hätte magische Kräfte? Wo ist die Kristallkugel? Die schwarze Katze? Nicht mal Räucherstäbchen brennen.

„Lisa?" Samuel steht am Tisch, hat einen Stuhl einladend ein Stück zurückgeschoben.

„Oh, ich...äh...", Lisa stolziert auf ihren Riemchensandalen möglichst würdevoll auf Samuel, beziehungsweise den Stuhl, zu und setzt sich.

„Also Lisa, was kann ich für Sie tun?" Samuel fläzt sich lässig hinter einen Laptop, klappt ihn auf und drückt ein paar Tasten.

Lisa beobachtet ihn argwöhnisch.

Während das Programm vermutlich hochfährt, sieht auch Samuel Lisa prüfend an. "Waren Sie schon öfter...ich meine, gehen Sie regelmäßig zu Beratungen?"

Lisa ärgert sich, dass der Typ sie für dermaßen minderbemittelt hält: „Dies hier ist meine erste und mit Sicherheit auch letzte Erfahrung auf diesem Gebiet. Genaugenommen wäre ich gar nicht da, wenn ich diese

Beratung nicht geschenkt bekommen hätte!"

„Sehr vernünftig", antwortet Samuel zu Lisas Verblüffung.

„Wieso?"

„Na weil...", Samuel kommt leicht ins Schwimmen, fängt sich aber schnell, „weil man dann keine Fehler ausbügeln muss, die ein Kollege früher eventuell gemacht hat. Was ist denn nun Ihr Problem?", er mustert Lisa interessiert, „haben Sie Ärger mit Ihrem Freund?"

Kann der doch hellsehen?

Lisa lacht vorsichtshalber höhnisch auf. Dann hört sie sich zu ihrem eigenen Erstaunen sagen: „Schön wär's. Mein Problem ist, dass es keinen Freund gibt, mit dem ich Ärger haben könnte."

Ups, sie wollte dem Burschen doch keine Infos in die Hand spielen?

Samuel klimpert ein bisschen auf der Tastatur rum: „Mhmm, seltsam. Wo Sie doch ein Mensch sind, der für die Liebe wie geschaffen ist?" Er sieht Lisa direkt in die Augen. Die zwingt sich, dem Blick standzuhalten. Und merkt, wie sie ärgerlicherweise leicht errötet.

„Wer sagt das?", fragt sie betont brüsk.

„Nun...ähm , die Sterne sagen das." Samuel deutet vage auf den Bildschirm.

Egal wie angeschlagen, eventuell sogar labil Lisa sein mag, auf diese billige Tour wird sie sich nicht einlassen.

„Da müssen sich Ihre Sterne leider irren", sagt sie kühl. „Nicht, dass ich auch nur ansatzweise an diesen Unfug glauben würde, aber nur zu Ihrer Information: Ich bin seit fünf Jahren Single, und der einzige Mann, der eventuell für eine Beziehung in Frage kommen könnte, ruft mich seit über einer Woche nicht an..." Lisa glaubt wirklich nicht, dass sie das grade gesagt hat!

Nun ist sie selbst dran Schuld, wenn der Betrüger ihre eigene Aussage gegen sie verwendet. „Außerdem hat er eine andere Freundin. Möglicherweise jedenfalls..."

Samuel starrt undurchsichtig auf seinen Bildschirm: „Das wundert mich jetzt wirklich, Lisa. Ihr Horoskop sagt eindeutig, dass Sie in allernächster Zukunft viel Spaß mit einem Mann haben werden." Er schaut auf, lächelt bezaubernd. „Kann es sein, dass Sie sich auf den Falschen fixieren?"

Kann es sein, dass Jan und Ellen den Kerl gebrieft haben?

„Definitiv, nein!", stellt sie knapp klar. Sie hat ohnehin und unbegreiflicherweise sowieso schon viel zu viel geredet. Verdammt, warum steigt ihr schon wieder das Blut in den Kopf, als Samuel sie jetzt mit seinen giftgrünen Augen fragend fixiert?

Sie holt Luft: „Hören Sie: Sie müssen mir nicht erzählen, ich würde schon irgendwann den Richtigen kennen lernen. Das will ich nicht hören, für so einen billigen Spruch brauche ich keinen Coach. Und einen Astrologen brauch ich schon gar nicht! Also, was soll ich tun, damit Vangelis kapiert, dass ich alles bin, was er sich jemals gewünscht hat? Und falls Sie das nicht wissen, wäre zu überlegen, ob sie meinen Freunden ihr Geld zurückgeben!"

So, das hat gesessen! Samuel ist tatsächlich ein bisschen zusammengezuckt.

„Dieser Mann, wieso...was hat der eigentlich, das Sie so fasziniert?"

Jetzt glaubt Lisa etwas Lauerndes in seinen Blick zu erkennen. Nun reicht's!

„Das geht Sie nichts an! Und hören Sie auf, mich auszufragen! ICH bin diejenige, die hier die Fragen stellt!"

Samuel klappt den Laptop zu: „Verzeihung, ich wollte Ihnen nicht zu nahe treten."

Wie? Der macht es sich aber ganz schön einfach. Kaum läuft es nicht so, wie er das will, spielt er beleidigte Leberwurst? Anstatt ihr Vorschläge zu machen. Umsetzbare. Lisa lenkt ein: „Jetzt warten Sie doch! Ich...also Vangelis ist warmherzig, humorvoll und äußerst attraktiv." Dann fügt sie, wieder streng, hinzu: „Und was ist jetzt Ihr Tipp?"

Samuel zuckt die Schultern: „ Kein Tipp. Der Kerl hat Sie doch gar nicht verdient!"

Noch einer, der Vangelis nicht leiden kann!

Sie wirft ihm einen vernichtenden Blick zu: „Es hätte mich auch gewundert, wenn Sie tatsächlich was bewirken könnten."

Samuel seufzt. "Na schön, wenn Sie diesen...wie heißt er noch gleich?"

„Vangelis."

„Wenn Sie diesen Vangelis unbedingt haben wollen, dann kann man da natürlich nachhelfen. Aber machen Sie mir später keinen Vorwurf deswegen."

Samuel steht auf und schaut sich unschlüssig ein Bücherregal an.

„Nachhelfen?" Lisa kann nicht verhindern, dass ihre Stimme vor Begeisterung ein paar Oktaven höher rutscht. „Ja, wie denn? Jetzt lassen Sie sich doch nicht alles aus der Nase ziehen!"

Samuel schnappt sich eins der Bücher und blättert wild darin herum.

Lisa hat den Eindruck, dass er sich ein Grinsen verkneift. Was ist denn hier lustig?

Schließlich klappt er das Buch wieder zu, stellt es zurück, und Lisa ärgert sich, dass sie den Titel auf dem Buchrücken nicht lesen kann. Während sie noch überlegt, ob sie den Hexer einfach danach fragen soll - schließlich ist es ihr gutes Recht, zu wissen, woher er seine zweifelhaften Ratschläge bezieht - strahlt der sie an.

Wobei sich zwei reizende Grübchen auf seinen Wangen zeigen.

„Würde es Ihnen gefallen, Lisa, diesen Vangelis dermaßen zu verhexen, dass er Ihnen absolut hörig ist? Dass er den Rest seines Lebens hinter Ihnen herhechelt?"

Lisas Augen leuchten auf.

„Okay, das würde Ihnen also gefallen. Na schön, aber ich warne Sie. Der Typ wird wie eine Klette an Ihnen hängen!"

Lisa hält es grade noch auf ihrem Stuhl. Aber, hat nicht sogar Silvia zugegeben, verhexen käme nicht in Frage?

„Jetzt sagen Sie schon!" Lisa merkt zu ihrem eigenen Entsetzen, dass sie tatsächlich all ihre Vorsätze über Bord geworfen hat.

Samuel fixiert Lisa und gibt seiner Stimme einen geheimnisvollen, dunkler Klang: „Sie müssen sich Haare von ihm besorgen. Eine kleine Strähne reicht aus. Und dann brauchen Sie noch…Zehennägel. Beides zusammen müssen Sie unter einer Blutbuche vergraben. Bei Vollmond. Danach dauert es höchstens eine Woche, und der Mann ist Ihnen hilflos verfallen."

Was ist? Haare? Zehennägel?? Der spinnt doch!

Lisa steht auf: „Sie halten mich offenbar für eine komplette Idiotin? Suchen Sie sich jemand anderen, den Sie verarschen können!"

Lisa meint, auf Samuels Gesicht gleichermaßen Amüsement und Bewunderung aufblitzen zu sehen, dann stakst sie auch schon Richtung Ausgang.

Samuel folgt ihr schnell. „Ich wollte nicht….Lisa, es tut

mir Leid…."

Lisa wird sich nun wirklich auf kein weiteres Wort mehr einlassen.

Sie würdigt den Kerl keines Blickes mehr, stöckelt den Flur entlang und sieht zu, dass sie zügig aus der Höhle des Hexers in die milde Abendluft entkommt.

Als sie schon die Straße überqueren will, sie hat sich nicht die Mühe gemacht, die Tür hinter sich zu schließen, ruft Samuel ihr nach: „Lisa, warten Sie!" Pause. „Bitte!"

Lisa bleibt, wider Willen, stehen.

Samuel kommt ihr schuldbewusst hinterher. „Tut mir ehrlich leid, wenn ich Sie enttäuscht habe!", dann grinst er wieder: „Vielleicht probieren Sie den Zauber einfach mal aus? Und sagen mir dann, ob er funktioniert hat?"

Lisa schnaubt verächtlich.

Samuel grinst sie weiter entwaffnend an: „War jedenfalls schön, Sie kennen zu lernen, Lisa!"

Und bevor Lisa ihn einfach stehen lassen kann, macht er das schon mit ihr.

An seiner Haustür winkt er ihr noch mal kurz zu, dann steht Lisa allein und ziemlich durcheinander da. Irritiert stakst sie über die Straße, zurück zu ihren Freunden, zurück in ihr vertrautes Leben.

***

Lisa wird mit lautem Hallo begrüßt.

Alle reden durcheinander.

Während Jan und Ellen wissen wollen, was Samuel denn nun gesagt hat, interessiert es Silvia besonders, was er für eine Aura hat. Ein Mann wie Samuel muss doch die Wahnsinnsaura haben?

Lisa bezweifelt, dass sie eine Aura bemerken würde, und wenn sie noch so wahnsinnig wäre.

Wie auch immer, ihr ist nichts dergleichen aufgefallen.

Dann macht sie den Freunden unmissverständlich klar, dass dieser Hexer vollkommen durchgeknallt ist. Sie war ja von Anfang an skeptisch, aber dass der Kerl null brauchbare Vorschläge hatte und ihr stattdessen vom Computer vorlesen würde, was die STERNE sagen, also das war ja nun wirklich mehr als überflüssig!

Ellen wirft Silvia einen vorwurfsvollen Blick zu. Die verteidigt ihr Idol: „Warum soll Samuel nicht astrologisch arbeiten?"

„Nicht für mein Geld und nicht mit meiner Freundin!", ärgert sich Ellen.

Lisa nickt zufrieden.

Jan sieht das Ganze eher pragmatisch: „War halt ein Griff ins Klo. Nehmen wir es mit Humor? Was hat er dir denn über dein Horoskop erzählt, Rehlein?"

Lisa lässt sich noch ein wenig bitten, bevor sie zugibt, dass Samuel ihr das totale Liebesglück prophezeit hat.

Sie flicht vage ein, dass es nicht unbedingt Vangelis sein müsse, mit dem sie so glücklich sein wird, aber sie bringt den Hoffnungsschimmer in den Augen ihrer Freunde sofort zum Erlöschen, indem sie fortfährt, dass sie trotz des gestrigen Desasters keinesfalls endgültig über ihn hinweg ist.

Betretene Gesichter.

Dann stellt Silvia traurig fest, dass Lisa offensichtlich total blockiert ist. Warum muss sie sich so auf einen Mann fixieren, von dem ihr jeder sagt hat, dass er sowieso ein Blödmann ist?

Lisa holt empört Luft und Silvia schaut hilfesuchend zu Ellen und Jan: „Ich kenn diesen Vangelis ja nicht! Ich plapper bloß nach, was ihr mir erzählt habt, gell?"

Bevor jemand versuchen kann, sich rauszureden, schimpft Lisa: „Ist Ellen nicht mit Carsten zusammen, den außer ihr auch keiner leiden kann? Regt sich da vielleicht jemand auf? Warum darf ICH dann bitte nicht auch verliebt sein, in wen ICH will?"

„Carsten wohnt bei mir", schnappt Ellen, leicht beleidigt. „Und ich musste ihn nicht mal drum bitten. Geschweige denn musste ich jemals drauf warten, dass er mich anruft. Im Gegenteil. Also kannst du das nun wirklich nicht vergleichen!"

Lisa spart sich eine Antwort.

Selbstverständlich kann man Vangelis nicht mit Carsten vergleichen. Carsten ist ein dünnlippiger Langweiler mit Bauchansatz, Vangelis ist ein griechischer Gott!

„Logisch darfst du verliebt sein in wen du willst!" Jan lächelt sie nett an. „Hat dieser Samson...

„Samuel!" Silvia schnalzt tadelnd mit der Zunge.

„Hat er denn gar keine Idee, wie du Vangelis dazu kriegst, dass er dich doch noch anruft?"

Lisa ärgert sich wirklich, weil die Anderen hinter ihrem Rücken bei Silvie über Vangelis hergezogen sind und das verführt sie dazu, von der Sache mit den Blutbuchen und den Zehennägeln zu erzählen, die sie eigentlich für sich behalten und auch ganz schnell wieder vergessen wollte: „Na ja, also...so direkt...", sie wirft einen betont selbstbewussten Blick in die Runde, „...jedenfalls, wenn ich will, kann ich leicht dafür sorgen, dass Vangelis bei mir einzieht. Er wird mich sogar heiraten! Also, wenn ich das möchte halt."

Nun ist es raus.

Entsetzte Gesichter.

Jan fasst sich als erster: „Und wie würdest du das anstellen, Lisa?"

Lisa schämt sich zwar ein bisschen, aber sie kann jetzt

nicht mehr zurück: „Samuel meint, dass es da Möglichkeiten gäbe...also, es wär nicht so, dass Vangelis einfach nur mit mir zusammen wär...es wär eher so, dass er...na ja, dass er mir für den Rest seines Lebens verfallen wäre. Vollkommen!"

„Bockmist!", platzt Ellen heraus.

„Jetzt hör doch erst mal zu, Ellen." Silvia ergreift sofort Samuels Partei. „Samuel hat echt was drauf! Wenn der sagt, das geht, dann geht das auch." Sie wendet sich Lisa zu. „Und was GENAU hat er gesagt?"

Lisa schaut in Silvias fanatisch glitzernde Augen und fragt sich einen Moment, ob sie am Ende auch bei Vollmond eklige Dinge vergraben hat, als sie so scharf auf die Wohnung von Frau Baumann gewesen ist. Zuzutrauen wär es ihr! Was Lisa unvermittelt Angst macht, ist die Tatsache, dass Silvia die Wohnung ja tatsächlich bekommen hat.

Jan zupft sie am Ärmel: „Jetzt spuck's schon aus?"

Lisa verlässt der Mut: „Die Sache ist die, dass...dass es erstens sowieso nicht geht. Und zweitens, selbst wenn es theoretisch machbar wäre...also ich glaub nicht, dass ich so was Albernes tun könnte. Es ist nämlich...also eher so ein...so was wie ein Zaubertrick..."

„Zaubertrick?" Ellen fasst es nicht. „Wir haben dem Kerl eine Menge Kohle in den Rachen geschmissen, damit er dich seriös berät! Von Zaubertricks war nie die Rede! Ich hab gedacht, der macht mit dir Typberatung, Flirttraining, irgend so was in der Art."

„Du hast echt keine Ahnung, Ellen", Silvia klingt schon fast verächtlich. Dann wendet sie sich, äußerst aufgeschlossen an Lisa: „Was hat er gesagt, Lisa? Welche Magie will er anwenden?"

„Hör doch auf! Selbst dir muss klar sein, dass der Typ nicht hexen kann." Ellen ist jetzt deutlich sauer.

„Logisch kann der das." Silvia zuckt mit keiner Wimper. „Er tut es nicht oft, aber können tut er es wohl."

Lisa übergeht großzügig die Tatsache, dass Silvia heute Mittag noch das Gegenteil behauptet hat. Ihr geht nach wie vor die Sache mit Frau Baumanns Wohnung durch den Kopf und mehr und mehr erwärmt sie sich für Samuels Tipp: „Also ich mein, man könnte diesen Hokuspokus theoretisch ja ausprobieren, bzw. man könnte darüber NACHDENKEN, ob man es tut. Nur so zum Spaß und....und....,"

„WAS willst du ausprobieren, Lisa?" Ellen ist wirklich extrem angespannt.

Lisa seufzt und legt die Karten auf den Tisch. „Also, ich soll was vergraben...bei Vollmond...unter einer Blutbuche."

„Wow!" Silvia ist restlos fasziniert.

Ellen ist restlos entnervt: „Und auf nem Besen um den Baum drum rum reiten? Jan, jetzt sag doch auch mal was!"

Jan schiebt unschlüssig seinen Bierdeckel hin und her: „Was sollst du denn vergraben?"

„Haare und Zehennägel von Vangelis." Lisa zieht unwillkürlich den Kopf ein.

Ellen lacht laut auf.

Jan räuspert sich.

„Mensch, Lisa!", Silvia strahlt. „Das ist so arg nett vom Samuel! Dass der dir so ein tolles Ritual verrät. Das war gar nicht im Preis drin."

Ellen wirft Silvia einen vernichtenden Blick zu.

Lisa winkt ab: „Ich mach das eh nicht. Ich würd mich ja vor mir selbst zu Tode schämen."

Damit wäre die Form gewahrt, und Lisa kann zu dem kommen, was ihr tatsächlich Kopfschmerzen bereitet: „Ich wüsste auch gar nicht, wie so eine Blutbuche überhaupt aussieht. Noch weniger wüsste ich, wie ich an Haare oder gar Zehennägel von Vangelis kommen sollte."

„Ja, das geht schon irgendwie." Silvia kriegt sich gar nicht mehr ein. „Lisa das ist DIE Chance! Du MUSST das einfach tun!"

„Ach? Ich denke, du kannst Vangelis nicht leiden? Obwohl du ihn gar nicht kennst? Wolltest du nicht grade eben noch, dass ich ihn vergesse?" Das musste jetzt einfach sein.

Silvie stottert: „ Ja, schon, aber wenn der Samuel…wenn er…wenn er dir seinen Segen gibt…"

„Ich denke, wir können die Diskussion beenden." Ellen schaut auf ihre Uhr. „Ich muss dann auch langsam mal los. Tut mir Leid, Lisa, dass unser Geschenk so ein Reinfall war. Ich geh gleich morgen in der Mittagspause los und kauf dir was Hübsches für deine Wohnung, okay?"

„Jetzt wartet doch mal." Jan spielt immer noch mit dem Bierdeckel. „Ich mein, ich würd das nicht unterschreiben, aber…bei uns daheim, im Nachbarort, da gibt's so ne alte Frau. Vor der hab ich als Kind furchtbar Angst gehabt. Wegner-Hex haben alle zu der gesagt…und die hat schon auch so Sachen gemacht…"

"Sachen gemacht?", das will Lisa jetzt aber genauer wissen.

„Na ja, wie gesagt, ich war ja noch ein Kind, als die dann gestorben ist, aber…" er zögert noch mal, bevor er mit einem unsichern Grinsen fortfährt: „Leute haben sich halt plötzlich ganz anders verhalten, oder sind auf einmal krank geworden…oder gesund. Und die Erwachsenen haben immer getuschelt, dass die Wegner-Hex dahinter steckt."

Silvie nickt andächtig, Ellen schnaubt verächtlich.

Lisa will, dass Jan weitererzählt.

Jan zuckt die Schultern: „Na ja, wie ich meinen Eltern gesagt hab, dass ich auf Männer steht, da hat mir meine Mama eine Zeitlang Kräuter nach einem Rezept von der Wegner-Hex ins Essen gemischt..."

„Jan, ich bitte dich!" Ellen winkt dem Kellner.

Silvia zupft Lisa am Ärmel: „Siehst du?"

„Ach, ich weiß nicht...ich weiß wirklich nicht", Lisa hält sich bedeckt, obwohl sie nicht verhindern kann, dass das Bild von ihr im Hochzeitskleid an einem griechischen Strand auftaucht.

Doch dann muss sie sich eingestehen, dass die Kräuter im Fall von Jan ja offensichtlich nicht wirklich was bewirkt haben, und das Bild verschwindet wieder.

Der Kellner kommt.

Ellen bezahlt und verabschiedet sich: „ Ich lass euch dann mal alleine, ja? War ein anstrengender Tag für mich." Sie küsst Lisa auf die Wange. „Vergiss den Blödsinn, Süße. Das funktioniert nicht, und du bist auch gar nicht mehr verliebt in Vangelis. Glaub mir!"

Damit verlässt sie das Lokal.

„Lass dir nichts einreden", drängt Silvia, kaum dass Ellen aus der Tür ist. „Wenn Vangelis und du füreinander bestimmt seid, dann kommt ihr sowieso zusammen."

„Sag mal, kapierst du es eigentlich nicht?", pampt Lisa sie völlig unangebracht an. Aber die Situation stresst sie wirklich. „Ich hab keine Zehennägel von Vangelis, und ich werd auch nie welche haben!"

Silvie zuckt getroffen zusammen und Jan bemüht sich, das Thema zu wechseln: „Mädels, was haltet ihr davon, wenn wir uns doch noch eine Lasagne bei Andrea gönnen?"

Silvia, betroffen weil Lisa sie angeblafft hat, überlegt, ob sie nicht besser nach Hause geht.

Lisa entschuldigt sich bei Silvia: „Ist nicht deine Schuld, Silvie. Das ist nur alles grad ein bisschen viel für mich."

Jan holt sein Handy raus und bittet Andrea, einen Tisch frei zu halten. Sie werden in 20 Minuten da sein und möchten zweimal normale Lasagne und eine vegetarische...er schaut Silvia fragend an.

Silvia nickt zustimmend, lächelt wieder und drückt Lisas Arm: „Du schaffst das schon! Ich helf dir gern, so gut ich kann."

Lisa weiß nicht, ob sie dieses Angebot annehmen möchte.

Dienstag

Lisa hat nicht gut geschlafen. Wie sollte sie auch? Nun, da sie weiß, wie sie Vangelis doch noch kriegen könnte und ihn trotzdem nicht kriegen wird, weil Samuels Tipp sie vor unüberwindliche Hindernisse stellt. Von daher ist sie mehr als dankbar, dass es den Fall Reinert gibt, der sie hoffentlich auf andere Gedanken bringt. Auch wenn sie sich ein gleichzeitig schämt, Hilde quasi für private Zwecke zu missbrauchen. Um sich selbst für ihre unmoralischen Absichten zu bestrafen, lässt sie ihr Auto stehen und schwingt sich tapfer aufs Rad.

Entsprechend verschwitzt kommt sie im Büro an. Zum Glück stellt Jan keine Fragen, schaut sie nur prüfend an und schlägt dann vor, gleich mal bei Ellen im Labor vorbeizuschauen.

Na, wenn Jan das möchte....

Ellen freut sich über den Besuch. Ist aber überrascht, als Lisa Samuel mit keinem Wort erwähnt und direkt nach den Sachen vom Fall Reinert fragt.

„Was für ein Fall Reinert denn?"

Lisa hat die Beutelchen mit dem Beruhigungsmittel und der Kaffeetasse auf den ersten Blick in der hintersten Ecke von Ellens Arbeitstisch entdeckt: „Da sind sie doch?"

„Ach das." Ellen nimmt Lisa die Beutel aus der Hand und legt sie wieder in die Ecke. „Das eilt ja nicht, oder? Steht doch fest, dass das ein Unfall war?"

Sie sieht fragend von Lisa zu Jan.

Lisa echauffiert sich: „Das steht fest? Wieso steht das fest?"

„Was hat sie denn?" Jetzt wendet sich Ellen an Jan.

„Na ja, es ist halt so, dass Lisa...du weißt doch, dass sie ein richtiges Trüffelschwein sein kann. Es gibt da ein paar Punkte, die sie irritieren...“

„Versteh ich nicht...?“ Ellen ist wirklich verblüfft.

„Carsten hat mir gestern Morgen beim Frühstück noch erzählt, dass er völlig umsonst mitten in der Nacht zu diesen Leuten gefahren ist. Weil's ein Unfall war, kein Mord. Ich glaub, er hat sogar gesagt, dass er die Familie persönlich kennt. Kann das sein? Ich hab nicht richtig zugehört, weil da grade dieses Gewinnspiel im Radio gelaufen ist. Das wo man hunderttausend Euro gewinnt, wenn man dieses Wort errät und...“

„Ellen!? Was hat das mit dem Mord zu tun?“

„Nichts.“ Ellen zuckt die Schultern. „Was ich sagen will, ist, dass ich nicht richtig zugehört hab. Aber ich bin sicher, dass Carsten gesagt hat, ich brauch mich nicht um die Sachen zu kümmern, weil definitiv kein Verbrechen vorliegt?“

Lisa stößt lautstark die Luft aus: „Sag du was, Jan! Ich reg mich nur wieder auf. Das ist doch so was...so was von unprofessionell!“

Ellen wird zickig: „Carsten ist dein Vorgesetzter, Lisa. Wenn du willst, dass ich das Zeug analysiere, obwohl er es für unnötig hält, dann klär das bitte selbst mit ihm!“

„O.k. Mädels, Vorschlag: Lisa nimmt zurück, dass Carsten unprofessionell ist, und Ellen wirft bei Gelegenheit einen unverbindlichen Blick auf die Sachen von Hilde Reinert?“ Jan sieht beide aufmunternd an.

Lisa nickt.

Obwohl Carsten NATÜRLICH unprofessionell ist. Oder wie soll man es nennen, wenn ein Staatsanwalt quasi einen Mord vertuscht, nur weil er mit dem Mörder schon mal Tennis gespielt hat? Gut, BEFANGEN würde es auch noch treffen.

Auch Ellen nickt und wechselt das Thema: „Und was ist jetzt mit deinem Mondscheinzauber, Lisa? Sollen wir das durchziehen oder nicht?"

Lisa wird schlagartig zur Privatperson und zuckt hilflos mit den Schultern: „Ja, wie denn?"

Da klatscht Jan in die Hände: „Ellen, pack dein Equipment ein! Na, mach schon! Und dann kommt mit, alle beide!"

„Was?"

„Wohin denn?"

„Überraschung!" trällert Jan und ist schon auf dem Weg zur Treppe.

***

Lisa und Ellen dackeln brav hinter Jan her, der schnurstracks zum Parkplatz und zu seinem Auto geht. Jans Auto ist übrigens ein Dienstwagen mit Klimaanlage, Funk und Blaulicht und allem Pipapo.

Lisa mag ihren uralten Fiat trotzdem lieber.

Sie setzt sich aus Gewohnheit auf den Beifahrersitz und Ellen steigt mit ihrem Köfferchen hinten ein.

„Wo fahren wir denn hin?", will Ellen, leicht angespannt, wissen.

Da Jan nicht reagiert, antwortet Lisa: „Mich darfst du das nicht fragen."

Sie schaut Jan erwartungsvoll von der Seite an. Aber der konzentriert sich mal wieder ausschließlich auf den Verkehr. Lisa könnte schwören, dass seine Mundwinkel verräterisch zucken.

Also hat er was Lustiges vor.

Aber was?

Sie fahren in Richtung Jans Wohnung. Komisch? Wozu

braucht er Ellen samt Equipment bei sich daheim?

Aber dann fährt Jan eine Brücke vorher über die Isar und hält schließlich bei den hässlichen Wohnblocks in der Chiemgaustraße. Lisa wird schlagartig schlecht. Hier... hat sie mal übernachtet...Freitag und Samstag vor einer Woche....

Jan sieht was auf seinem Handy nach und nickt Richtung der Häuser: „Stimmt doch, Lisa, oder?"

„Woher...wieso...", Lisas Mund ist vollkommen trocken.

„Also Mädels, auf geht's!" Jan steigt aus, geht ums Auto rum und öffnet den Damen galant die Türen.

Ellen steigt aus, Lisa bleibt sitzen.

„Hausnummer 82." sagt Jan zu Ellen.

„Ähm..." Ellen sieht Lisa fragend an.

Die springt jetzt doch aus dem Auto und packt Jan am Arm: „Was soll das? Scheiße! Woher weiß du überhaupt..."

Jan zwickt Lisa neckisch in die Wange: „Rehlein, ich bin Polizist."

Damit geht er zielstrebig auf die Hausnummer 82 zu. An der Haustür dreht er sich rum: „Ich klingle jetzt."

„Warte!" Lisa stolpert auf Jan zu. Ellen folgt mit ihrem Köfferchen.

Jan hat seinen Finger auf einer Klingel mit dem Namen ‚Simos'. Ellen zieht ungläubig die Braue hoch: „Ist das? Ist das ER?"

Lisa nickt mit angehaltenem Atem.

Der Summer ertönt, und Jan marschiert ins Haus. Natürlich kein Lift. Sie müssen in den vierten Stock.

Jan nimmt Ellen ihr Köfferchen ab.

Lisas Gedanken rasen. Sie kann doch nicht wirklich da hoch gehen?

Warum tut Jan ihr so was an?

Was um alles in der Welt hat er denn vor?

Was soll sie sagen, wenn sie IHN gleich wiedersieht?

Mein Gott, sie wird ihn wirklich gleich sehen!

Panisch krallt sie sich an Ellens Arm fest: „Ellen, wir...komm, wir warten unten im Auto."

Ellen macht den Eindruck, als würde sie Lisas Vorschlag liebend gern annehmen.

Aber da ruft Jan, der bereits im vierten Stock angekommen ist, mit fester Stimme: „Soll ich den Einsatz alleine erledigen, Kolleginnen?"

Ellen zögert kurz, dann schubst sie Lisa die Treppe hoch: „Einsatz? Los, komm. Ich will wissen, was Jan vorhat."

***

Die Wohnungstür ist nur angelehnt. Drinnen hört man die Klospülung rauschen.

Jan flüstert: „Vertraut mir, Mädels."

Dann klopft er und ruft: „Hallo? Können wir reinkommen?"

Ohne eine Antwort abzuwarten, drückt er die Tür auf.

Lisa versteckt sich so gut sie kann hinter Ellen.

Denn jetzt kommt ER den langen Flur entlang - mit nichts an außer Boxershorts. Ungekämmt, total verpennt und zum Niederknien attraktiv.

Daran kann nicht mal sein dümmlicher Gesichtsausdruck, als er die drei erkennt, etwas ändern.

„Oh...hallo...ja klar...kommt rein."

Jan geht souverän durch in das Zimmer, dass sowohl Wohn – als auch Schlafzimmer zu sein scheint. Also, Lisa weiß, dass das wirklich so ist.

Sie hält sich am Zipfel von Ellens Sakko fest und tapst hinter Jan her, an Vangelis vorbei.

Ihr ist klar, dass ihr Gesichtsausdruck nicht viel

intelligenter ist als seiner.

Ellen hat den ersten hektischen Fleck am Hals.

Vangelis schließt die Wohnungstür und schlurft den Dreien hinterher.

Jan kommt ohne Umschweife zur Sache: „Sorry, wenn wir dich aus dem Bett geholt haben, Vangelis. Aber da ist heute Nacht eine dumme Sache passiert. Eine Frau ist vergewaltigt worden, und die Beschreibung des Täters passt leider exakt auf dich!" Hand in Hand lassen sich Lisa und Ellen auf das Sofa, oder auch Bett, sinken.

Vangelis sinkt genauso entsetzt in den Sessel gegenüber: „Was? Skata! Glaubt ihr..."

„Nein, Quatsch. Natürlich nicht, Vangelis", beeilt sich Jan klarzustellen.

Drei Menschen atmen erleichtert aus.

Jan fährt fort: „WIR wissen natürlich, dass du unschuldig bist. Aber...na ja, du könntest ganz schön in Schwierigkeiten kommen. Sieh mal, Vangelis, manchmal sitzen Leute tagelang in Untersuchungshaft, bis der Staatsanwalt endlich einsieht, dass ein Irrtum vorliegt..."

Staatsanwalt? Ellen bohrt ihre Fingernägel in Lisas Hand.

„Echt...ähm...na ja, aber..."

„Deshalb sind wir hier." Jan strahlt Ruhe und Vertrauenswürdigkeit aus. „Wir wollen nicht, dass unsere Freunde Ärger bekommen, verstehst du? Wir haben uns gedacht, wenn wir dem Staatsanwalt sofort deine DNA auf den Tisch knallen, dann fängt er gar nicht erst an, gegen dich zu ermitteln."

Vangelis starrt Jan an, wie das Kaninchen die Schlange.

„Weil die DNA, die der Täter hinterlassen hat, ja komplett anders ist als deine. Ellen, wenn du also so freundlich wärst?" Er nickt ihr aufmunternd zu.

Ellen braucht einen Moment, aber Lisa versteht sofort.

Meine Fresse, ist das genial! Allerdings, wenn Carsten dahinterkommt, dann... nun, dann wird Ellen demnächst auch Sachen bei Vollmond vergraben müssen. Oder Schlimmeres.

Ellen wirft Lisa einen verwirrten Blick zu. Die formt mit den Lippen tonlos das Wort ‚Vollmond'. Ellens Augen werden groß, auf ihrem Hals erscheint der nächste hektische Fleck. Aber sie öffnet brav ihr Köfferchen, nimmt eine kleine Schere und ein Tütchen heraus und geht zu Vangelis.

„Das haben wir gleich, Vangelis", krächzt sie mit belegter Stimme. „Ich brauch nur ein paar Haare und...ähm...einen Zehennagel von dir. Soll ich, oder willst du selbst?" Sie hält ihm bemüht lächelnd die Schere hin.

Vangelis nimmt sie, auch er muss sich räuspern, bevor er ein piepsiges: „Ich mach schon", herausbringt.

Ritsch ratsch, und Ellen kann eine nachtschwarze Locke in ihr Tütchen packen. Und knips, da ist auch noch der Zehennagel.

Ellen hält Vangelis das Tütchen wortlos hin und er füllt die Zaubersachen brav hinein.

Lisa kann nicht fassen, was sie hier tun. Andrerseits, jetzt ist es schon egal und ihre Neugier siegt: „Wär natürlich super, wenn du trotzdem noch ein Alibi hättest, agapi mu?", sagt sie und sieht Vangelis dabei herausfordernd in die Augen.

„Hab ich...hab ich nicht...", stottert der und ist Lisa plötzlich total unterlegen.

Das gefällt ihr und sie macht, sehr selbstbewusst, weiter: „Wieso denn nicht? Wo bist du denn gewesen heute Nacht, so zwischen zwei und drei?"

„Hier...im Bett." Vangelis macht eine vage Geste Richtung Schlafsofa.

„Na, das kann deine...", sie verschluckt das ‚kleine',
„...Freundin doch sicher bestätigen?"

„Nein." Vangelis lässt mutlos die Schultern sinken. „Sie
ist nicht hier gewesen."

Ach?

„Nicht? Warum denn nicht?"

„Weil...wir haben uns gestritten..."

„Echt?", entfährt es Lisa freudig. Die Beiden scheinen ja
recht regelmäßig zu streiten. Lisa hat sich ohnehin
schon die ganze Zeit gefragt, wo die Dumpfbacke
eigentlich an dem Wochenende war. An IHREM
Wochenende mit Vangelis. Bestimmt hatten sie da auch
Stress, was bedeuten würde, dass die Beziehung
eindeutig kriselt, was wiederum Lisas Chancen klar
erhöhen würde. Mondscheinzauber hin oder her.

Vangelis schaut sie irritiert an.

Lisa räuspert sich: „Das ist...gut."

„Wieso gut?" Vangelis ist zu Recht verwirrt.

„Ja, klar, weil..." Lisa wird rot. Aber nur ein ganz kleines
Bisschen. Dann fällt ihr eine super Ausrede ein. „Sie
muss ja nicht unbedingt wissen, dass der Verdacht
besteht, dass du vielleicht eine Frau vergewaltigt hast,
oder?"

Vangelis starrt Lisa einen Moment lang an, dann nickt er
dankbar: „Stimmt."

„Ja dann...", meldet sich Ellen wieder zu Wort.

Lisa fällt auf, dass mittlerweile nicht nur Ellens Hals,
sondern auch ihr Gesicht knallrot ist. Ob das jetzt
durchgängig hektische Flecken sind, kann sie nicht
sagen. Vielleicht liegt es auch daran, dass es hier
drinnen ziemlich stickig ist.

Ellen lässt ihr Köfferchen zuschnappen: „Dann hätten
wir doch alles?"

Sie sieht flehentlich zu Jan.

„Natürlich." Er klopft Vangelis auf die Schulter „ Mach dir mal keine Sorgen, Junge. Wir biegen das schon hin."

Fast widerwillig erhebt sich Lisa. Die Sache hat angefangen, ihr Spaß zu machen. Und langsam dringt es in ihr Bewusstsein, dass sie jetzt tatsächlich die Zutaten für den Vollmondzauber hat. Das setzt natürlich massenhaft Glückshormone frei.

Lisa ist dermaßen gut drauf, dass sie Vangelis im Vorbeigehen noch schnell durch die Ebenholzlocken wuschelt: „Alles wird gut, Süßer. Man sieht sich."

***

Ihr Glückshormonspiegel wird empfindlich gestört, als Ellen im Auto eine ziemliche Szene macht. Carsten wird sie in die Wüste schicken! Er wird sie alle Drei vom Dienst suspendieren, teeren und federn, wenn er erfährt, was sie getan haben!

So was ist Amtsanmaßung!

Irreführung!

Nötigung!

Eventuell sogar Körperverletzung!

Und der Grund für diese Ungeheuerlichkeit ist, dass Lisa glaubt, sie müsse die Hexe geben, weil sie sonst im Leben keinen Mann mehr abkriegt. Wutschnaubend holt sie das Zutatentütchen aus ihrem Koffer und schmeißt es nach vorne, Lisa auf den Schoß. Die steckt es kleinlaut ein.

Detailliert sieht sie dabei vor ihrem geistigen Auge, wie Carsten eine Presseerklärung darüber abgibt, warum die Landeshauptstadt auf drei, bisher unbescholtene, Beamte künftig verzichten muss. Wie er jedes peinliche Detail genüsslich breittritt.

Lisa weiß, dass sie grundsätzlich dazu neigt, sich in Sachen reinzusteigern.

Aber diesmal kommen die Horrorszenarien ja eher von Ellen.

Sogar Jan scheint langsam die Nerven zu verlieren, oder warum sonst kichert er so hysterisch vor sich hin? Und dann will er auch noch, dass Lisa ihn endlich ‚ihren Helden' nennt!

Was?

„Haben wir die Zehennägel, oder haben wir sie nicht?"

„Ja schon, aber..."

„Nichts aber."

„Nee, gar nichts aber!", giftet Ellen und erspart Lisa eine Antwort. „Bloß, dass ich jetzt vermutlich keinen Job und keinen Freund mehr hab."

Jan schüttelt enttäuscht den Kopf. „Ich fass es nicht, wie spießig ihr seid? Wie, bitteschön, WIE soll Carsten jemals erfahren, dass wir unseren Freund da oben besucht haben?"

„Na ja....."so ad hoc könnte Lisa das gar nicht mal sagen.

„Er wird es nicht erfahren. Niemals! Vangelis wird den Teufel tun und auch nur ein Wort über die Sache verlieren. Sonst weiß kein Mensch davon. Dieser Ausflug ist unser süßes Geheimnis."

Lisa nickt zögernd und dreht sich zu Ellen rum.

Die schluckt, dann nickt auch sie: „Mir ist trotzdem schlecht."

„Das geht vorbei." Jan startet den Wagen. „Lenk dich ab und überleg dir, wie du Carsten beibringst, dass du nächsten Vollmond um Mitternacht nicht daheim sein wirst."

„Mitternacht?" Ellen schluckt schon wieder. „Wieso denn Mitternacht?"

„Samuel hat doch überhaupt nichts von Mitternacht

gesagt?"
Oder doch? Ganz sicher ist sich Lisa nicht.

***

Nachdem sich die Gemüter halbwegs beruhigt haben, fällt Ellen ein, was sie gestern versprochen hat. Sie besteht darauf, dass sie sofort zusammen losziehen und was Hübsches für Lisa besorgen. Jan hat nichts dagegen und lässt sie in der Nähe von Lisas Wohnung raus. Im Glockenbachviertel kann man wunderbar shoppen.

Ellen hakt Lisa freundschaftlich unter, schimpft noch eine Weile auf die Männer im Allgemeinen und auf Jan, der mit seiner Wahnsinnsaktion ihrer beider berufliche Zukunft aufs Spiel gesetzt hat, im Besonderen. Lisa widerspricht nicht groß, ist insgeheim aber eher gerührt. Schließlich hat Jan das nur für sie getan. Und genial ist die Idee auch gewesen. Verstohlen tastet Lisa nach dem Tütchen, das sie in ihre Hosentasche gesteckt hat. Sie ist sich darüber im Klaren, dass sie nun handeln kann und muss. Vorsichtig wechselt sie also das Thema.

Überraschenderweise ist Ellen gar nicht mehr SO negativ eingestellt: „Ich halte diesen Hokuspokus nach wie vor für ausgemachten Blödsinn, aber wenn du meinst, du musst das tun, dann tu es halt. Bevor du jetzt jahrelang darüber nachgrübelst, was gewesen wäre wenn..."

„Echt?" Lisa ist dankbar.

„Es wird nicht funktionieren! Aber vielleicht hilft es dir, dass du die Sache endlich abhakst. Und nachdem ich den Irrsinn vorhin durchgestanden habe, würde ich auch mal einen Abend mit dir im Wald rumstolpern."

Lisa ist total gerührt: „Heißt das...heißt das, du würdest

sogar mitkommen?"

„Ich würde einiges tun, damit du glücklich bist." Und damit zieht sie Lisa in einen Laden, der genau so großartig, wie teuer aussieht.

Gut eine halbe Stunde später hat Lisa zwar nichts für ihre Wohnung, aber sie ist im Besitz eines umwerfenden, kirschroten Tops.

Kirschrot ist normalerweise überhaupt nicht Lisas Farbe, viel zu auffallend.

38 ist normalerweise auch überhaupt nicht Lisas Größe. Aber nachdem ihr sowohl Ellen als auch die Verkäuferin mehrfach versichert haben, dass das Teilchen keineswegs zu eng ist, sondern sitzt, wie angegossen, hat sich Lisa getraut.

***

Danach ist Ellen mit Carsten zum Mittagessen verabredet. Absagen will sie keinesfalls, weil sie ihm schließlich schlecht sagen kann, dass sie sich kaum traut, ihm unter die Augen zu treten. Lieber verspricht sie Lisa, das Gespräch dezent auf den Fall Reinert zu lenken. Wenn es sich ergibt.

Damit steigt Ellen in die U-Bahn und Lisa beschließt, ihr wertvolles Top eben in ihre Wohnung hochzubringen. Gerade als sie es nochmal anprobieren will, klingelt ihr Handy. Es ist Markus Reinert, der dringend mit ihr reden will.

Lisa setzt sich in ihren Fiat fährt hin.

Markus sieht erbärmlich aus. Gestern Morgen waren seine dichten, braunen Haare im Nacken zusammengebunden, jetzt hängen sie ihm strähnig ins Gesicht. Seine normalerweise bestimmt leuchtend blauen Augen sind noch röter als zuvor. Dazu ist er bleich wie die Wand.

Er empfängt Lisa ungeduldig und nervös: „Sie haben doch gesagt, dass wir in Verbindung bleiben? Warum meldet ihr euch dann nicht?"

„Aber doch nicht sofort! Ich hatte gehofft, dass Sie vielleicht ein bisschen zur Ruhe kommen können?"

„Zur Ruhe kommen?" Markus schnaubt verächtlich.

„Markus, es dauert einen Moment, bis die Spurensicherung Ergebnisse hat." Lisa muss sich nicht rechtfertigen, aber sie möchte nicht, dass Markus denkt, sie würde den Tod seiner Mutter nicht ernst nehmen. Denn das tut sie, auch wenn vorübergehend ziemlich abgelenkt war. Also fährt sie forsch und geschäftsmäßig fort: „Warum wollten Sie mich denn nun sprechen?"

„Weil ich wissen will, was jetzt mit meinem Vater passiert!"

„Tut mir leid Markus, aber ich darf mit Ihnen nicht über den Stand der Ermittlungen sprechen."

„Wieso denn nicht? Als enger Angehöriger habe ich ein Recht..."

Lisa unterbricht: „Warum lassen Sie uns nicht einfach unsere Arbeit tun? Wenn wir Ergebnisse haben, werden Sie die als Erster erfahren."

Markus schaut sie abschätzend an. „Ich muss Ihnen was zeigen. Kommen Sie."

Er geht vor Lisa her in die Küche und öffnet den Hängeschrank über der Spüle. Dann nimmt er eine große, abartig geformte Kaffeetasse heraus.

„Was ist das denn?"

„Kunst", meint Markus trocken. „Meine Mutter hat doch...HATTE eine Galerie und kennt tausend Künstler. Irgendeiner hat ihr das Ding mal getöpfert."

Lisa nimmt die Tasse in die Hand und stellt sie dann auf den Tisch. Das Ding ist leuchtend bunt, eckig, asymmetrisch und sieht aus, als würde es jeden Moment kippen. Lisa tippt mit dem Finger dagegen, aber die Tasse steht bombenfest.

„Der Typ, der das Teil gemacht hat, steht auf optische Täuschungen. Jedenfalls ist das die Tasse von meiner Mum. Sie hat sie geliebt, und sie hat nie eine andere benutzt. Außer wenn Besuch da war. Da hat sie Zeug genommen, das zusammenpasst." Er sieht Lisa auffordernd an. „Na?"

Lisa holt ihr Notizbuch heraus und legt es schon mal auf den Tisch: „Ja, das könnte ein Hinweis sein. Allerdings, wenn Ihre Mutter Besuchergeschirr benutzt hat, dann spricht das ja nicht gerade dafür, dass Ihr Vater dieser Besuch gewesen ist? Beim eigenen Ehemann ist man doch nicht so formell?"

Markus reißt die Spülmaschine auf: „Schaun Sie! Nichts ist hier drin! Rein gar nichts! Der Arsch hat seine Tasse abgespült und gleich wieder weggeräumt. Ist doch logisch, warum er das getan hat, oder?"

„Wahrscheinlich um keine Spuren zu hinterlassen", räumt Lisa ein. Fügt dann aber hinzu: „Immer vorausgesetzt, Ihre Mutter hatte tatsächlich Besuch. Und selbst wenn sie welchen hatte, muss es nicht Ihr Vater gewesen sein."

Markus knallt die Spülmaschine zu und reißt den Kühlschrank auf.

Er zeigt auf eine angebrochene Dose Kaffeesahne: „Das ist MILCH! Rahm sogar! Meine Mutter hatte eine Laktose-Intoleranz! Sie hat keinen verdammten Tropfen Milch angerührt. NIE! Mein Vater ist hier gewesen. Glauben Sie mir doch!"

Markus rennt bei Lisa offene Türen ein. Trotzdem, die

Milch kann jeder getrunken haben. Jeder, den Hilde freiwillig ins Haus gelassen hat.

Markus muss schon mehr zu bieten haben.

„Dann mach ich mir jetzt ein paar Notizen." Sie setzt sich und schlägt ihr Notizbuch auf, während Markus hin- und herläuft wie ein Tiger im Käfig.

Lisa notiert ‚Besuchergeschirr' und ‚Laktose-Intoleranz'.

Dann fragt sie: „Was für ein Mensch ist Ihre Mutter gewesen?"

„Meine Mum war ein toller Mensch! Sie war klug und schön und lieb und alles...sie hat sich für tausend Sachen interessiert...und sie hat jede Menge Geld gemacht mit ihrer Galerie. Trotzdem ist sie immer für uns da gewesen, wenn wir sie gebraucht haben."

„Uns? Haben Sie denn Geschwister?" Davon war ja noch nie die Rede? Auch Reinert hat keinen Ton über ein weiteres Kind verloren.

Jetzt setzt sich Markus doch. Zwar nur auf die Fensterbank und auch nur mit einer Pobacke, aber er sitzt. Er scheint einen Moment nachzudenken, dann sagt er viel ruhiger, mit einem gehörigen Schuss Melancholie: „Sonja war immer wie eine Tochter für Mum. Auch im letzten halben Jahr, wo ich nicht mehr mit ihr zusammen war. Mum und Sonja, die waren total dick miteinander."

Na ja, Lisa weiß nicht recht. Sonja hat zwar auch behauptet, dass sie Hilde mochte, aber sie hat andrerseits darauf bestanden, dass Hilde eine haltlose Trinkerin war. „Ehrlich gesagt hatte ich den Eindruck, dass Sonja den Alkoholkonsum Ihrer Mutter nicht so gut gefunden hat?"

Markus winkt ab: „Sonjas richtige Mutter säuft. Das hat sie immer angekotzt, logisch. Deshalb hat sie bei ihrer Oma gelebt, bevor sie dann ihr Apartment hatte. Aber im Prinzip hat sie praktisch eh bei uns gewohnt. Sonja war total süchtig nach Family und so. Und wie meine Mum...na ja, wie sie dann selbst mal ne Weile auch zuviel getrunken hat..."

„Stop, halt! Doch nicht nur eine Weile? Ihre Mutter soll nach wie vor getrunken haben?"

„Stimmt nicht!" Markus läuft wieder hin und her. „Mein Alter lügt sowieso, falls sie den gefragt haben. Und Sonja...die checkt das einfach nicht. Ich mein, ihre eigene Mutter hat tausendmal behauptet, dass sie die Sauferei im Griff hat, aber das hat nie gestimmt. Sonja hat Mum nicht geglaubt, weil sie Angst gehabt hat, dass sie auch von ihr enttäuscht wird."

„Markus, warum genau ist ihr Vater zuhause ausgezogen?"

Markus bleibt stehen, lehnt sich gegen die Spüle: „Weil er keinen Bock mehr hatte. Grade als Mum ihn am dringendsten gebraucht hätte, ist er abgehauen." Markus sagt das cool und verächtlich, aber in seinen Augen glitzert es verdächtig.

Lisa mag diesen Jungen. Trotzdem wird sie ihn behandeln, wie jeden anderen Zeugen auch: „Darf ich Sie was Persönliches fragen?"

Markus sieht sie offen an.

„Wie war das bei Ihnen und Sonja? Wer hat sich von wem getrennt?"

„Sonja hat Schluss gemacht." Markus schluckt. „War aber schon o.k.. Ich mein, wir sind ja grade mal vierzehn gewesen, wie wir zusammengekommen sind. Jetzt sind wir supergut befreundet. Ist echt besser so."

„Ja. bestimmt", sagt Lisa, denkt aber was anderes. Sie würde wetten, dass Markus unter der Trennung leidet. Er kann sich nicht besonders gut verstellen. Dies war seine erste Lüge, und Lisa hat sie sofort registriert. Das heißt, dass er alles, was er bisher gesagt hat, wirklich glaubt.

Sie macht weiter: „Ihre Eltern waren nach der Trennung nicht mehr befreundet, oder?"

„Meine Mutter hat das Arschloch immer noch geliebt."

Lisa ist überrascht. Immerhin hat auch Reinert angegeben, er würde seine Frau noch lieben.

Wie passt nun das Blondchen ins Bild? Ob Hilde Bescheid gewusst hat? Hat sie am Ende die Überdosis doch freiwillig geschluckt?

Nein, Lisa mag an keinen Selbstmord glauben.

Sie mag Markus auch nicht nach dieser Geliebten fragen, weil es sein kann, dass er in dem Punkt völlig ahnungslos ist. Sonst hätte er Blondie doch bestimmt schon erwähnt? „Und Ihr Vater?"

Markus atmet tief durch: „Früher hat er Mum auch geliebt. Ich bin immer total happy gewesen, dass meine Eltern so gut klarkommen. Ich war richtig stolz auf sie. Ja, und dann..." Markus zögert, „...dann ist das mit Benni passiert ...vorletzten Sommer...."

„Benni?"

Markus stellt sich wieder ans Fenster, mit dem Rücken zu Lisa: „Mein kleiner Bruder."

Also hat Markus doch richtige Geschwister. Aber wo ist Benni? Und warum spricht keiner über ihn?

„Er war acht. Benni ist im See ertrunken...vor zwei Jahren...meine Mum war dabei. Sie...sie ist auf ihrer Liege eingepennt und hat's erst mitgekriegt, als es schon zu spät war. Verstehen Sie's jetzt?"

Lisa ist entsetzt. „Das ist ja grauenvoll! Aber...was nutzt es Benni, wenn Ihr Vater seine Frau umbringt? Noch dazu zwei Jahre später!?"

Markus dreht sich rum und sieht Lisa erstaunt an. Dann huscht ein offenes, nettes Lächeln über sein Gesicht:

„Deshalb hat er sie doch nicht umgebracht. Aber Benni war der Grund, warum Mum angefangen hat, zu trinken. Und mein Vater, ich mein, der war fertig damals, logisch...echt richtig fertig. Aber er hat Mum keine Schuld gegeben."

Markus kommt zum Tisch, setzt sich.

„Anfangs wollte er Mum trösten und beschützen und alles. Das Problem war bloß, dass man Mum nicht trösten konnte...gar nicht. Sie hat sich zugedröhnt, Tag und Nacht. Sie hat's nüchtern einfach nicht ertragen."

„Als das mit Benni passiert ist, da war Ihre Mutter also nicht betrunken? Sicher nicht?"

Das weist Markus vehement zurück: „Nein, natürlich nicht! Mum hat früher so gut wie nie was angerührt. Kein Alk, keine Pillen, nichts."

Er sieht Lisa direkt an: „Trotzdem war meine Mum nicht feige. Sie hat sich sogar verdammt zusammengerissen, obwohl ihr eigentlich alles scheißegal gewesen ist."

Dann springt er wieder auf. „Mein Alter hat echt überhaupt nichts gecheckt! Ich mein, ist doch logisch, dass Mum das für IHN getan hat! Okay, für mich natürlich auch ein bisschen. Mann, sie hat einfach nicht gewollt, dass wir auch noch wegen ihr Stress haben!"

Das passt im Prinzip zu dem, was Reinert selbst gesagt hat.

Lisa will jetzt bestimmt nicht Partei für ihn ergreifen – aber fragen muss sie das trotzdem: „Weißt du, Markus, dein Vater ist ja nicht blöd. Auch wenn deine Mutter einigermaßen funktioniert hat, heißt das doch nicht, dass er sich keine Sorgen um sie gemacht hat?"

„Ja klar hat er sich Sorgen gemacht. Aber muss er deshalb gleich abhauen? Wenn Mum sich zusammenreißen konnte, warum dann er nicht? Mum hätte doch nur ein wenig mehr Zeit gebraucht!"

„Okay, ich versteh, was du meinst." Ups! Wie lange duzt sie Markus eigentlich schon? „Ich mein natürlich, was SIE meinen. Ich wollte nicht..."

„Ist schon in Ordnung."

Lisa räuspert sich: „Es ist aber so, also während der Ermittlungen...da geht das leider schlecht..."

Markus zuckt die Schultern: „Schade. Ich hab gedacht, Sie wären locker."

Unlocker will Lisa nun auch wieder nicht sein. „Wie wär's mit Vornamen und trotzdem Sie? Ich heiße Lisa."

Markus lächelt: „Freut mich, Lisa."

Dann wird er wieder ernst: „Also was ist? Glauben Sie mir? Helfen Sie mir, damit mein Vater kriegt, was er verdient?"

Auch wenn Markus jetzt Lisa zu ihr sagen darf, wird sie ihm trotzdem nicht auf die Nase binden, wie sehr sie längst auf seiner Seite steht.

Sie braucht mehr Fakten.

„Langsam! Ihr Vater war weg, er hatte eine eigene Wohnung und er hätte sich doch bloß noch scheiden lassen müssen? Warum sollte er einen Mord begehen?"

Markus schnaubt verächtlich: „Mum war gegen die Scheidung. Sie hat ihn wiederhaben wollen."

„Aber wieso denn?" Wie konnte Hilde einen Kerl lieben, der sie so mies behandelt?

„Wieso, wieso? Wieso stehen Frauen ausgerechnet auf die Typen, die so richtig scheiße sind? Das müssen SIE mir sagen Lisa! Sie sind hier die Frau!"

Lisa räuspert sich und verzichtet darauf, auf diese Grundsatzfrage zu antworten. Grade in ihrer Situation möchte sie das keinesfalls tun.

Markus fährt zum Glück schon leise fort: „Wie mein Vater damals abgehauen ist, da ist sie zu krank gewesen...zu schwach. Sie hat sich nicht dagegen wehren können, verstehen Sie? Ich glaub, dass Dad tatsächlich geht, das war das Erste, was Mum überhaupt wieder gespürt hat. Das hat ihr so wehgetan, dass sie aufgewacht ist."

„Viele Leute hätten da erst richtig angefangen, zu trinken?"

„Mum nicht. Sie hat sich tierisch am Riemen gerissen, ist immer seltener abgestürzt. Ihr war klar, dass sie sich entscheiden muss: Dad oder der Alk. Beides konnte sie nicht haben. Und jetzt war sie überm Berg! Sie...die letzten Wochen ist sie auf null gewesen. Ich schwör's!"

Lisa sagt das nicht gerne, aber sie muss: „Ihr Mutter ist ja auch an keiner Alkoholvergiftung gestorben. So wie es aussieht, war es ein Beruhigungsmittel."

„Und von DER Scheiße war sie noch viel länger weg!" Markus beugt sich jetzt ganz nah zu Lisa: „Meine Mutter hat sich in so nem Sanatorium angemeldet...übernächste Woche wollte sie hin. Sie hat gemeint, ein paar Wochen dort würden sie stabiler machen. Gute Luft, gesundes Essen, ein bisschen Sport, ein paar Stunden beim Psychodoc und so. Im Herbst hätte sie jedenfalls wieder in der Galerie angefangen. Sie können Helga fragen, wenn Sie mir nicht glauben."

„Wer ist Helga?"

„Helga Friedrich. Sie arbeitet schon ewig bei Mum. Die letzten zwei Jahre hat sie die Galerie allein geschmissen. Mum und Helga haben sich immer ziemlich gut verstanden."

Lisa notiert sich den Namen. Bei Gelegenheit wird sie sich bestimmt mit dieser Helga unterhalten. Aber jetzt soll ihr Markus endlich sagen, was für ein Motiv sein Vater gehabt haben soll. Scheiden lassen kann man sich auch gegen den Willen des Partners. „Okay Markus, Ihrer Mutter ging es also besser. Und sie war gegen eine

Scheidung. Trotzdem hätte Ihr Vater darauf bestehen können?"

„Das hört sich jetzt vielleicht ein bisschen kompliziert an, aber mein Vater wollte auch keine Scheidung. Der schon gar nicht."

Was jetzt?

Lisa schaut verdutzt und Markus erklärt es ihr: „Bei meiner Mum war's Liebe, bei meinem Dad war's wegen dem Geld. Bei einer Scheidung hätte der ganz schön alt ausgesehen. Mit seinem mickrigen Lehrergehalt wär der niemals klargekommen. Damit hat Mum ihn unter Druck gesetzt."

Aha, jetzt wird es interessant! „Was heißt, sie hat ihn unter Druck gesetzt?"

„Sie hat ihm ein Ultimatum gestellt. Wenn sie von ihrer Kur zurückkommt, will sie, dass er wieder hier wohnt. Dass er sich benimmt, wie ein ganz normaler Ehemann sich halt benimmt. Falls er das nicht tut, lässt sie sich scheiden. Egal, wie sehr sie ihn liebt. Die beiden hatten Gütertrennung, verstehn Sie?"

„Wann hat sie ihm das gesagt?"

„Vorgestern. Ich war oben in meinem Zimmer, aber ich hab sie hier unten brüllen hören. Außerdem hat mir Mum danach alles haarklein erzählt. Dad hat versucht, sich rauszureden. Von wegen, dass er nichts lieber tun würde, als zurückzukommen. Aber dass er Mum nicht glaubt, dass sie die Sauferei im Griff hat. Daß sie ihm noch ne Weile geben soll. Und Mum ist hart geblieben."

Markus weiß nichts von einer Geliebten. Da ist sich Lisa jetzt sicher. Vielleicht ist Blondie ja auch gar nicht so wichtig?

„Wieso haben Sie den Streit gestern nicht erwähnt?"

Markus schaut sie verblüfft an. „Gestern? Da...da war ich doch total neben der Spur!"

Plötzlich geht Sonja draußen am Fenster vorbei. Gleich danach hört man eine Tür aufgehen. Markus reagiert nicht darauf, redet eindringlich weiter: „Lisa, kapieren Sie das? Meine Mum war stark. Es hätte ihr das Herz gebrochen, aber sie hätte diese Scheidung durchgezogen! Das war sie sich selbst einfach schuldig. Und dann hätte sich mein Alter alles abschminken können. Den Tennisclub, den Sportwagen, die fetten Reisen, alles. Da hat er sie lieber umgebracht. Und jetzt erbt er alles!"

Sonja kommt mit Einkaufstüten bepackt in die Küche: „Oh, hallo. Stör ich?"

„Blödsinn", sagt Markus.

„Nein, nein, natürlich nicht", versichert auch Lisa. Dann fügt die Kommissarin in ihr hinzu: „Sie haben nicht geklingelt, Sonja!? Haben Sie einen Schlüssel?"

„Klar", antwortet Sonja und stellt ihre Tüten ab. „Das hier ist doch mein zweites Zuhause."

Sie beginnt auszupacken. „Ich hab mal ein paar Lebensmittel besorgt. Markus muss endlich was essen." Ihr Blick fällt auf den leeren Küchentisch. „Warum hast du Frau...Frau..."

„Klaushofer", sagt Lisa automatisch.

„Warum hast du Frau Klaushofer nicht wenigstens was zu Trinken gegeben?"

Markus schaut Lisa erstaunt an: „Haben Sie Durst, Lisa?"

„Ich...na ja, ein Glas Wasser wär tatsächlich nicht schlecht."

Jetzt ist es Sonja, die erstaunt schaut.

Lisa sagt schnell: „Markus und ich waren der Meinung, dass es...na ja, dass es einfacher ist, wenn wir uns beim Vornamen nennen. Das gilt natürlich auch für Sie, Sonja. Ich bin also Lisa."

„Ja, ist mir recht." Sonjas Mund lächelt, aber ihre Augen

sind traurig.

Sie holt drei Gläser aus dem Küchenschrank, eine Flasche teures Mineralwasser aus dem Kühlschrank, nimmt drei schöne Untersetzer aus einer Schublade, und gießt jedem ein. „Moment."

Sie sucht in einer der Tüten und zieht ein Netz Zitronen raus. Eine davon schneidet sie geschickt in kleine Schnitzel und legt sie hübsch im Kreis auf ein Glastellerchen. Damit setzt sie sich an den Tisch. „Ich finde Zitrone muss sein, wenn es so heiß ist." Sie zerdrückt einen Schnitzel über dem Glas von Markus und einen über ihrem eigenen. „Ist einfach erfrischend."

Lisa nimmt folgsam auch einen Schnitzel und quetscht ihn in ihr Wasser.

Sonja ist aufgesprungen und hält Lisa jetzt mir spitzen Fingern eine Serviette hin. „Tschuldigung."

Danach lässt sie kurz Wasser aus der Spüle über ihre Hand laufen und setzt sich wieder. Alle Achtung, das Mädel scheint ja eine super Hausfrau zu sein. Ob ihr Hilde das beigebracht hat? Wahrscheinlich.

„Sonja, wir waren gerade dabei zu überlegen, was für ein Motiv Klaus Reinert gehabt haben könnte? Markus vermutet finanzielle Interessen. Was denken Sie?"

Sonja verdreht genervt die Augen: „Ich halt mich raus. Meine Meinung kennen Sie ja."

Damit geht sie zurück zu ihren Tüten und packt weiter aus. Obwohl es draußen locker über dreißig Grad hat, wirkt Sonja taufrisch. Ihre blonden Haare fallen ihr glänzend auf die Schultern, das zartrosa T-Shirt hat nicht die Spur eines Schweißflecks, ein Stückchen nackte Haut über dem Bund der verwaschenen, aber sauberen Bluejeans ist gerade richtig gebräunt. Das Mädel hat Stil, das muss man ihr lassen.

„Markus hat mir eben ein paar Dinge erzählt, die die

Sache eventuell in ein anderes Licht rücken."

Wütend fährt Sonja rum: „Ach ja?" Sonja kann also sauer werden?

Markus sowieso. Er haut mit der Faust auf den Tisch: „Du weißt ganz genau, dass sich Mum scheiden lassen wollte, und dass ihm das das Genick gebrochen hätte!"

Sonja atmet durch, wahrscheinlich zählt sie 21, 22... und sagt dann ganz ruhig: „ Du glaubst also, dass dein Vater einen Mord begeht, nur damit er weiter einen Sportwagen fahren kann? Check's endlich, Markus! Deine Mum war Alkoholikerin! Du hast mir doch selber noch erzählt, wie fertig sie nach dem Streit am Sonntag gewesen ist."

Sonja geht zum Fenster und reißt es weit auf. „Hat Ihnen Markus von dem Streit erzählt?"

„Ja, hat er."

„Hat er Ihnen ALLES erzählt?", fragt Sonja und sieht Markus dabei durchdringend an.

Markus nimmt einen großen Schluck Wasser und starrt trotzig auf die Tischplatte.

„Ich nehme mal an, er hat Ihnen NICHT alles erzählt." Sonja kommt zum Tisch zurück. „Unterbrich mich, wenn ich Mist erzähle, Markus."

Markus reagiert nicht, und Sonja erklärt: „Also, Hilde wollte, dass Klaus zu ihr zurückkommt. Darauf hatte Klaus keinen Bock. Sie hat gedroht, sich scheiden zu lassen. Rein fiktiv, als ultimatives Druckmittel, gemacht hätte sie das sowieso nicht. Klaus hat sich nicht erpressen lassen, und Hilde war echt fertig. Kaum dass Klaus weg war, hat sie sich eine Flasche Wein aus dem Keller geholt. Am nächsten Tag war sie tot."

Markus springt auf: „Das ist nicht wahr! Du weißt genau, dass das SO nicht wahr ist!"

Sonja bleibt immer noch ruhig: „Das ist das, was du mir

erzählt hast."

Markus tigert wieder auf- und ab: „Ja gut, dann hat sie sich die verdammte Flasche hochgeholt! HOCHGEHOLT! Getrunken hat sie sie nicht!"

„Ach Markus." Sonjas Stimme klingt jetzt müde. „Vielleicht hat sie ja die Nacht sogar durchgehalten. Aber spätestens mittags, sobald du aus dem Haus gewesen bist, HAT sie getrunken! Das ist so sicher, wie das Amen in der Kirche. Und danach hat sie die Tropfen geschluckt..."

„Und wo ist die verfluchte Flasche Wein dann jetzt?", Markus ist stinksauer. „ Hat sie sich in Luft aufgelöst?" Er wendet sich eindringlich an Lisa: „Mum hat sie zurück in den Keller gestellt! Ich fall auf der Stelle tot um, wenn sie das Ding aufgemacht hat!"

„Weißt du, was ich ums Verrecken nicht begreife, Markus? Deine Mum ist tot! Dein Dad ist jetzt alles, was du noch hast! Was bringt's dir, wenn er im Knast sitzt?"

Die Villa hier, eine Galerie, jede Menge Kohle, fährt es Lisa unwillkürlich durch den Kopf. Wenn Reinert verurteilt wird, dürfte vermutlich Markus der Haupterbe sein. Aber das ist natürlich Blödsinn! Soviel Menschenkenntnis hat Lisa. Der Junge könnte niemals einen Mord begehen.

Markus rennt aus der Küche und knallt die Tür.

Sonja sieht ihm besorgt hinterher. „Wär...wär es in Ordnung, wenn ich ihm nachgehe? Ich würd mich gern um ihn kümmern!?"

Lisa klappt ihr Notizbuch zu und steckt es in die Tasche. „Ich bin für heute fertig und melde mich demnächst."

***

Danach fährt Lisa ins Büro. Jan begrüßt sie mit einem genervten: „Sag mal, wo steckst du eigentlich?"

Was soll das denn? Jan weiß ganz genau, dass sie mit Ellen einkaufen war?

Bevor Lisa was sagen kann, grantelt Jan schon weiter: „Ich hab mindestens fünfmal versucht, dich anzurufen. Wieso gehst du nicht an dein blödes Handy?"

„Ja, weil...weil..." Lisa ist klar, dass sie ziemlich lange weg war und dass sie für dringende Fälle natürlich erreichbar sein musste.

„Versuch gar nicht erst, dich rauszureden. Ich find so was echt zum Kotzen!"

Lisa kramt nervös nach ihrem Handy. Wenn Jan so den Vorgesetzten raushängen lässt, dann muss was wirklich Wichtiges passiert sein.

Mist, warum hat sie ihr Telefon denn nicht gehört? Und warum findet sie es jetzt nicht?

„Ähm...ich versteh das wirklich nicht..."

Da fällt Lisa plötzlich ein, dass sie ihr Handy auf den Beifahrersitz geschmissen hat, als sie zuhause los ist. Weil sie Jan noch Bescheid sagen wollte, dass sie zu Markus fährt. Aber dann ist sie nicht mehr dazu gekommen, weil sie doch keine Freisprechanlage hat und grüne Welle war und..."Jan, ich lauf schnell noch mal zum Auto, ja?"

Aber auf dem Beifahrersitz liegt kein Handy.

Warum denn nicht?

Es muss da sein! Wenn sie es zu Markus mit rein genommen hätte, hätte sie es doch klingeln hören.

Da! Na bitte. Es klingelt! Das ist ihr Handy, was da dudelt.

Hektisch schiebt Lisa all das Zeug, das sie seit Wochen auf der Rückbank spazieren fährt, hin und her. Dort sieht es fast so schlimm aus, wie in Reinerts Wohnung.

Sie müsste wirklich mal aufräumen.

Nichts.

Ach da!

Lisa angelt das Telefon unter dem Beifahrersitz hervor.

Na klar, es war einfach nur runtergerutscht.

Sekundenbruchteile, bevor die Mailbox drangeht, schafft sie es, das Gespräch doch noch anzunehmen: „Alles in Ordnung, Jan. Ich hab's gefunden! Bin in zwei Sekunden oben!"

Schnell geht Lisa zurück zum Gebäude.

„Lisa?"

Das ist ja gar nicht Jan?

„Ja? Mit wem sprech ich?"

„Ich bin's...", hüstel, „Samuel..."

Lisa bleibt wie angewurzelt stehen. „Samuel?"

„Ja...ich...ähm...stör ich?"

Eigentlich schon. Aber das sagt Lisa nicht. Sie läuft mit Samuel am Ohr zurück ins Kommissariat. „Nein, nein. Ich hab nur gedacht, es wär mein Kollege...was gibt's denn?"

Samuel ruft sie an? Lisa brennt vor Neugierde. Und sie stellt erstaunt fest, dass sie sich auch ein bisschen freut.

„Ich hab schon ein paar Mal versucht, Sie zu erreichen..." Der auch? Himmel, wenn man auf einen Anruf wartet, tut sich tagelang nichts. Über eine Woche nicht. Aber wehe, man lässt sein Handy mal kurz im Auto liegen.

Dann fällt ihr plötzlich was auf: „Woher haben Sie meine Nummer? Behaupten Sie jetzt bloß nicht, Sie könnten wirklich hellsehen."

Lisa fühlt, wie Samuel am anderen Ende lächelt: „Quatsch! Ihre Freundin, Silvia, hat ihre Nummer hinterlassen, als sie den Termin für Sie gemacht hat. Dort hab ich angerufen und sie nach Ihrer Nummer gefragt. Sie war so nett, sie mir zu geben."

Also wirklich! Wie kommt Silvie dazu....

„Lisa, ich würd nämlich gern...also ich hab mir Ihr Horoskop noch mal angeguckt, und ich find wirklich...kann ich Ihnen das persönlich erklären? Hätten Sie vielleicht heute Abend Zeit?"

Heute Abend? Logisch hat sie Zeit. „Da müsste ich erst in meinem Terminkalender nachsehen. Aber sagen Sie, was ist denn mit meinem Horoskop? Was Schlimmes?"

„Nein, nein, im Gegenteil!"

„Ja dann, ich ruf Sie zurück." Lisa legt auf, ohne eine Antwort abzuwarten. Irgendwie ist sie verwirrt. Was kann denn groß sein mit ihrem Horoskop? Mal ganz abgesehen davon, dass sie sowieso nicht an Horoskope glaubt.

Nachdenklich trottet sie zurück zu Jan. Dass eigentlich dicke Luft ist, hat sie vorübergehend ganz vergessen: „Jan, sei mal ehrlich, bitte. Würdest du dich an meiner Stelle noch mal mit dem Hexer treffen?"

Jan ist seinerseits viel zu verblüfft, um noch sauer zu sein: „Wie kommst du denn jetzt da drauf?"

„Na ja", Lisa setzt sich, legt ihr Handy vor sich auf den Tisch und schaut es versonnen an. „Stell dir vor, dass er dich anrufen würde, weil er dringend mit dir reden muss. Weil irgendwas mit deinem Horoskop ist, was er dir nur persönlich sagen kann. Ist das gut oder schlecht?"

„Liiisaaa! Wovon redest du?" Jetzt klingt Jan wieder ein wenig genervt.

Lisa beeilt sich, zu erklären: „Ich hatte mein Handy im Auto. Es...war runtergerutscht und deshalb hab ich es auch nicht gehört und...."

„Und wie hast du dann mit ihm gesprochen? Telepathisch?"

Lisa sieht genau, dass Jan sich jetzt ein Grinsen verbeißt. Das hier ist aber nicht lustig!

„Nein! Samuel, also der Hexer, er hat grad eben angerufen. Er hatte es auch schon mehrmals versucht, weil…er meint, dass er heute Abend mit mir reden will. Ich hab gesagt, ich muss erst meine Termine checken."

„Echt?" Jetzt klingt Jan interessiert.

„Was echt?"

„Dieser Samuel telefoniert hinter dir her?" Jan kaut nachdenklich auf seiner Unterlippe rum.

Das macht Lisa erst recht nervös: „Meinst du, es könnte was Schlimmes sein mit meinen Sternen?"

Jan kaut weiter auf seiner Unterlippe.

Lisa ist ernsthaft verunsichert: „Was ist, wenn er mir sagt, dass ich morgen sterbe oder so?"

Jan schnalzt unwillig mit der Zunge: „Sowas dürfen die gar nicht sagen. Dafür könntest du ihn beim Eso-Verband, oder wie die Gewerbeaufsicht bei denen heißt, anzeigen." Er runzelt die Stirn. „Ich an deiner Stelle würd hingehen." Und dann fügt er mit einem Seufzer hinzu: „Oder vor Neugierde sterben."

Lisa ist sehr erleichtert, dass Jan ihr damit quasi die Entscheidung abgenommen hat. Bevor sie wieder kalte Füße bekommt, drückt sie schnell auf verpasste Anrufe.

Jan's Apparat klingelt. Er geht dran: „Mordkommission, Jan Högl?"

Ups! „Tut mir leid, Jan!" Schnell legt Lisa auf und drückt die nächste verpasste Nummer.

Diesmal ist es wirklich Samuel. „Ja bitte?"

„Lisa Klaushofer. Ich…also heute Abend würde gehen. Soll ich kurz bei Ihnen vorbeikommen?"

„Lassen Sie uns doch zusammen essen, Lisa. Um acht bei Luigi? Das ist in der Occamstraße. Kennen Sie das?"

„Ich…ja", lügt Lisa. Es reicht, wenn sie weiß, wo die

Occamstraße ist. Die Kneipe wird sie schon finden. „Also dann um acht."

Lisa lässt das Handy fallen, als ob sie sich verbrannt hätte.

Jan sieht sie mit interessiert hochgezogener Augenbraue an.

Lisa zupft nervös an ihrem T-Shirt rum.

Warum ist sie eigentlich nervös?

Sie ärgert sich über sich selbst und wechselt schnell das Thema: „Also Jan, du hast mich auch angerufen?"

„Mehrfach."

„Ja, und... warum?"

„Weil ich mit Dr. Stahtwald gesprochen hab."

„Ach?" Das interessiert Lisa natürlich brennend.

„Ach!" Jetzt muss es sich Jan doch wieder raushängen lassen, dass Lisa nicht erreichbar war. „Wo zum Teufel hast du nun gesteckt? Ihr wart doch nicht mit deinem Auto beim Einkaufen?"

„Ich bin bei Markus gewesen. Ich erzähl es dir gleich. Aber jetzt sag erst, was mit Dr. Stahtwald gewesen ist!?"

Den Versuch war es wert. Aber natürlich schluckt Jan diese Info nicht einfach so.

„Wieso warst du bei Markus? Allein? Warum hast du mir nicht wenigstens Bescheid gesagt?"

Ja, ist ja gut!

Jan hat Recht. Und er weiß, dass Lisa das weiß. Sie darf solche Einsätze nicht allein durchziehen. Andrerseits, ein Einsatz in dem Sinn war es ja gar nicht.

„Weil...wollt ich ja, aber...egal, tut mir leid, Jan."

Jan will sie zur Strafe offensichtlich leiden lassen.

Er schaut sie vorwurfsvoll an, kruscht dann gemächlich in den Papieren auf seinem Schreibtisch rum.

Schließlich zieht er ein bestimmtes Blatt raus, liest es

sich noch mal durch und erlöst Lisa endlich: „Ich hab's im Wesentlichen mitgeschrieben. Also, Stahtwald sagt, dass er Hilde natürlich nicht obduzieren kann, bevor er das Okay vom Staatsanwalt hat. Dass er aber ganz auf unserer Seite ist. Und wenn Carsten ihn fragen sollte, ob er persönlich eine Obduktion für angemessen hält, wird er ja sagen. Aber erst mal müssten wir beide Carsten so weit bringen, dass er ihn überhaupt fragt. Weil er sonst das, was er weiß, offiziell gar nicht wissen darf."

„Scheiße Jan, jetzt spuck's schon aus! Wieso will er obduzieren? Bisher hat er das noch nicht gewollt. Ist was passiert?"

Jan lehnt sich genüsslich zurück: „Stahtwald sagt, dass ihm grade langweilig war, und da hat er der Leiche - also Hilde – ein paar Haare abgeschnitten. Nur so interessehalber, weil's ja der Toten nicht mehr weh tut, und weil's auch keinem Menschen auffällt."

„Jan, BITTE!"

„Er hat die Haare analysiert und Fakt ist, dass Hilde seit Wochen keinen Tropfen Alkohol mehr zu sich genommen hat!"

„Yes!" Lisa haut mit der flachen Hand auf den Tisch. „Also hab ich Recht...ich mein Markus hat Recht!"

Lisa schnappt sich ihr Notizbuch, obwohl sie das gar nicht bräuchte. Sie erinnert sich an jedes Wort, das Markus ihr gesagt hat. Sie informiert Jan über Besuchertassen, Laktoseintoleranz, den verunglückten kleinen Bruder, über die Vermögensverhältnisse im Hause Reinert, über den letzten Streit der Eheleute und darüber, dass Reinert ein Vermögen erbt, aber leer ausgegangen wäre, wenn Hilde sich hätte scheiden lassen.

Jan hört aufmerksam zu, hält dann aber dagegen: „Reinert hat aber doch gesagt, dass er sowieso zu seiner

Frau zurück wollte. Also hätte sie sich nicht scheiden lassen müssen, und er hatte keinen Grund, sie umzubringen."

„Er hat gesagt...GESAGT!" Lisa könnte sich glatt aufregen. „Markus hat den Streit gehört! Reinert wollte eben NICHT zurück zu Hilde und er lügt, das ist doch wohl klar!"

„Ist es nicht", kontert Jan. „Genau so gut kann Markus lügen."

„Sonja...Sonja hat was Interessantes gesagt: Markus hat letzte Nacht seine Mutter verloren. Sein Vater ist alles, was er noch hat. Warum sollte er ihn mit aller Gewalt ins Gefängnis bringen wollen? Wenn er nicht wirklich überzeugt wäre, dass er ein Mörder ist?"

„Von mir aus ist er halt überzeugt. Aber er steht damit allein da." Jan bleibt unnachgiebig.

Lisa auch. „Mit wem haben wir denn schon groß gesprochen? Dass Reinert selbst versucht, sich rauszureden, ist logisch. Und auf das, was Sonja sagt, müssen wir auch nicht so viel geben."

Plötzlich kann Lisa ein vages Gefühl in Worte fassen. Sie glaubt jetzt zu verstehen, warum sich das Mädchen so für Reinert einsetzt. „Soll ich dir sagen, was in Sonja vorgeht? Genau das, was sie Markus vorgehalten hat. Das Mädel hat eine Mutter, die säuft und einen Vater, den sie nicht kennt. So, und deshalb klammert sie sich total an die Reinerts. Und jetzt stirbt Hilde. Da ist es doch sonnenklar, dass Sonja ALLES tut, um wenigstens den Ersatzpapi zu behalten! Jan, ich lieg doch richtig, oder nicht?"

Jan hat nachdenklich zugehört und dabei ein wildes Muster auf seinen Notizblock gezeichnet. Jetzt legt er den Stift beiseite: „Ich weiß nicht. Sicher kann das sein, sein kann vieles. Lass uns endlich gründlich recherchieren, bevor wir ins Blaue hinein streiten, okay?"

„Ja, natürlich." Jan will also ermitteln. Mehr hat sich Lisa gar nicht erwartet. „Soll ich mit Carsten sprechen, oder machst du das? Und Ellen muss sich die Fingerabdrücke auf der Tasse und dem Fläschchen endlich anschauen. Und...und Jan, wissen wir eigentlich schon, was das für Leute waren, mit denen Hilde zuletzt noch telefoniert hat?"

Jan grinst. „Finde raus, wem die Nummern gehören, die du aufgeschrieben hast, dann wissen wir es."

Lisa kramt eifrig die Liste aus ihrer Tasche, hält inne, schaut auf ihre Uhr: „Mist. Es ist schon nach sechs! Wenn ich jetzt anfange, die Nummern zu recherchieren, bin ich nie um acht bei diesem Italiener. Ich muss doch noch duschen und mich umziehen und alles..."

Jan seufzt abgrundtief und streckt ansonsten kommentarlos seine Hand aus.

Lisa drückt ihm die Liste dankbar hinein und einen Kuss auf die Wange: „Ich revanchier mich, ich schwör's! Und ich geh auch gleich noch bei Carsten vorbei. Wenn ich unter Zeitdruck steh, bin ich ziemlich überzeugend. Ich hol uns das O.K. für die Obduktion, in Ordnung?"

Jan ist bereits dabei, das Nummernidentifizierungsprogramm auf seinem PC aufzurufen. Als Lisa schon fast aus der Tür ist, ruft er ihr noch nach: „Viel Glück, Rehlein!"

Wobei? Bei Carsten oder heute Abend? Egal. Jan ist wirklich ein Schatz.

***

Dann rennt sie die Treppe runter, sprintet über den Hof,

steuert im Gebäude gegenüber auf die Treppe zu, überlegt es sich anders und nimmt den Aufzug.

So hat sie zwanzig Sekunden Zeit, zu Atem zu kommen und ihre längst nicht mehr vorhandene Frisur zurechtzuzupfen.

Bei Carsten sollte man sich nie eine unnötige Blöße geben.

Lisa zwingt sich, den Flur langsam und gelassen entlang zu schlendern. Dabei beschwört sie das Bild von Carsten in Unterhosen vor ihrem geistigen Auge herauf. Oder besser noch von Carsten, der beim Stadtmarathon als letzter durchs Ziel stolpert.

Vor Carstens Tür bleibt sie einen Moment stehen und schärft sich selbst ein, ihn in jedem Fall zu duzen. Schließlich ist der Herr Staatsanwalt definitiv nichts weiter als der Freund ihrer besten Freundin, gegen den man sich ohne weiteres durchsetzen kann.

Lisa klopft.

Von drinnen tönt es herrisch: „Ja, bitte?"

Lisa öffnet die Tür mit Schwung: „Grüß dich, Carsten! Ich stör nur eine Minute."

Und schon sitzt sie auf dem mickrigen Besucherstuhl vor Carstens imposanten Schreibtisch und schlägt betont lässig die Beine übereinander.

Carsten blickt unwillig von seinen Akten auf und gibt einen Grunzlaut von sich.

„Ich brauch nur schnell dein O.K. für die Obduktion, dann bin ich wieder weg."

„Wen wollt ihr obduzieren?" Carsten stellt sich extra blöd. Außerdem ist Lisa sicher, dass er IHR gesagt hat, um nicht DU sagen zu müssen. Arschloch!

Lisa knipst ein freundliches Lächeln an: „Hilde Reinert, Carsten, wen denn sonst? Wenn es weitere Leichen geben würde, hätten wir dich doch informiert!" Und bevor Carsten irgendwas sagen kann fährt sie fort: „Sehr wahrscheinlich hast du ja Recht, und die Frau hat Selbstmord begangen..."

„Meiner Meinung nach war es ein UNFALL!", fällt ihr Carsten ins Wort.

Lisa schaut zerknirscht. „Entschuldige." Dann säuselt sie weiter. „Es ist auch nur, damit sich später niemand vorwerfen muss, wir hätten am Ende was übersehen. Weißt du, Dr. Stahtwald ist per Zufall über eine kleine Ungereimtheit gestolpert: die Frau hatte seit Wochen keinen Tropfen Alkohol angerührt..."

Lisa genießt es, zu sehen, wie Carstens Augen sich vor Erstaunen weiten und dann ärgerlich blitzen.

Bevor er fragen kann, wie Stahtwald so was ZUFÄLLIG rausfinden kann, macht sie schnell weiter: „Wir können das doch nicht einfach unter den Teppich kehren? Ich würde einfach besser schlafen, wenn wir ein offizielles Ergebnis hätten. Ist doch nur eine Formsache!"

„Meiner Meinung nach ist eine Obduktion absolut überflüssig. Pure Geld – und Zeitverschwendung!" Carsten blättert in seinen Akten rum, als wäre das Gespräch für ihn beendet.

So nicht!

„Stahtwald wird pro Monat bezahlt und nicht pro Leiche. Außerdem wird Markus zur Presse rennen, wenn wir der Sache nicht gründlich nachgehen! Was das für uns alle, besonders für deinen Freund Reinert, bedeuten würde, muss ich dir ja wohl nicht sagen? Jetzt tu mir bitte den Gefallen und unterschreib den Wisch."

Das war eine klare Drohung und Lisa weiß, dass auch ihr Ton recht forsch war, aber schlechte Presse ist nun mal das Schlimmste, was Carsten sich vorstellen kann.

Sie meint auch prompt ein leichtes Zähneknirschen zu hören. Dann steht er auf, holt ein Formular aus dem

Schrank und unterschreibt es. „Bitteschön. Ich find es trotzdem überflüssig."

Lisa schnappt sich schnell das Formular, steht auf und flötet: „Finden wir doch alle. Danke trotzdem!"

Und schon ist sie aus der Tür und atmet erst mal tief durch.

***

Zehn nach acht.

Bitte, Lisa braucht ein Wunder. Einen Parkplatz.

Hey, da ist ja tatsächlich einer! SO schlecht kann ihr Horoskop also gar nicht sein.

Lisa parkt ein und geht dann drei Mal um ihr Auto rum und kontrolliert das Gelände. Nein, kein Verbotsschild, keine Ausfahrt, nichts.

Nur das Wunder.

Das da schräg gegenüber müsste der Italiener sein. Sieht nett aus.

Also dann!

Halt!

Lisa merkt gerade noch, dass sie barfuss ist. Die Riemchensandalen liegen auf dem Beifahrersitz, weil Auto fahren kann sie in den Teilen nun wirklich nicht.

Während sie sich in der offenen Tür die Folterinstrumente um ihre Fesseln pfriemelt, taucht in ihrem Kopf vage die Frage auf, ob Highheels für eine Geschäftsbesprechung wirklich notwendig wären?

Wie auch immer, barfuss kann sie dem Hexer nicht unter die Augen treten.

Seufzend stakst Lisa über die Straße und öffnet die Tür einen Spalt.

Direkt dahinter steht ein kleiner, dicker Mann und

breitet überschwänglich die Arme aus: „Buona sera, Lisa! Bitte kommen Sie!"

Ohne eine Antwort abzuwarten, nimmt er sie am Ellbogen und führt sie durch das Lokal. Der Raum ist schlicht, aber sehr geschmackvoll eingerichtet, auf allen Tischen stehen Blumen und Kerzen und es duftet herrlich nach...Urlaub in Italien?

Der Mann plappert unaufhörlich auf Italienisch auf Lisa ein, während die sich wundert, woher er ihren Namen kennt.

Vielleicht erklärt er ihr das ja gerade, nur Lisa versteht ihn nicht?

Aber sie sieht, dass er freundliche Augen hat.

Wohin führt er sie eigentlich?

Sie biegen um eine Ecke, treten durch eine Tür und befinden sie sich in einem Traum von Innenhof.

Lisa zieht hörbar die Luft ein.

„Gefällt Ihnen?" fragt der Mann.

Lisa nickt begeistert und entdeckt Samuel, der von einem der Tische aufgestanden ist und ihr nun entgegenkommt.

„Ecco la signora!" Lisa wird sanft in Richtung Samuel geschoben.

„Danke Giovanni", sagt der und: „Guten Abend, Lisa. Schön, dass Sie kommen konnten."

„Ähm...ja", mehr fällt Lisa so spontan nicht ein.

„Setzen wir uns doch." Samuel lächelt Lisa freundlich an und rückt ihr einen Stuhl zurecht. „Ich hab Salat für uns bestellt und danach Fisch. Sie mögen doch Fisch?"

Bevor sich Lisa der angenehmen Atmosphäre hingeben kann, muss sie noch was klären: „Wieso...wieso hat der gewusst, wer ich bin?"

„Ach Lisa", Samuels Augen blitzen belustigt. „Wenn man mit einem Magier ausgeht, passieren nun mal ungewöhnliche Dinge. Lassen Sie sich doch einfach verzaubern."

„Was soll das?" Lisa Misstrauen erwacht. Die laue Sommernacht, das hochromantische Lokal, Samuels Benehmen, und das von Giovanni sowieso...da stimmt doch was nicht? „Ich hab eine vernünftige Frage gestellt und ich hätte gern eine vernünftige Antwort." So, jetzt hat Lisa klargestellt, dass sie ein rational denkender Mensch ist.

Samuel hebt entschuldigend die Hände: „Giovanni ist ein Freund von mir. Ich hab ihm...geholfen, das Lokal hier erfolgreich zu machen und..."

Lisa zieht fragend eine Augenbraue hoch.

„Ich hab ihn ein bisschen beraten."

Während Lisa noch darüber grübelt, welchen Zaubertrick er Giovanni wohl aufgeschwatzt hat, fährt Samuel leichthin fort: „Ich komm sehr oft hierher. Und ich hab Giovanni gesagt, dass ich heute Abend mit einer sehr attraktiven Frau, die Lisa heißt, essen werde. Damit er sich beim Kochen noch mehr anstrengt als sonst. Wahrscheinlich hat er sich auf die Lauer gelegt und gewartet, bis eine schöne Frau alleine zur Tür reinkommt." Samuel lächelt wieder sein nettes, warmes Lächeln. „Also, keine Zauberei."

Lisa tut es leid, dass sie unfreundlich war. „Entschuldigung, ich... bin ein bisschen nervös. Ich hoffe, das legt sich, wenn Sie mir sagen, was denn nun mit meinem Horoskop ist?"

„Gleich. Sie haben ja gar nichts zu trinken. Darf ich?" Ohne eine Antwort abzuwarten gießt Samuel Weißwein aus der Karaffe, die auf dem Tisch steht, in ein blankpoliertes Glas. „Prost, Lisa."

Und schon steht Giovanni mit zwei Tellern Salat vor ihnen. „Ecco. Und guten Appetit!"

Der Salat schmeckt ausgezeichnet, der Fisch setzt noch eins drauf, der Wein ist süffig, und die ganze Zeit plaudert Samuel auf Lisa ein.

Über Gott und die Welt, nur ihr Horoskop erwähnt er mit keiner Silbe. Unwillkürlich fragt sich Lisa, worüber sie sich wohl mit Vangelis so lange unterhalten würde. Nun, man muss ja nicht immer nur reden.

Und apropos Vangelis, Lisa ist nicht zum Small Talk hier.

„Samuel, warum bin ich nun hergekommen?", unterbricht sie ihn mitten in einem Satz über die Folgen der Renaturierung der Isar, die mehr und mehr zum Ballermann verkommt.

Samuel sieht sie einen Moment verblüfft an. „Ach ja, die Sterne…", sagt er dann und beginnt schmunzelnd Teller und Gläser auf dem Tisch hin und herzuschieben.

„Schauen Sie, Lisa, der Teller hier ist Pluto und der steht im Moment im Quadrat zu Jupiter."

Er rückt ein Weinglas ein Stück weiter nach links: „Jetzt kommt Venus…", der Brotkorb, „…und geht eine Konjunktion mit den beiden ein. Das wirkt sich im Moment unmittelbar auf Sie aus. Ich hab Ihnen ja neulich schon gesagt, dass es mit der Liebe einfach klappen MUSS, wenn man so ein Horoskop hat…"

Lisa unterbricht skeptisch: „Sie glauben diesen Unsinn wirklich?"

Samuel zögert: „Ich…also…wir können es auch lassen?"

Das ist unfair! Man wird ja wohl nachfragen dürfen, wenn einer behauptet, ein Brotkorb würde garantieren, dass man Glück in der Liebe hat?

Trotzdem will Lisa dringend wissen, was das alles nun bedeutet, bedeuten KÖNNTE: „Nein, nein, schon gut."

Samuel zögert nochmal, dann zuckt er die Schultern: „Na ja, weil Sie sagen, Sie hätten es nicht so einfach mit Ihrem…Ihrem…"

„Vangelis."

„Richtig, mit Ihrem Vangelis. Also, ich hab mir das alles noch mal ganz in Ruhe und genau angeschaut. Der Mondknoten hier...", er macht einen Knoten in seine Serviette und legt sie neben den Teller – Pluto, „...kann schon dazu verführen, dass man sich irgendwie verrennt...verknotet. Verstehen Sie? Aber Sie waren sich ja sicher, dass es wirklich Vangelis ist, mit dem Sie glücklich werden möchten?"

„Ich bin mir immer noch sicher. Ich hab sogar schon die Sachen für dieses...dieses...na ja, Sie wissen schon, besorgt...", Samuel will ihr doch jetzt hoffentlich nicht beibringen, dass es mit Vangelis vielleicht trotzdem nichts wird? Obwohl Lisa ihren Job und sogar den ihrer Freunde für die verdammten Zehennägel aufs Spiel gesetzt hat!

Bloß weil irgendein Pluto nicht da steht, wo er hingehört?

Lisa braucht eine Zigarette. Natürlich hat sie keine, weil sie ja gar nicht mehr raucht.

„Sie...wissen nicht zufällig ob man hier...ehm...Zigaretten kaufen kann?"

Samuels Miene hellt sich sichtlich auf. „Mann, warum haben Sie das denn nicht gleich gesagt?"

„Was?"

„Na, dass Sie rauchen!" Er zieht eine Packung aus seiner Jackentasche und hält sie Lisa hin. „Ich hab es mir die ganze Zeit verkniffen."

Lisa ist verblüfft, dann prustet sie los.

Samuel lacht auch, immer lauter.

Lisa wischt sich bereits die Tränen aus den Augen.

Was ist eigentlich so lustig?

Keine Ahnung.

Aber es tut gut, gemeinsam albern zu sein.

Lisa entdeckt am Nebentisch einen unbenutzten Aschenbecher und platziert ihn genau zwischen sich und Samuel.

„Nein falsch", sagt der und schiebt den Aschenbecher grinsend an den äußersten linken Rand des Tisches. „Das ist Mars, und der steht dort, ganz da draußen. Deshalb ist er mir im ersten Moment auch gar nicht so aufgefallen. Aber schauen Sie mal, wenn man bedenkt in welchem Winkel er zu Ihrem Mondknoten steht...", Samuel zieht mit der Gabel einen sauberen Strich vom Aschenbecher zur Serviette, „dann muss man davon ausgehen, dass man sich selbst was vormacht...also, dass man nicht sieht, was wirklich richtig ist."

Lisa betrachtet das Stilleben auf dem Tisch und muss wieder kichern.

Phantasie hat Samuel, das muss man ihm lassen. Aber darum geht's hier doch nicht?

Samuel hat bereits die Weinkaraffe in der Hand, sucht mit zusammengekniffenen Augen ihren Platz am Firmament, als Lisa herausplatzt: „Ich....ähm, was ist denn jetzt mit dem Zauber?

„Zauber?" Samuel stellt irritiert die Karaffe wieder ab.

„Ja, was Sie mir gesagt haben? Das mit den Zehennägeln und der Blutbuche und so. Ich hab, wie gesagt, schon alles besorgt! Erzählen Sie mir jetzt bloß nicht, dass das am Ende nicht wirkt, bloß weil dieser...dieser Mars da in der Ecke klebt?"

Lisa nimmt den Aschenbecher, drückt ihre Zigarette aus, und stellt ihn vorsichtshalber genau zurück auf seinen Platz. „Eigentlich hab ich das Rauchen letztes Silvester aufgehört", erklärt sie, weil Samuel sie so nachdenklich ansieht.

Samuel sieht Lisa weiter nachdenklich an.

Auf Silvester geht er nicht ein.

Schließlich sagt er: „Na ja, der Zauber könnte trotzdem funktionieren. Ist halt alles nicht so einfach, wenn der Mars so blöd steht...". Er schiebt den Aschenbecher, Mars, ein Stück vor und wieder zurück. „Wenn Sie wollen...ich mein, ich hab ja ein bisschen mehr Erfahrung in solchen Dingen,...also, wenn Sie mögen, dann könnten wir gleich noch in den Englischen Garten gehen. Ich... könnte Ihnen helfen, den besten Platz für das Ritual zu finden, den es überhaupt gibt. Sie müssten dann nur bei Vollmond wieder hingehen?"

„Echt?" Lisa strahlt.

***

Nachdem Giovanni die Diskussion darüber, wer die Rechnung zahlt, mit einer Einladung seinerseits beendet und noch zwei Grappa zusätzlich spendiert hat, verlassen Lisa und Samuel das Lokal. Lisa stolpert leicht. Vielleicht wegen dem Wein und dem Grappa, vielleicht wegen der Riemchensandalen, aber Samuel hält sie galant und sicher am Ellbogen.

Eins ist klar: Lisa wird ihren Wagen stehen lassen.

Macht nichts, sie fühlt sich rundherum wohl und freut sich auf die nächtliche Wanderung. Sie brennt darauf, IHRE Blutbuche zu finden und ist sehr dankbar, dass Samuel sie so tatkräftig unterstützt.

Wenn nur diese blöden Sandalen nicht so kneifen würden...Lisa sieht über die Schulter zurück.

Dort steht ihr Auto, noch keine 50 Meter entfernt.

Dort in der Ferne kann man im Licht der Straßenlaternen Bäume erkennen. Bis dahin wird sie es wohl schaffen.

Aber kann man davon ausgehen, dass die

entscheidende Blutbuche wirklich gleich beim Eingang zum Englischen Garten steht?

Vielleicht dauert es Stunden, bis sie sie finden? „Warten Sie." Lisa bleibt abrupt stehen und schwankt ein bisschen auf ihren hohen Absätzen.

„Ist Ihnen nicht gut?" Samuel sieht ihr besorgt in die Augen.

„Doch...es ist nur so, dass meine Schuhe...also ich glaub ehrlich gesagt nicht, dass ich in den Dingern sonderlich weit laufen kann..."

Samuel wirft einen erstaunten Blick auf Lisas Schuhwerk: „Mein Gott! Was haben Sie denn da an?"

Was sie da an hat? Er hat die Sandalen noch gar nicht bemerkt?

Klar eigentlich, warum sollte er sich auch für Lisas Schuhe interessieren? Sie kommt sich plötzlich ziemlich blöd vor. „Ich würd die Schuhe gern in mein Auto schmeißen. Wenn's Ihnen nichts ausmacht?"

„Das ist eine super Idee!" Und schon kniet Samuel vor Lisa und macht ihr, erstaunlich geschickt, die Riemchen auf.

Lisa bekommt eine Gänsehaut und steigt schnell aus den Sandalen.

Der warme Asphalt fühlt sich unter ihren nackten Füßen toll an.

Plötzlich muss Lisa wieder kichern.

Sie beginnt zu rennen.

Samuel kommt ihr hinterher, die Sandalen baumeln wild von seiner Hand.

Lisa reißt die Autotür weit auf und Samuel schmeißt die Dinger mit Schwung auf den Rücksitz.

Seine eigenen, edlen Treter kickt er einfach hinterher.

Dann steht er da und grinst: „Barfuss ist sowieso ideal! Da ist die Erdhaftung besser." Er hält Lisa seine Hand hin, und die nimmt sie, ohne auch nur eine Sekunde zu zögern.

***

So schlendern sie eine Weile durch den nächtlichen Park. Natürlich wimmelt es nur so von Bäumen. Aber da Lisa keinen Schimmer hat, welcher dieser Bäume eine Blutbuche sein könnte, wartet sie eben ab und schweigt.

Samuel schweigt auch.

Bestimmt muss er sich konzentrieren.

Macht nichts, Lisa könnte stundenlang so weiterbummeln.

Dann hat sie das Gefühl, dass sich Samuels Griff um ihre Hand verstärkt.

Lisa schaut ihn von der Seite an. Soweit sie das im Dunkeln erkennen kann, starrt Samuel gespannt vor sich hin. Dann zieht er sie ein Stück nach rechts.

Lisa spürt weiches Gras unter ihren Füßen.

Samuel bleibt stehen, lässt Lisas Hand los, nimmt sie an den Schultern und dreht sie zu sich rum. Sein Gesicht ist ganz dicht über ihrem: „ Lisa, ich...", flüstert er „ich täusch mich doch nicht? Du spürst das doch auch?"

Lisa hält den Atem an.

Was soll sie spüren?

Meint er dieses Kribbeln, dieses Vibrieren?

Samuels Lippen kommen näher, immer näher, berühren Lisas Lippen. Ganz sanft.

Ihre Knie werden weich, und sie tastet unwillkürlich mit geschlossenen Augen nach einem Halt.

Ihre Hände berühren einen Stamm.

Einen Baumstamm!

Sie reißt die Augen auf: „Ist sie das?", wispert sie.

„Ist sie was?" Auch Samuel macht seine Augen auf.

Lisa streichelt ehrfürchtig über den Stamm: „Na die Buche...die...die Blutbuche?"

„Logisch", murmelt Samuel. Und dann küsst er sie richtig.

***

Nervlich völlig zerrüttet sitzt Lisa eine halbe Stunde später in ihrem Wohnzimmer und tippt mit zitternden Fingern Ellens Nummer.

„Carsten Mayr", tönt es schlechtgelaunt aus dem Hörer.

„Ähm...Carsten...hallo, ich bin's...ähm, Lisa. Kann ich...kann ich bitte kurz mit Ellen sprechen?"

„Die ist nicht da!", bellt Carsten und knallt den Hörer.

In Lisas Hals bildet sich ein dicker Kloß.

Sie braucht jetzt eine Freundin!

Eine Vertraute, bei der sie sich alles von der Seele reden kann!

Silvia scheidet aus.

Silvie würde vor Begeisterung in Ohnmacht fallen, wenn Lisa ihr erzählen würde, was für ein übersinnliches Erlebnis sie grade hatte.

Meine Güte – Jan! Natürlich! Warum hat sie nicht gleich bei Jan angerufen?

Schon alleine Jans Freizeichen beruhigt Lisa. Es klingt so viel freundlicher, als das angespannte Tuten eben.

Dann: „Si, pronto?", meldet sich Andreas verschlafene Stimme.

Oh nein, jetzt hat sie auch noch Andrea geweckt. Es ist doch - Lisa wirft einen Blick auf die Uhr – es ist doch erst kurz nach elf?

„Wer ist da?", fragt Andrea in die Stille.

„Andrea, ich wollte dich nicht wecken. Es...es tut mir leid!", stammelt Lisa. „Aber ich...Andrea, ich muss unbedingt mit Jan sprechen."

Andrea klingt jetzt schlagartig hellwach: „Cara, was ist passiert? Jan ist nicht da. Er ist Babysitten, drüben bei Dorothea. Er hat sein Handy hiergelassen. Soll ich ihn holen?"

„Nein...ich...ich...vielleicht kann er mich zurückrufen, wenn er nachher kommt?"

„Bestimmt kann er das. Aber kann ICH dir nicht helfen?" Lisa kann sich nicht zurückhalten und berichtet aufgewühlt von den neuesten Entwicklungen. Von Pluto - oder war es Mars? - der schuld daran ist, dass Vangelis nicht anruft. Davon, wie nett sich Samuel um sie kümmert. Und von dem Zauberritual, das er ihr vorgeschlagen hat.

„Si, davon hat Jan mir schon erzählt." Andrea klingt kein bisschen voreingenommen. Er klingt einfach nur nett. Also erzählt Lisa weiter.

Davon, dass Samuel und sie die magischste Blutbuche im ganzen Englischen Garten gefunden haben.

Dass die kosmischen Schwingungen in der Nähe dieses Baums so gewaltig sind, dass...dass man sich diesem Zauber einfach nicht entziehen kann.

„Das ist großartig, Cara!", freut sich Andrea. Und dann fragt er vorsichtig nach „Und was ist nun falsch?"

Lisa wird rot. Zum Glück kann Andrea das nicht sehen: „Es war bestimmt nur wegen der Schwingung, aber...Andrea, wir...haben uns geküsst!"

„Aspetta!" Lisa spürt förmlich, wie sich Andrea im Bett aufsetzt. „Ich denke, du warst mit diesem Zauberer verabredet? War Vangelis denn auch dabei?"

„Nein, eben. Ich mein...eben nicht! Ich hab SAMUEL

geküsst...ziemlich lang sogar, Andrea!"

Andrea sagt erst mal nichts.

Dann sagt er was auf italienisch, was Lisa nicht versteht.
Und schließlich: „Warum kommst du nicht einfach her?
Jan wird bald zurück sein. Wir...wir könnten zusammen
überlegen, was das alles bedeutet. Va bene?"

Lisa springt auf: „Ich...danke Andrea! Ich pack nur ein
paar Sachen ein, dann kann ich bei euch auf dem Sofa
schlafen. Ich ruf mir gleich ein Taxi. Ich hab meinen
Wagen doch in Schwabing stehen lassen. Ich...bin schon
unterwegs."

Erleichtert wirft Lisa ein paar Sachen in ihren
Kulturbeutel und holt Klamotten fürs Büro morgen aus
dem Schrank. Sie stopft gerade alles in ihre kleine
Reisetasche, als es an der Tür klingelt.

Ist das das Taxi? Lisa kann sich gar nicht erinnern, dass
sie überhaupt schon eins bestellt hat?

Himmel, sie ist ja wirklich vollkommen durch den Wind!
Was stellt sie sich eigentlich so an? Sie hat den Hexer
geküsst, ja und? Sie ist erwachsen, sie ist Single, sie
kann küssen, wen sie will.

Es klingelt wieder. Lisa drückt auf den Türöffner, damit
der Taxifahrer weiß, dass sie gleich kommt.

Dann hört sie auf der Treppe Absätze klappern. Ist der
Taxifahrer eine Frau?

„Ich komm ja schon!", ruft sie, nimmt die Tasche, löscht
das Licht und reißt die Tür auf.

Vor ihr steht Ellen.

***

Lisa hat schnell Andrea über die veränderte Situation
informiert, eine Familienpackung Eiscreme aus dem

Gefrierfach geholt und eine Schachtel Kleenex bereitgestellt. Ellen hat zwar noch nicht viel gesagt, aber sie ist blass, hat rotgeweinte Augen, und sie hat ihre Schuhe ausgezogen, bevor sie sich auf Lisas Sofa hat fallen lassen.

Das bedeutet, dass sie länger bleiben wird.

Und das wiederum zeigt Lisa, dass etwas Ernsthaftes passiert sein muss. Möglicherweise ist Ellens Drama sogar größer als ihr eigenes?

Sie setzt sich Ellen gegenüber: „Magst du drüber reden?"

Ellen nickt und häuft sich reichlich von der Eiscreme auf ihren Teller. „Gleich."

Lisa räuspert sich: „Na ja, zufällig weiß ich schon, dass du heute Abend nicht zuhause warst. Wo bist du denn gewesen?"

Ellen stellt ihr Eis geräuschvoll wieder ab: „Wo soll ich groß gewesen sein? In der Küche war ich, Lisa. In der Küche! Wenn ich etwas vorgehabt hätte, dann hätte ich dir das doch erzählt. Ich hab keine Geheimnisse. Ich hab...", plötzlich beginnt Ellen zu schluchzen. „...nichts hab ich, was auch nur einen Funken interessant wäre."

Lisa legt schnell ihren Arm um die Freundin: „Hey Ellen, nicht weinen. Ich hab nur gedacht, weil Carsten...also Carsten hat gesagt..."

Ellen greift sich ein Kleenex und putzt sich die Nase: „Das ist genau das Problem! Lisa, will ich einen Freund, der jeden meiner Schritte überwacht? Schlimmer, brauch ich einen Kerl, der entscheidet, wann ich für meine Freundinnen zu sprechen bin und wann nicht?"

„Oh." Na ja, was soll Lisa sonst dazu sagen? Ellen weiß ohnehin, dass sich Lisa kaum was vorstellen kann, was überflüssiger wäre als Carsten.

Ellen versteht Lisas Schweigen schon richtig: „Sag's

ruhig. Carsten ist ein unglaubliches Arschloch! Ich wär ohne ihn viel besser dran!"

„Nein!" Jetzt ist nicht der Moment, um ehrlich zu sein. Jetzt ist es wichtig, die Freundin zu trösten. „Klar, dass Carsten dich am Telefon verleugnet, ist...na ja, das ist mies. Aber du weißt doch, wie er ist. Ich mein, Du kennst ihn und liebst ihn doch trotzdem!?"

„Tu ich das?" Ellens Gesichtsausdruck wird hart und entschlossen. „Im Moment weiß ich nur eins: ich möchte die Nacht nicht neben einem Mann verbringen, der meine beste Freundin anlügt. Nur weil es ihm nicht in den Kram passt, dass ich telefoniere, anstatt die Spülmaschine auszuräumen. Soll er doch das verfluchte Ding in Zukunft selber leer räumen!" Sie stopft sich einen Riesenlöffel Eis in den Mund und nuschelt: „Kann ich heute bei dir übernachten, Lisa?"

„Ähm...na ja...natürlich kannst du das." Endlich, ENDLICH zeigt Ellen diesem Blödmann wo die Grenze ist! Lisa merkt grade noch, dass sie anfängt, zufrieden zu grinsen und lässt es wieder.

„Gut, dann ist das geklärt." Ellen schaut Lisa misstrauisch an: "Also, was ist los?"

Was ist los? Was soll denn los sein?

„Du rufst doch sonst nicht abends um elf noch bei mir an?" Ellen senkt beschämt die Augen. „Zumindest in letzter Zeit nicht mehr?"

„Ja also...also..." Lisa weiß plötzlich nicht mehr wo und wie sie anfangen soll.

„Was hat der Blödmann dir erzählt?", Ellen wirkt von jetzt auf gleich wieder ausgesprochen selbstbewusst. „Du hast dich doch mit dem Hexer getroffen?"

„Woher weißt du..."

„Von Jan. Also, hat er dir Angst gemacht?"

Hat er das? Irgendwie schon. Und irgendwie auch

wieder gar nicht.

„Hat er dir Unsinn erzählt?", bohrt Ellen weiter. „Hey Süße, du musst das nicht glauben! Du weißt ja, dass ich von Anfang an skeptisch gewesen bin. Und, hatte ich Recht?"

„Ellen..."

Ellen lässt Lisa gar nicht zu Wort kommen. Jetzt ist sie diejenige, die den Arm um ihre Freundin legt: „Ich versteh ja, dass du verunsichert bist, aber das musst du nicht sein! Dieser Schwätzer hat dir erst eingeredet, dass es Möglichkeiten gibt, wie du dir Vangelis leicht schnappen kannst. Damit hatte er dich an der Angel! Jetzt behauptet er plötzlich, dass das alles doch nicht so einfach ist! Und weißt du, warum? Damit du noch zehn Beratungen bei ihm buchst. Für ein Heidengeld natürlich!"

Wie kommt Ellen denn auf die Idee? Hier geht's doch nicht um Geld. Lisa hat keinen Cent bezahlt. Noch nicht mal für das leckere Essen.

Ellen schimpft weiter: „Ich hab mich ein bisschen im Internet schlau gemacht. Das ist genau die Tour, die diese Leute in der Regel fahren. Es gibt sogar Selbsthilfegruppen von Opfern und..."

„Nein Ellen, das ist es nicht!"

„Nein?"

„Nein, im Gegenteil. Ich...wir...also Samuel, er...hat mich geküsst."

So, jetzt ist es raus.

Ellens Augen weiten sich in ungläubigem Entsetzen.

Dann packt sie Lisa, drückt sie fest an sich, streicht ihr übers Haar: „Ist ja gut, Lisa, ist ja gut. Wir werden das Schwein anzeigen. Wir werden dafür sorgen, dass er seine Konzession verliert, falls er jemals eine hatte. So was ist Nötigung! Sexueller Missbraucht von...von

Abhängigen!"

Lisa windet sich aus Ellens Armen: „So ist das nicht gewesen! Es war doch total in Ordnung. Ich mein, es war wegen...der Schwingungen. Ellen, Samuel hat nichts Falsches gemacht."

Ellen starrt Lisa ungläubig an.

Die plappert aufgeregt weiter und kann selbst kaum glauben, was sie sich da sagen hört: „Wir haben die Blutbuche gefunden. Die hat so eine starke Ausstrahlung, da...da MUSS man sich einfach küssen! Und weißt du was, Ellen? Es war wunderschön und...und es tut mir kein bisschen leid. Aber ich versteh es nicht. Verstehst du's?"

Mittwoch

Am nächsten Morgen kommt Lisa ein klein wenig angeschlagen ins Büro. Der Familienpackung Eiscreme waren noch fast zwei Flaschen Rotwein gefolgt.

Und gegen drei Uhr morgens dann hat Lisa Ellen selbstverständlich ihr Bett überlassen und sich selbst auf ihrem viel zu weichen Sofa zusammengerollt.

Bis dahin hatten sie sich darauf geeinigt, dass Carsten ein Idiot ist, aber noch eine Chance verdient, und dass Samuels Kuss skandalös war, aber noch nicht eindeutig einzuordnen ist.

So weit so gut. Jetzt wird man sehen, was der neue Tag so bringt.

Zunächst bringt er eine ungewollte Herausforderung.

In Form von Carsten, der betont lässig an Lisas Schreibtisch lehnt.

Er hat Turnschuhe an. Bestimmt war er heute schon laufen. Und wenn schon. Sie hat sich heute mit Ellen zusammen ein Taxi gegönnt.

Carsten scheint nicht so gut drauf zu sein: „Oh...ähm...guten Morgen, Lisa. Ich...na ja..." räusper „...ich glaub, ich muss mich bei dir entschuldigen..."

Er setzt einen betretenen Dackelblick auf und hofft wahrscheinlich, dass er damit aus dem Schneider ist.

Lisa schaut ihn einfach nur abwartend, mit leicht feindseliger Note, an.

Also eiert er weiter rum: „Ich hätte dich nicht anlügen dürfen. Tatsache ist, dass Ellen...na ja, sie war doch zuhause. Ich nehme an, du...du weißt das inzwischen?"

Ach so ist das! Carsten will sie ausfragen. Lisa schaut ihn weiter, diesmal kryptisch, an.

„Ja, nun, was ich...was ich fragen wollte...", Carsten

ringt mit sich, „...hat Ellen irgendwas gesagt?"

Nein. Ellen hat die Nacht in absolutem Schweigen bei ihr verbracht. Volldepp! „Ooooch...", Lisa denkt nicht dran, Carsten weiterzutratschen, was ihre beste Freundin ihr anvertraut hat.

Carsten hüstelt. Er kapiert tatsächlich, dass er hier nicht weiterkommt. Also versucht er es mit Schadensbegrenzung. „Nun, wie auch immer, ich...hoffe, dass zumindest wir beide diesen...Zwischenfall vergessen können?"

Lisa genießt es über alle Maßen, milde zu lächeln, umständlich ihre Handtasche abzustellen und, während sie schon ihren PC hochfährt, nebenbei zu murmeln: „Ist okay, Carsten."

Carsten atmet durch, tut so, als würde er rausgehen wollen, bleibt in der Tür aber wieder stehen. „Ähm...du...weißt nicht zufällig, wo ich Ellen finde?"

Lisa unterdrückt ein Grinsen: „Ich würd mal im Labor nachsehen?"

Nun stürzt Carsten, der offenbar Angst hatte, Ellen wäre zurück nach Hamburg gegangen, davon, und Lisa widmet sich summend der Kaffeemaschine. Hoffentlich, hoffentlich lässt Ellen den Mistkerl noch eine Weile zappeln!

Da kommt Jan rein, drückt ihr eine prallgefüllte Tüte in die Hand und einen dicken Kuss auf die Wange: „Bacio von Andrea. Die Schweinereien", er zeigt auf die Tüte, „auch." Damit setzt er sich abwartend hinter seinen Schreibtisch.

Lisa wirft einen Blick in die Tüte. Sie ist randvoll mit allem, was italienisch, süß und kalorienreich ist. Und das Beste: das Zeug stammt aus keinem Supermarkt. Das hat Andrea alles selbst gemacht!

Lisa lächelt gerührt.

„Das sind ungefähr 10 Millionen Kalorien", stellt Jan, betont tuckig, klar. „Und du schuldest mir eine Erklärung, warum mein Lebensgefährte im Morgengrauen tonnenweise süßes Gift für dich produziert, wenn du mir gegenüber behauptest, du wärst auf Diät?"

„Hat dir Andrea denn nichts erzählt?", das überrascht Lisa.

„Nein, mit mir spricht ja keiner." Jan beobachtet aufmerksam, wie Lisa den Kaffee in die zwei Tassen füllt, wechselt dann von der Divenstimme in seine normale. „Jetzt sag doch endlich! Was weiß Andrea, was ich nicht weiß, weil du es mir nicht sagst?"

„Ellen hat heute bei mir übernachtet."

„Ellen?"

„Ja, sie hat Stress mit Carsten", berichtet Lisa leichthin. Aber dann lässt sie die Bombe platzen: „Und ich hab Samuel geküsst!"

„Nein! Und wieso hat Andrea kein Wort..."

„Na, ich hoffe, du wirst uns den Herrn bald mal vorstellen!?"

Lisa und Jan wechseln einen entsetzen Blick. Im Türrahmen steht schon wieder Carsten und lächelt jovial. „Ich wollte sowieso vorschlagen, dass wir uns bald mal alle nach Dienstschluss treffen? Rein privat. Und, Högl, von Ihrer Andrea hört man ja auch nur das Allerbeste! Bringen Sie sie doch einfach mit." Carsten nickt freundlich und dann ist er weg.

„Spinnt der?" Jan starrt Lisa fassungslos an und zuckt zusammen, als sein Telefon klingelt.

Lias nickt überzeugt, Jan nimmt den Hörer ab. „Jan Högl?...Ach, Herr Stahtwald..."

Lisa drückt auf die Lautsprechertaste und hört mit, dass die Obduktion nicht viel Neues ergeben hat. Aber sie hat das Ergebnis der Haaranalyse bestätigt. Hildes Leber war angeschlagen, jedoch dabei, sich zu regenerieren. Es ist auszuschließen, dass Hilde in den letzten Wochen Alkohol zu sich genommen hat. Ach ja, und der Todeszeitpunkt kann verlässlich zwischen 13:30 Uhr und 14:30 Uhr, am Montagnachmittag festgelegt werden. Todesursache, wie vermutet, eine Atemlähmung aufgrund einer Überdosis Barbiturate.

Jan bedankt sich bei Stahtwald, legt auf und schaut Lisa zweifelnd an: „Nicht gerade die Wahnsinnsneuigkeiten, was?"

Das sieht Lisa anders. Für sie steht nun definitiv fest, dass Carsten, Reinert und auch Sonja Blödsinn erzählen. Weil es doch extrem auffällig ist, dass diejenigen, die behaupten, Hilde hätte noch getrunken auch behaupten, ein Mord sei ausgeschlossen.

Hilde ist also vergiftet worden, und zwar von Reinert, der ja erst gegen zwei zuhause war. Falls das überhaupt stimmt und es nicht noch später war.

Jan bremst sie ein: „Nachdem, was wir jetzt wissen, kann es trotzdem ein Unfall gewesen sein. Von mir aus ein Selbstmord." Damit ist für ihn das Thema erst mal abgeschlossen und er holt eine Liste aus seiner Schreibtischschublade und legt sie Lisa hin. „Wir sollten hiermit weitermachen."

Ah, die Telefonliste, die Jan gestern Abend noch bearbeitet hat.

Er erklärt, dass Hilde um 12:08 Uhr eine Arztpraxis angerufen und um 12:23 Uhr einen Anruf von einem Sanatorium erhalten hat. Jan hat das alles auch schon überprüft. Beim Arzt war nur der AB dran und Hilde hat aufgelegt, ohne eine Nachricht zu hinterlassen. Das Sanatorium ist eine Art Luxushotel für Leute, die nicht mit dem Cent rechnen müssen und gern jemand hätten, der ihnen wieder auf die Füße hilft.

Lisa nickt, von dem Sanatorium hat ihr Markus schon erzählt. Sie zeigt auf eine Nummer, die um 13:39 Uhr gewählt wurde: „Was ist mit der Nummer da? 13:39 Uhr, das muss unmittelbar vor ihrem Tod gewesen sein?"

Jan nickt: „Mhm, und die Nummer gehört Klaus Reinert!"

Lisa schaut ihn groß an.

„Tut mir leid, Lisa, aber damit scheidet Reinert für mich als Mörder aus. Ich mein, warum sollte sie den Mann anrufen, der ihr grade gegenübersitzt und ihr eben eine Überdosis Beruhigungstropfen in den Kaffee gekippt hat? Ich denke eher, dass sie sich von ihm verabschieden wollte. Oder ihn von mir aus auch um Hilfe bitten? Falls sie im letzten Moment doch nicht sterben wollte?"

Lisa schaut noch mal auf die Liste. „Das Gespräch hat nicht mal ne Minute gedauert."

„Weil Reinert da noch gar nicht zuhause war. Er hat ja angegeben, dass er erst um kurz vor 14:00 Uhr von der Arbeit heimgekommen ist. Hilde wird einfach aufgelegt oder mit seinem Band gesprochen haben."

Mist, ja, Jan hat recht! Aber so schnell gibt Lisa nicht auf: „Also, wenn ich weiß, dass ich nur noch ein paar Minuten habe und jemanden noch erreichen will, dann versuch ich es doch auf seinem Handy!? Und das hat Hilde nicht getan, sonst wär die Nummer auch in ihrem Speicher gewesen."

Jan brummelt unwillig.

Lisa überlegt weiter: „Und wenn Reinert Hilde da schon umgebracht hatte und sich dann selbst angerufen hat? Damit wir genau das denken, was du jetzt denkst?"

Jan verdreht die Augen. „Komplizierter geht's nicht,

oder? Wieso akzeptierst du nicht einfach das Naheliegende? Hilde war zwar nüchtern, hat das Barbiturat aber trotzdem freiwillig geschluckt."

„Wegen der Kaffeetasse, die sie alleine nie benutzt hat, wegen der Kaffeesahne, die sie nicht vertragen hat, wegen dem Streit am Vorabend und weil Reinert eine Geliebte hat und trotzdem nicht auf Hildes Geld verzichten will! Und weil er uns nicht gesagt hat, dass Hilde ihn angerufen hat!"

Jan lächelt herablassend. „Hast du nicht grade behauptet, er hätte sich extra selbst angerufen, damit wir falsche Schlüsse ziehen? Meinst du nicht, dass er uns dann längst drauf hingewiesen hätte?"

Hm, stimmt auch wieder. Aber wenn Lisa so genau wüsste, was in Reinerts Kopf vorgeht, hätte sie ihn ja längst überführt. Und weil sie nicht Gedanken lesen kann, muss sie eben weiter Beweise sammeln. „Ich ruf jetzt mal Ellen an."

Jan zuckt nur die Schultern. Lisa tippt Ellens Nummer ein: „Bist du schon zu den Fingerabdrücken gekommen?" Sie hört eine Weile zu und ihr Gesichtsausdruck nähert sich mehr und mehr dem, einer Katze, die gerade eine fette Maus verspeist.

Schließlich teilt sie Jan triumphierend mit: „In der Kaffeetasse war - außer Kaffee natürlich – wie erwartet reichlich von dem Beruhigungsmittel UND..." Lisa setzt eine bedeutungsvolle Pause, „Vanillearoma! Klar, manche Leute tun so was freiwillig in ihren Kaffee. Aber vielleicht sollte es auch einfach nur den Geschmack des Barbiturats überdecken?"

„Lisa..."

„Ich bin noch nicht fertig. Auf dem Fläschchen mit dem Beruhigungsmittel waren die Fingerabdrücke von ZWEI Personen. Aber NICHT die von Hilde! Die hat das Ding überhaupt nie angefasst!"

Jan weiß, wann er nachgeben muss. Er steht auf: „Okay, dann war es also VERMUTLICH wirklich Mord. Reinert muss es trotzdem nicht gewesen sein. Aber es kann nicht schaden, wenn wir nochmal mit ihm reden."

***

Im Sekretariat des Hedwig-Gymnasiums erfahren Jan und Lisa, dass Reinert für den Rest der Woche krankgeschrieben ist. Die Sekretärin würde sich offensichtlich brennend für die Hintergründe des Dramas interessieren. Sie scheint zu wissen, dass Hilde tot ist und auch, dass Reinert eine eigene Wohnung hat. Tja, mehr wird sie im Moment auch nicht erfahren.

Während der Fahrt vom Gymnasium zu Reinerts Wohnung beendet Lisa ihre Schilderung der Ereignisse der vergangenen Nacht, die sie natürlich bereits auf der Fahrt vom Kommissariat zum Gymnasium begonnen hatte.

Jans Reaktion könnte für Lisas Geschmack ruhig ein bisschen spektakulärer ausfallen.

Er scheint weder mit der Tatsache, dass Ellen bei ihr übernachtet hat, noch mit Samuels Kuss, größere Probleme zu haben.

***

Wie schon vorgestern passiert gar nichts, als Lisa auf die Klingel mit dem Namen Reinert drückt.

Bevor Jan sie davon abhalten kann, klingelt Lisa diesmal bei Munzert, ein Stockwerk unter Reinert. Beim jetzigen

Stand der Ermittlungen ist das ohne weiteres zu verantworten. Jan runzelt zwar missmutig die Stirn, aber er drückt die Tür auf, als der Summer ertönt.

Es passt Lisa wunderbar in den Kram, dass ein älterer Herr – Herr Munzert vermutlich – in seiner offenen Wohnungstür steht und sich nicht mit Jans freundlichem aber nichtssagendem: „Danke und entschuldigen Sie vielmals. Wir haben den falschen Klingelknopf erwischt...", zufrieden gibt.

„Wo wollen Sie denn hin, junger Mann?"

Bevor Jan diese Gelegenheit aus falscher Rücksichtnahme verpatzen kann, schiebt sich Lisa verbindlich lächelnd zwischen ihn und den alten Herrn: „Zum Herrn Reinert wollen wir. Hoffentlich ist er überhaupt zuhause?"

Herr Munzert nickt: „Doch, der ist da."

„Na prima! Seine kleine Freundin zufällig auch?"

Jetzt guckt Herr Munzert misstrauisch, und Jan seufzt. Wohl oder übel holt er seinen Ausweis raus: „Wir sind von der Kripo und haben nur ein paar Routinefragen an Herrn Reinert."

„Aha, in welcher Sache denn?" Herr Munzert ist offensichtlich neugierig.

Lisa weiß, dass Jan darüber keine Auskunft geben wird und auch nicht möchte, dass sie das tut. Deshalb vermeidet sie jeden Blickkontakt zu ihm und konzentriert sich ganz auf Herrn Munzert: „Das ist natürlich alles streng geheim! Aber uns interessiert, wann Herr Reinert vorgestern Nachmittag nach Hause gekommen ist?"

„Kann ich Ihnen nicht sagen." Herr Munzert scheint enttäuscht. „Aber da gewesen ist er. Ich hab oben Schritte gehört! Und das junge Fräulein war auch da. Ihr Fahrrad stand vor dem Haus."

„Tatsächlich? Und…wann haben Sie die Schritte gehört? Oder das Fahrrad gesehen?"

Herr Munzert überlegt: „ Ich will nichts Falsches sagen, aber ich hab so gegen halb vier den Müll runtergebracht. Da war das Fahrrad da. Die Schritte, die waren vorher schon und auch danach. Immer mal wieder."

Lisa schaut zufrieden zu Jan. Reinert hat wirklich eine Affäre. Und dass Blondie mit dem Rad da war, passt perfekt. So war das schließlich neulich morgens auch.

Sie lächelt Herrn Munzert vertraulich an: „Da haben Sie uns sehr weitergeholfen. Und das junge Fräulein, ist das diese…diese Hübsche?"

Herr Munzert nickt: „ Ja, die mit den langen blonden Haaren."

Jetzt wirft Lisa Jan einen triumphierenden Blick zu. Doch der presst sauer die Lippen zusammen und Lisa befürchtet schon, dass er diese kleine, höchst aufschlussreiche Unterhaltung unterbindet.

Herr Munzert redet zum Glück unaufgefordert weiter: „Ich hab mich noch gewundert, wie die sich so schnell versöhnt haben. Am Abend vorher hatten die einen Krach - also der war nun wirklich nicht zu überhören! Und gleich am nächsten Tag sitzen sie friedlich zusammen, als ob nie was gewesen wär?"

Aha, gestritten hat Herr Reinert also mit seiner schönen Joggerin! Hat die ihm möglicherweise das Messer auf die Brust gesetzt? Hat sie von ihm verlangt, sich zwischen ihr und Hilde zu entscheiden? Hat Reinert seine Frau vergiftet, um das Mädel ein für alle Mal zufrieden zu stellen?

„Worüber die gestritten haben, haben Sie nicht zufällig gehört?"

Herr Munzert schüttelt bedauernd den Kopf.

Jan hat nun wirklich genug: „Vielen Dank, aber wir werden alles Weitere mit Herrn Reinert selbst besprechen."

Damit nimmt er vordergründig Lisas Arm, zwickt sie in Wahrheit aber richtig fies und schiebt sie weiter die Treppe hoch. Lisa unterdrückt einen Schmerzensschrei und lächelt Herrn Munzert zum Abschied nett zu. Der schaut enttäuscht, denn offensichtlich hätte er, genau wie Lisa, diese Unterhaltung gern noch fortgesetzt.

***

Vor Reinerts Tür reibt Lisa sich den Arm und schaut Jan vorwurfsvoll an. Doch der hat nicht die Spur eines schlechten Gewissens. Er wirft einen Blick übers Treppengeländer, um sicherzugehen, dass Herr Munzert wirklich seine Tür hinter sich geschlossen hat und stellt dann klar: „Nur weil du Reinert nicht magst, hast du noch lange kein Recht, dafür zu sorgen, dass die ganze Nachbarschaft über ihn tratscht. Und dass dieser Munzert schon jetzt am Telefon hängt und wilde Gerüchte verbreitet, ist dir genau so klar wie mir."

Damit drückt er den Klingelknopf, und als wieder nichts passiert, klopft er.

Endlich reißt Reinert seine Wohnungstür auf.

Er sieht richtig scheiße aus.

Ungeduscht, ungekämmt, im Jogginganzug. Aber nicht in dem hübschen von vorgestern Früh.

Er scheint nicht sonderlich erfreut, Jan und Lisa zu sehen. Trottet wortlos vor ihnen her zurück ins Wohnzimmer.

Aufgeräumt hat er noch immer nicht. Im Gegenteil.

Lisa, die sich über Jans Rüffel und die brennende Stelle

an ihrem Oberarm ärgert, kommt ohne Umschweife zur Sache: „Sorry, Herr Reinert, aber nun ist es amtlich. Ihre Frau ist ermordet worden!"

Sie hört, wie Jan hinter ihr scharf die Luft einzieht.

Na gut, Lisa hat das ‚vermutlich' vor ‚ermordet worden' vergessen und amtlich ist es auch noch nicht, aber wenn man sich immer sklavisch an die Fakten hält, kommt man nie an ein Geständnis. Ein kleiner Bluff hier und da muss einfach drin sein.

Reinert hat sich auf sein zugemülltes Sofa plumpsen lassen und sein Gesicht in den Händen vergraben. Seine Schultern zucken.

Gut, soll er ruhig heulen. Und nachdem Jan sowieso schon sauer ist, stellt sie gleich die nächste, nicht hundert Prozent gesicherte, Behauptung auf: „Außerdem steht fest, dass Sie am Tatnachmittag Besuch von Ihrer Geliebten hatten"

Reinert schaut kurz auf und sagt dann mit sehr müder Stimme: „Denken Sie doch, was Sie wollen."

„Oh ja, das tu ich und ich denke, unter anderem, dass Ihr angebliches Alibi nichts wert ist, solange es keiner bestätigt. Von daher wäre es angebracht, wenn Sie uns endlich den Namen der Dame verraten würden."

„Von welcher Dame reden Sie überhaupt?" Reinert ist jetzt deutlich genervt.

„Wie wär's mit der Besitzerin des schwarzen Spitzen-BH, den ich klar und deutlich zwischen Ihren Hemden gesehen hab!"

Reinert schaut Lisa provozierend an: „Ich hab keinen BH gesehen."

Lisa dreht sich empört zu Jan. Der räuspert sich, bevor er sehr sachlich erklärt: „Herr Reinert, es gibt Grund zu der Annahme, dass Sie vorgestern Nachmittag Besuch hatten. Ihre Frau ist zwischen 13:30 und 14:30

verstorben. Es wäre doch in unser aller Interesse, wenn Sie uns sagen, mit wem Sie zu diesem Zeitpunkt zusammen gewesen sind."

Reinert bleibt stur: „Ich war allein, verdammt noch mal! Das hab ich bereits angegeben und ich kann's nicht ändern, außer ich würde lügen."

Jan bleibt freundlich: „Sie besitzen doch sicher ein Handy?"

Reinert schaut irritiert: „Ich benutze es aber so gut wie nie. Warum?"

„Weil Ihre Frau Sie vorgestern Nachmittag hier auf dem Festnetz angerufen hat. Um kurz nach halb zwei."

Reinert zögert. „Das muss ja kurz bevor...vor ihrem Tod gewesen sein?"

Jan nickt.

Reinert schluckt: „Davon weiß ich nichts. Wahrscheinlich war ich noch nicht zuhause. Ich hatte bis zwanzig nach eins Unterricht, brauche circa 20 Minuten für meinen Heimweg und auch das hab ich schon gesagt."

„Ihre Frau wusste das?"

Reinert ist einen Moment irritiert. „Nein ich...normalerweise wär ich tatsächlich schon eher hier gewesen. Aber ich hab spontan die letzte Stunde für einen kranken Kollegen übernommen."

Und dann bist du zu Hilde gefahren, hast sie vergiftet und jetzt hoffst du, dass wir nicht beweisen können, wann du wirklich heimgekommen bist. Müssen wir aber gar nicht.

Du bist derjenige, der beweisen muss, dass er wirklich nicht länger als 20 Minuten von der Schule hierhin unterwegs gewesen ist! Es könnte dir den Arsch retten, wenn dein Liebchen das bestätigen würde. Aber vermutlich musst du ihr erst beibringen, dass sie für dich lügen soll….

„Hat Ihre Frau etwas auf dem Anrufbeantworter hinterlassen?", versucht es Jan weiter freundlich und reißt Lisa damit aus ihrer mentalen Tirade gegen Reinert.

Reinert schüttelt den Kopf und wechselt schnell das Thema. „Wieso ...wieso ist Hilde denn jetzt ermordet worden? Ich denke, sie hat zu viel von dem Beruhigungsmittel geschluckt?"

„Nun ja, möglicherweise hat sie das nicht freiwillig getan?" Lisa lächelt Reinert herausfordernd an.

„Unsinn!" Reinert springt auf und wendet sich emotional an Jan. „Meine Frau war Alkoholikerin! Sie war medikamentenabhängig!! Sie hat das Zeug möglicherweise nicht ABSICHTLICH so hoch dosiert genommen, aber FREIWILLIG in jedem Fall!"

Na los, Jan! Mach schon! Sag's ihm!

Jan räuspert sich mal wieder: „ Nun...ehm...es gibt da einige Ungereimtheiten in Bezug auf den Alkoholkonsum Ihrer Frau. Und was das Medikament betrifft..."

Ungereimtheiten? BEWEISE gibt es! Lisa muss sich wirklich schwer am Riemen reißen, um nicht dazwischenzuquatschen.

„...möchte ich Ihnen dazu gern einige Fragen stellen."

Reinert wischt das vom Tisch. „Ich weiß nicht, was sich Hilde in letzter Zeit alles reingepfiffen hat. Meine Info war, dass sie gar keine Beruhigungsmittel mehr nimmt."

„Woher kam diese Information?"

„Von Hilde selbst. Bei meinem Auszug hat sie mir ihre angeblich letzte Packung in die Hand gedrückt. Sie hat geschworen, dass sie nie wieder was anrührt, sich nie wieder was verschreiben lässt."

„Vielleicht stimmt das ja?", mischt sich Lisa nun doch

ein. „Vielleicht hat der Mörder das Gift ja mitgebracht? Apropos, Herr Reinert, was haben Sie denn mit dem Mittel gemacht, das Ihre Frau Ihnen gegeben hat?" Lisa lächelt zuckersüß.

Reiner zuckt er die Schultern. „Zur Hälfte hab ich's selbst geschluckt. War ja nicht so, dass mich das ganze Drama völlig kalt gelassen hätte. Der Rest steht in meinen Badezimmerschrank."

„Den würde ich mir gern mal ansehen."

Reinert führt Lisa ins Badezimmer, öffnet das Schränkchen, nimmt eine Packung des genau richtigen Barbiturates heraus und – oh Wunder, die Schachtel ist leer!

Während Reinert die Packung auf den Kopf stellt und schüttelt, als könnte das Fläschchen doch noch zum Vorschein kommen, dreht sich Lisa zu Jan.

Aus seinem Gesichtsausdruck kann sie lesen, dass er jetzt endlich auf ihrer Seite ist.

Reinert nimmt deutlich nervös eine Spülung für blondes Haar in die Hand und stellt sie wieder zurück in den Schrank: „Ich versteh das nicht...ich war eigentlich sicher, ich...hätte die Tropfen zurück in die Packung getan, aber vielleicht....hab ich sie hier irgendwo.....", er schiebt wahllos Tiegel und Tuben hin und her.

„Sieht nicht so aus, was?", freut sich Lisa. Sie verzichtet darauf, Reinert auf die Haarspülung anzusprechen. Immerhin ist er dunkelhaarig, aber das ist jetzt auch schon egal.

Sie nimmt ein Set für Fingerabdrücke aus ihrer Tasche und Jan kommt ihr zu Hilfe: „Herr Reinert, im Moment ist das reine Routine, aber wir bräuchten jetzt bitte Ihre Fingerabdrücke."

Reinert starrt fassungslos auf das kleine Stempelkissen, das Lisa ihm hinhält.

„Jeden Finger einzeln!", verlangt sie. Und dann fügt sie, nicht ohne Genugtuung hinzu: „Und Herr Reinert, Sie halten sich bis auf weiteres bitte jederzeit für uns zur Verfügung."

***

Jan und Lisa bringen Reinerts Fingerabdrücke sofort zu Ellen. Lisa hat auch die leere Packung des Beruhigungsmittels mitgebracht. Einfach um zu wissen, ob Hilde sie wirklich mal in der Hand gehabt hat. Müsste sie ja, wenn sie ihrem Mann das noch verpackte Fläschchen ausgehändigt hat.
Lisa wird jede von Reinerts Behauptungen genauestens überprüfen. Solange, bis sie ihn am Haken hat.
Ellen schaut erschreckend blass und unglücklich aus. Verspricht aber, sich um alles zu kümmern, sobald sie fünf Minuten Luft hat. Sie ist ziemlich im Stress mit den Analysen der Wasserleiche, die gestern Abend angeschwemmt worden ist. Der Mann ist immer noch nicht identifiziert, und die Kollegen, die den Fall bearbeiten, machen ziemlich Druck.
Lisa nickt. Sie weiß, dass sie sich hinten anstellen muss. Carsten kann ihnen den Fall jederzeit entziehen. So wie die Dinge liegen, kann sie froh sein, dass er sie überhaupt gegen Reinert ermitteln lässt.
Apropos Carsten: „Hat Carsten vorhin mit dir gesprochen?"
„Ja."
Ja? Ist das alles? „Und?"
Ellen füllt eine Flüssigkeit in ein Glasschälchen, in dem - so weit Lisa das beurteilen kann – ein paar Hautschuppen liegen. „Er hat mich zu einem

Wochenende in einem Luxushotel eingeladen." Jetzt schaut Ellen auf. In ihren Augen glitzern Tränen. „Ich weiß aber nicht, ob ich das möchte. Dass Carsten mich am Telefon einfach verleugnet hat, das war ja nur der Tropfen, der das Fass zum Überlaufen gebracht hat! Ich fühl mich insgesamt so...so unterdrückt. Soll ich wirklich für eine Beziehung kämpfen, wenn ich gar nicht weiß, ob ich sie überhaupt noch haben will?"

Bevor Lisa sagen kann, was sie zum Thema Beziehung mit Carsten denkt, greift Jan ein: „Ach Ellen, Liebes, immerhin ist der Mann lernfähig. Er hat kapiert, dass er Mist gebaut hat. Und das ist doch schon mal ein erster Schritt, hm?"

Ellen schaut Jan dankbar an, dann wendet sie sich zögernd wieder an Lisa: „Ich...weißt du, was ich mir schon die ganze Zeit überlege? Kann dein Hexer vielleicht...", Ellen muss sich offensichtlich überwinden, „...nachgucken, ob Carsten...na ja, ob er der Richtige für mich ist?"

„Was?" Lisa trifft der Schlag. „Du findest alles, was Samuel macht, doch vollkommen schwachsinnig?"

„Tu ich auch", versichert Ellen schnell, „vergiss es einfach."

Aber Lisa hat Blut geleckt: „Jetzt wart doch mal. Ich mein, mich persönlich würde es ja schon lange interessieren, wie Carsten wirklich tickt..."

Das stimmt zwar, aber was Lisa noch viel mehr interessiert, wäre, den Kontakt zu Samuel zu halten.

Ellen ziert sich: „Das weiß der Typ doch auch nicht."

„Und wenn doch?" Das war Jan und Lisa lächelt ihm verstohlen zu.

„Ja, also, dann frag diesen Samuel halt meinetwegen", dreht Ellen es so hin, als würde sie nur Lisa einen Gefallen tun.

Jan muss grinsen: „Da schau her! Die gute Silvie hat ja eine Lawine losgetreten mit ihrem Eso-Gutschein?"

Ellen winkt ab und wartet auf eine Antwort von Lisa.

Die ziert sich genau so scheinheilig, wie Ellen es eben getan hat: „Das Problem ist: WIE soll ich ihn denn fragen? Soll ich ihn vielleicht anrufen? Nachdem, was gestern passiert ist? Der...der würde ja denken, ich lauf ihm hinterher!"

Erleichtert nimmt Lisa zur Kenntnis, dass Ellen mit keiner Wimper zuckt. Jan auch nicht.

Lisa überprüft das lieber nochmal: „Ellen, wie kannst du so was von mir verlangen?! Nach der Nacht mit Vangelis bist du die Erste gewesen, die mir strikt verboten hat, dass ich mich von mir aus bei ihm melde?"

Ellen winkt ungerührt ab: „Das war was Anderes. Und hast du nicht grade gesagt, dass du ganz wild drauf bist, Carstens Horoskop zu sehen?"

Jan stichelt unverblümt: „Dass du den Hexer wiedersehen willst, ist eh klar. Sei also froh, wenn du den perfekten Vorwand hast, ihn anzurufen."

Damit hat er den Hörer von Ellens Tischapparat genommen und hält ihn Lisa hin. „Komm schon, Rehlein, feig sein gilt nicht."

Lisa strafft sich, nimmt den Hörer, legt ihn aber gleich wieder weg: „Ähm...ich hab ja seine Nummer gar nicht."

Jan verdreht die Augen: „Dann schau halt in deinem Handy nach. Er hat dich doch gestern 17 Mal angerufen!"

Lisa nickt ergeben. Gut, okay, dann schaut sie jetzt in ihrem Handy nach.

Aber Ellen hält ihr ein schon Postit hin: „Da, ich hab dir die Nummer vorhin rausgesucht."

Lisa wählt mit zitternden Fingern und klopfendem Herzen.

Sie wartet einen Moment, dann legt sie schnell auf: „Das…das war ein Anrufbeantworter. Ich kann echt nicht auf einen Anrufbeantworter sprechen!"

Jan fasst in Lisas Jackentasche und holt ihr Handy raus. Er drückt die letzten eingegangen Anrufe durch.

Bevor sich Lisa richtig wundern kann, dass Samuels Stimme auf dem AB irgendwie komisch klang, hält ihr Jan das Handy hin: „Versuch's auf seinem Handy. Die 0162er-Nummer, das ist er doch?"

Lisa nickt. „Ich glaub schon."

Jan drückt eine Taste und Lisa ihr Handy in die Hand.

Es klingelt.

Dann ist Samuel dran: „Ja, bitte?"

„Ja…ähm…also…hi! Hier…ist Lisa."

„Lisa! Hey, schön, dass du dich meldest." Samuel scheint sich tatsächlich zu freuen.

„Ich…na ja, ich hätte da einen Job für dich…" Lisa bemüht sich um knappe Sachlichkeit. „Eine Kollegin von mir ist sich nicht sicher, ob ihr Partner der richtige für sie ist. Kann man das…ähm…irgendwo nachsehen?"

„Na klar. Komm doch einfach heute Abend bei mir vorbei. Dann schauen wir uns ganz in Ruhe das Partnerschaftshoroskop an. Passt dir acht Uhr?"

„Ja, das…kann ich einrichten."

„Schön, ich freu mich! Ich…wollte mich übrigens auch schon bei dir melden, aber ich hatte Angst, dich zu nerven…"

Lisa errötet erfreut. Ellen macht Zeichen.

Lisa stottert: „Schön…ich mein, du nervst doch nicht."

Ellen unterbricht das Gesäusel, indem sie Lisa ins Ohr flüstert: „Ich glaub, dazu braucht man unsere Geburtsdaten? Frag ihn, ob er sonst noch was braucht?"

Lisa wiederholt brav, was Ellen gesagt hat.

Samuel zögert kurz, bevor er versichert, dass die

Geburtsdaten locker ausreichen.

Lisa sagt, dass sie die auswendig weiß und drückt schnell die Austaste, bevor noch irgendetwas Unvorhergesehenes dazwischenkommen kann.

***

„Ah, die Frau Klaushofer und der Herr Högl!" Polternd laut, wie üblich, rauscht Herr Bendel ins Labor.

Er schaut über Ellens Schulter in das Glasschälchen mit den Hautpartikeln. „Wahrscheinlich sind'S noch ned viel weiter gekommen, hab ich Recht?" Er bezieht Jan und Lisa mit ein: „Mei, das ist vielleicht ein Kreuz mit unserer Wasserleich. Wenn gegen den Mann nix vorliegt, und wenn er nicht als vermisst gemeldet ist, dann finden wir doch nie raus, wer er ist! Am G'scheitsten wär's, wir würden gleich eine Isotopenanalyse machen. Dann würden wir wenigstens wissen, wo sich der Herr die letzten Jahre aufgehalten hat. Am End kommt der aus Übersee, und wir klappern hier ganz umsonst jeden einzelnen Zahnarzt mit seinem Gebissabdruck ab!"

Jan nickt beflissen: „Ja, die technischen Möglichkeiten heutzutage sind schon enorm. Trotzdem, zu tun bleibt immer noch genug. Wir müssen dann auch langsam wieder los…"

„Warten's, Herr Högl, ich hab da noch was für Sie!" Herr Bendel geht zu einem Regal, in dem, sauber aufgereiht, beschriftete Asservatenbeutel liegen. „Sie kommen doch bestimmt noch mal zu dem jungen Mann, wo sich die Mutter vergiftet hat, bevor Sie den Fall abschließen? Vielleicht bringen'S ihm das der Einfachheit halber gleich mit."

Er reicht Jan einen Beutel, in dem sich ein hübsches, recht auffälliges Armband befindet. Mattes Silber und kleine Steine in allen Regenbogenfarben. „Das haben meine Leute unter einem von den Sofakissen gefunden. Aber nachdem sich's ja um kein Verbrechen handelt, brauchen wir das Armreiferl jetzt auch ned groß untersuchen, gell."

Von einem Armband hat Lisa ja gar nichts gewusst! Jan natürlich auch nicht. Wieso hat Ellen nichts gesagt? Setzt ihr der Stress mit Carsten so zu, dass sie nichts anderes mehr im Kopf hat? Wenigstens hat sie offensichtlich auch nicht mit Bendel gesprochen. Denn der scheint nicht zu wissen, wie sich der Fall Hilde entwickelt hat. Muss er auch nicht, er ist schließlich Spurensicherer und kein Ermittler. Da er aber trotzdem gern überall und lang und breit seinen Senf dazu gibt, zieht Lisa es vor, ihm Recht zu geben. Nicht dass er zu Carsten rennt, den Lisa raushalten will, bis sie eindeutige Beweise hat. Sie wird Ellen eventuell später bitten, das Armband auf dem inoffiziellen Dienstweg zu untersuchen. Falls es nicht Hilde selbst gehört hat.

„Danke, Herr Bendel", sagt sie deshalb nur, „wir hatten tatsächlich vor, demnächst noch mal bei Markus Reinert vorbeizuschauen."

***

Eine Stunde später sitzen Jan und Lisa auf der Terrasse der Reinert Villa, Markus und Sonja gegenüber. Eine fröhlich gemusterte Markise spendet Schatten, Blumen blühen, Bienchen summen, eine sanfte Brise kräuselt leicht die Oberfläche des nierenförmigen Swimmingpools.

Sonja verschluckt sich buchstäblich an ihrem Mineralwasser: „Wie...wieso kann man einen Unfall oder Selbstmord ausschließen?"

Lisa behält Sonja genau im Auge, während sie antwortet: „Weil Hilde das Fläschchen mit dem Beruhigungsmittel nie angefasst hat."

Sonja schluckt. Dass Reinert genau so ein Mittel besessen hat, und dass von diesem Mittel nur noch die leere Packung übrig ist, gibt ihr den Rest. Jetzt sagt sie gar nichts mehr, stiert nur vor sich hin und schüttelt fassungslos den Kopf.

Markus nimmt die Neuigkeiten recht cool auf.

Schließlich bestätigen sie das, was er schon die ganze Zeit vermutet hat. Er will lediglich wissen, ob sein Vater dann also verhaftet worden ist?

Sonja erwacht aus ihrer Erstarrung. Sie schreit Markus an: „Er hat das nicht getan! Dein Dad ist einfach nur großartig, und ich lass nicht zu, dass du ihn weiter als Monster hinstellst!"

Sie atmet tief durch und wendet sich eindringlich an Jan und Lisa: „Das muss doch alles noch lange nichts heißen!? Klaus ist...intelligent, er... ist warmherzig, hilfsbereit! Er ist Vertrauenslehrer bei uns an der Schule. Fragen Sie, wen Sie wollen! Klaus Reinert ist ein Vorbild. Er...er..." Sonja bricht ab und fängt an, leise zu schluchzen.

Diesmal ist es Markus, der entschuldigend die Schultern zuckt: „Sorry, Sonja steht irgendwie total auf meinen Alten..."

Dann legt er zärtlich den Arm um die weinende Sonja: „Nicht weinen, Babe. Er ist MEIN Vater. Sei froh, dass du deinen erst gar nicht erst kennengelernt hast. Und sieh es mal so: die Scheiße hier, die schweißt uns doch nur enger zusammen. Solange wir uns gegenseitig haben, kann uns eh keiner was, hm? "

Sonja beruhigt sich tatsächlich ein bisschen.

Lisa holt das Beutelchen mit dem Armband aus ihrer Tasche und legt es auf den Tisch.

Sonja blinzelt überrascht die Tränen weg: „Wo haben Sie das denn her? Ich such es schon die ganze Zeit..."

Jan und Lisa wechseln einen Blick. „Das Armband gehört Ihnen?"

Sonja nickt und Markus antwortet: „Ich hab's ihr mal geschenkt. Ist schon ne Weile her."

Sonja nimmt das Beutelchen und schaut Lisa fragend an: „Darf ich?"

Lisa schaut zu Jan, der zuckt die Schultern. „Klar, wenn es Ihres ist."

Sonja hält das Armband hoch, die Steine fangen das Sonnenlicht ein und glitzern fantastisch.

„Das Teil ist mir echt total wichtig. Markus hat's mir zum Geburtstag geschenkt, als wir noch zusammen waren. Schauen Sie, der Verschluss ist ausgeleiert. Deshalb hab ich's wohl verloren." Sie hält Lisa den ausgeleierten Verschluss unter die Nase. „Ich muss es jetzt wirklich endlich mal zum Reparieren bringen."

„Das Armband wurde ganz in der Nähe des Tatorts...", Jan räuspert sich, „also, es wurde auf dem Sofa im Wohnzimmer gefunden. Wir hatten gehofft, es könnte vielleicht einen Hinweis auf den Täter geben."

Markus lacht bitter: „Wieso sollte mein Vater Klunker tragen?"

Lisa seufzt: „Markus, noch mal: Es ist keinesfalls bewiesen, dass Ihr Vater der Täter ist! Wir müssen allen Möglichkeiten nachgehen. Auch wenn sie sich, wie das Armband jetzt, als Sackgasse erweisen."

Dann stockt das Gespräch einen Moment, bis Jan vorsichtig ein paar weitere Fragen stellt. Wann könnte

Sonja das Armband denn verloren haben?

Sonja weiß es nicht, Markus vermutet, dass das war, als sie letzte Woche den Videoabend gemacht haben?

Ja, das glaubt Sonja dann auch.

Jan will weiter wissen, ob Hilde Feinde hatte? Das schließen Sonja und Markus gleichermaßen aus.

Dann betont Markus noch einmal: „Ich sag's Ihnen so oft, bis Sie es mir glauben: Mein Dad hat sie umgebracht, bevor sie sich scheiden lassen konnte."

„Ihr Vater hätte doch auch zu Ihrer Mutter zurückkommen können? Noch dazu, wo er behauptet, er hätte sie nach wie vor gern gehabt?"

„Behaupten kann er viel!" Jetzt regt Markus sich mal wieder auf. „Fakt ist, dass er Mum loswerden wollte! Vielleicht...vielleicht hat er ja längst eine Andere?"

„Markus!" Diese Möglichkeit scheint Sonja ernsthaft zu entsetzen.

„Na ja, wir würden es derzeit tatsächlich nicht ausschließen, dass es da eine andere Frau gibt", lässt Lisa die Bombe platzen. Dann ist dieses Thema wenigstens endlich mal auf dem Tisch.

Sonja starrt Lisa mit weit aufgerissenen Augen an: „Das ist nicht wahr! Was wollt ihr Klaus denn noch alles andichten?"

Markus bleibt erstaunlich ruhig. Er nimmt Sonjas Hand: „Hey, ist doch egal, ob mein Alter fremdgegangen ist, bevor er Mum vergiftet hat."

Sonja reißt sich los, springt auf und läuft ins Haus.

Markus schaut ihr besorgt nach.

Lisa würde schwören, dass der Junge immer noch unsterblich in Sonja verliebt ist.

***

Später durchforstet Lisa hektisch ihren Kleiderschrank.

Verdammt!

Sie hat mal wieder nichts anzuziehen.

Nachdem Jan sie vorhin nach Schwabing zu ihrem Wagen gebracht hat, hätte sie immerhin ihre Riemchensandalen wieder zur Verfügung.

Nee, das sähe ja aus, als hätte sie nur das eine Paar Schuhe. Aber die üblichen Turnschuhe sind auch blöd... Es klopft. Das ist sicher Silvia. Lisa hält die Luft an und stellt sich tot.

Silvia würde nur unangenehme Fragen stellen.

Lisa hat Silvia angelogen. Als die sensationslüstern erzählt hat, dass Samuel sich nach ihrer Handynummer erkundigt hat, hat Lisa erstaunt getan und behauptet, er hätte sie aber nicht angerufen. Weil sie einfach nicht zugeben mag, wie sehr ihr Leben inzwischen von Sternen und Zauberritualen bestimmt wird. Sie hat immer über Silvies Eso Spleen gelacht und sich selbst als vernünftige, analytisch denkende Kriminalbeamtin dargestellt. Was sie im Prinzip ja auch ist. Und weshalb sie keine Lust hat, mit Silvia auf Augenhöhe über all den Kram zu diskutieren. Sie hat ihr sogar verschwiegen, wie sich die Blutbuchennummer entwickelt hat. Dass sie sich überhaupt entwickelt hat. Weder hat sie erwähnt, dass sie tatsächlich im Besitz der fraglichen Haare und Zehennägel ist, noch dass der betreffende Baum eine immens betörende Aura hat.

Schlimm genug, dass Lisa Begriffe wie Aura überhaupt in ihren Wortschatz aufgenommen hat.

Deshalb geht es unter gar keinen Umständen, dass Silvie von diesem neuerlichen Treffen erfährt. Schon gar nicht, bevor Lisa sich selbst die Frage beantworten kann: interessiert es sie wirklich, was Samuel SAGT, oder interessiert es sie mehr, ob er sie wieder KÜSSEN wird?

Lisa hört, wie drüben Silvias Wohnungstür ins Schloss fällt. Also hat sie aufgegeben. Für den Moment.

Schließlich entscheidet sich Lisa für ein schlichtes, aber hübsches, braunes Kleidchen. Dasselbe Braun wie ihre Augen, hat Jan mal nett angemerkt. Rehbraun, um genau zu sein.

Zufrieden stellt Lisa fest, dass sich der Reißverschluss problemlos schließen lässt. Dann findet sie ganz hinten im Schuhregal einen guten Kompromiss zwischen Riemchensandalen und Turnschuhen: Ballerinas.

Für den Fall, dass Samuel wieder spazieren gehen möchte.

Lisa ertappt sich, wie sie bei der Vorstellung selig lächelt und ruft sich selbst zur Raison. Abgesehen davon, dass es heute sowieso um Ellens Beziehung zu Carsten geht, war der Blutbuchenkuss nichts weiter als eine Art Arbeitsunfall. Ein unwichtiges Detail während Samuels Bemühungen, Vangelis gefügig zu machen.

***

Wow! Samuel sieht umwerfend aus! Lässige Leinenhose, kleiner Pullover, die dunkelblonden Locken noch ein bisschen feucht.

Bestimmt hat er grade geduscht.

Lisas Herz schlägt schneller. Das hier sieht eindeutig nach Date aus.

Samuel küsst Lisa auf die Wange, nimmt ihren Arm und führt sie in sein Arbeitszimmer.

Doch kein Date?

Bevor Lisa sich eingestehen muss, wie enttäuscht sie ist, bekommt sie weiche Knie.

Denn Samuel hat den Tisch total schön gedeckt. Sogar Kerzen hat er angezündet.

Lisa gelingt es nicht länger, zu verdrängen, dass sie sich tatsächlich in Samuel verliebt hat.

Oh mein Gott! Und jetzt?

So weit sie das beurteilen kann, flirtet Samuel mit ihr. Heftig sogar. Allerdings ohne den Kuss von gestern zu erwähnen. Stattdessen serviert er Aperitifs.

Lisa bemüht sich, das Zeug nicht in einem Zug hinunterzuschütten. Sie braucht jetzt einen klaren Kopf, darf keine falschen Schlüsse ziehen und sich keinesfalls eine Blöße, wie die auf Ellens Terrasse neulich, geben.

Mag sein, dass sie dadurch etwas verkrampft wirkt, aber Samuel plaudert charmant und unverdrossen auf sie ein.

Während sie sich später das, von Samuel selbst zubereitete, Risotto schmecken lassen, hat sich Lisa an die Situation gewöhnt. Sie unterhalten sich jetzt prächtig über Gott und die Welt, und irgendwie ist nie der richtige Zeitpunkt, um das Gespräch auf Ellens Beziehung zu bringen.

Dann klingelt das Telefon.

Danach ist Samuel komisch.

Irgendwie nervös, um nicht zu sagen panisch.

Obwohl Lisa ihr Dessert, eine Panna Cotta, die es locker mit der von Andrea aufnehmen könnte, noch gar nicht aufgegessen hat, besteht er darauf, dass er sie jetzt nach Hause bringt. Keinesfalls will er, dass Lisa hilft, die Reste des Essens wenigstens noch in die Küche zu tragen.

Weil beide, außer dem Aperitif, dann doch auch reichlich Wein getrunken haben, und weil die Nacht so lau ist, laufen sie zu Fuß.

Bis zu Lisa ist es eine ganze Ecke. Den Rosenheimer Berg runter, über die Isar, durch den Hof vom deutschen Museum...

Leider macht Samuel keinerlei Anstalten, so wie gestern, Lisas Hand zu halten.

Er bemüht sich zwar, wie gehabt, zu plaudern, aber er war schon witziger.

Lisa will die ganze Zeit fragen, wer da vorhin angerufen hat, und warum Samuel sie jetzt so schnell loswerden will.

Aber sie traut sich nicht. Erstens ist Samuel ihr keine Rechenschaft schuldig und zweitens käme sie sich ziemlich blöd vor, wenn es tatsächlich so wäre, wie sie befürchtet...

Auf der Reichenbachbrücke zerreißt ein Blitz die Nacht, der Donner folgt unmittelbar und es fängt an zu schütten. Ein richtiger Wolkenbruch. Binnen Sekunden sind beide nass bis auf die Knochen.

Unter diesen Umständen MUSS Lisa Samuel einfach fragen, ob er gleich mit hoch in ihre Wohnung will.

Bis der Regen nachlässt.

***

Während sie vor Samuel die Treppe hochgeht, schießen ihr tausend Gedanken durch den Kopf: Hat sie die Badewanne ausgespült, nachdem sie sich vorhin die Beine rasiert hat? Hat sie Wein im Kühlschrank? Soll sie Samuel ihren Morgenmantel anbieten und seine Klamotten kurz in den Trockner tun? Himmel, ihr Morgenmantel ist schweinchenrosa!

Und was ist, wenn sie zufällig auf Silvia treffen? Das wär

ja das Peinlichste überhaupt!

Auch Samuel scheint nachzudenken, zumindest sagt er nichts.

Von Silvia ist zum Glück nichts zu sehen.

Lisa schließt schnell die Wohnungstür auf, und dann stehen sie beide recht befangen und tropfend in Lisas kleinem Flur.

Lisa holt erst mal ein Handtuch.

Samuel bleibt, wo er ist.

Während sich Samuel dann die Haare trocken rubbelt und dabei erschreckend gut aussieht, sucht Lisa krampfhaft nach etwas, worüber sie jetzt reden könnten.

Zum Glück fällt ihr ein, dass Silvie neulich endlos über Feng Shui doziert hat.

Wie war das noch gleich?

Ach ja, richtig, Yin und Yang muss passend sein!

Recht unvermittelt, und selbst immer noch tropfnass, fragt sie Samuel also, ob er mal gucken könnte, wie die Yin- und Yangfelder in ihrer Wohnung so verteilt sind?

Als Magier kennt er sich doch sicher aus mit so was?

Samuel hat nichts dagegen.

Es dauert genau zehn Sekunden bis er ein Energiefeld entdeckt hat, dass so stark ist, dass er schon wieder nicht anders kann, als über Lisa herzufallen.

Damit hat sich auch die Frage nach dem Morgenmantel erledigt. Wer braucht schon einen Morgenmantel?

Samuel bleibt über Nacht und stellt Vangelis in jeder Beziehung in den Schatten. Mehrfach.

Lisa ist gnadenlos glücklich.

Donnerstag

Am nächsten Morgen druckst Samuel rum, er müsse Lisa dringend was sagen.

Aber weil er sie dabei zärtlich streichelt, macht sie sich darüber keine allzu großen Gedanken.

Auch den ominösen Anruf von gestern Abend hat sie erfolgreich verdrängt.

Sie kuschelt sich ganz eng an Samuels festen, warmen Körper, küsst seinen Hals, seine Schultern...

„Nicht, Lisa, ich bin...ich hab...", murmelt Samuel.

Lisa küsst weiter.

Samuel zögert noch ganz kurz, dann küsst er zurück.

Danach ist Lisa viel zu spät dran.

Was auch immer Samuel ihr sagen wollte, er muss es sich bis zum Abend aufheben.

***

Lisa schwebt förmlich ins Büro. Während sie Jan dann alles haarklein erzählt, betont sie immer wieder, wie verliebt sie ist.

Jan freut sich total und will das ekelige Vangelistütchen, das Lisa in ihrer Schreibtischschublade aufbewahrt, sofort entsorgen. Doch das hält Lisa dann doch für verfrüht. Außerdem platzt gerade Ellen herein: „Und, was hat er gesagt?"

Lisa fällt siedend heiß ein, warum sie sich gestern überhaupt mit Samuel getroffen hat.

Sie muss zugeben, dass sie keine Ahnung hat, ob Carsten nun zu Ellen passt oder nicht.

Dass sie die ganze Nacht eher selten an ihre Freundin

gedacht hat.

Ellen rümpft erwartungsgemäß ein wenig die Nase, weil Lisa sich so schnell mit einem weiteren Mann eingelassen hat, ist aber grundsätzlich wohlwollend.

Sie soll nur versprechen, dass sie sich bald möglichst um das Partnerhoroskop kümmern wird. Sie ist doch bestimmt heute Abend wieder mit dem Hexer verabredet, oder nicht?

Überrascht stellt Lisa fest, dass es sie verletzt, wenn Ellen Samuel Hexer nennt. Wenn überhaupt ist er ein Magier!

Offensichtlich sieht man ihr an, dass sie über Ellens Bemerkung nicht glücklich ist. Denn die nimmt sie spontan in den Arm: „Komm her, Süße, vielleicht ist dein Samuel ja wirklich ein Schatz. Und wenn nicht, ich mein, du kannst Carsten auch nicht leiden."

Wo Ellen Recht hat, hat sie Recht.

Beide lachen, und Jan atmet erleichtert durch.

Lisa verspricht, dass sie Samuel umgehend nach Carstens wahrem Ich löchern wird.

Ellen ist zufrieden, auch wenn sie jetzt plötzlich wieder behauptet, dass sie immer noch nicht wirklich an dieses Astrologiegetue glaubt. „Aber eventuell hilft es mir, selbst zu einer Entscheidung zu kommen", beendet sie schnell das Thema. Sie legt den dünnen Schnellhefter, den sie die ganze Zeit in der Hand hatte auf Jans Schreibtisch: „Ach, und warum ich eigentlich hochgekommen bin: Bestimmt wird euch das hier interessieren?"

Jan überfliegt den Bericht und lächelt Lisa anerkennend an: „Du hast echt eine Glückssträhne, Rehlein. Auf der Medikamentenpackung sind tatsächlich Hildes Fingerabdrücke. Und auf dem Fläschchen sind, unter anderem, die von Klaus Reinert!"

Lisa springt auf, umarmt Ellen und auch Jan.

Doch der bremst sie: „Hey, das heißt bloß, dass das Fläschchen vom Tatort vermutlich das ist, das vorher in seinem Bad stand. Und das hat er ja nie abgestritten."

Stimmt. Ach, egal. Im Moment reicht es Lisa, dass ihre Theorie nach wie vor stimmen KANN.

***

Entsprechend siegessicher rauscht Lisa in Carstens Büro: „Ich brauche einen Haftbefehl!"

Carsten sieht aufreizend langsam von den Papieren, die er gerade durcharbeitet, auf: „Ah, Lisa, setz dich doch."

Lisa zögert kurz, dann tut sie es.

Immerhin hat er ‚du' und ‚Lisa' gesagt. Das lässt auf eine gewisse Kooperationsbereitschaft hoffen.

Aber Carstens nächste Frage dämpft diese Hoffnung sofort wieder: „Habt ihr einen neuen Fall? Wen willst du denn verhaften?"

Lisa ärgert sich.

Und wünscht sich inbrünstig, dass das Partnerhoroskop miserabel ausfällt.

Aber sie bleibt sachlich: „Hilde Reinert hat das Fläschchen Beruhigungsmittel niemals angefasst. Dein Freund Klaus dagegen schon!"

Carsten scheint tatsächlich zu erschrecken.

Es dauert einen Moment, bevor ihm eine Antwort einfällt: „ So, so, nun ja...ich denke mal, da liegt ein Missverständnis vor. Lass uns doch gemeinsam herausfinden, wo der Fehler liegt. Was ist denn genau mit diesen Fingerabdrücken?"

Lisa atmet tief durch und erklärt Carsten, so neutral, wie sie nur kann, dass Hilde die Tropfen definitiv nicht selbst in ihren Kaffee getan haben kann.

Dass sie ihm, wie Klaus Reinert selbst bestätigt, ein Fläschchen des Medikaments originalverpackt übergeben hat, damit er es vor ihr in Sicherheit bringt.

Dass Klaus diese Packung in seiner Wohnung aufbewahrt hat, dass er einen Teil des Mittels selbst eingenommen hat, und dass der Rest nun spurlos verschwunden ist.

Wobei spurlos nicht ganz richtig ist, denn die leere Verpackung stand ja noch immer in Reinerts Bad.

Das zugehörige Fläschchen – auf dem es vor Reinerts Fingerabdrücken nur so wimmelt – ist exakt dasjenige, das auf Hildes Wohnzimmertisch stand!

„Hm...", Carsten wiegt nachdenklich den Kopf. „Lisa, ich verstehe natürlich, was ihr daraus schließt", er schaut bedauernd, „fürchte aber, dass es dem Haftrichter nicht reicht." Ein kurzes, joviales Lachen. „Du weißt ja, ER unterschreibt den Haftbefehl, nicht ich."

Was Lisa weiß, ist, dass der Haftrichter bisher noch alles unterschrieben hat, was Carsten ihm vorgelegt hat.

Weil der Haftrichter nicht gerade ein Workaholic ist und sich gern drauf verlässt, dass Carsten seine Hausaufgaben schon gemacht haben wird.

Natürlich müsste Carsten begründen, warum er Reinert in Untersuchungshaft stecken will.

Und dazu müsste er endlich zugeben, dass sein Tenniskumpel wirklich ganz und gar ernsthaft verdächtig ist.

Also macht sie weiter: „Carsten, Reinert ist es gewesen. Das ist doch sonnenklar!"

Carsten wirft Lisa einen Blick zu, der wohl väterlich sein soll und der sie endgültig auf die Palme bringt. Und dann sagt er auch noch das, von dem Lisa gehofft hat, dass er nicht drauf kommen würde: „Wir können nicht ausschließen, dass ein Dritter dieses Fläschchen an sich genommen hat. Wie du selbst sagst, hat Reinert das Medikament eine Weile selbst eingenommen. Da ist es ja nun nur natürlich, dass er auf dem Fläschchen Fingerabdrücke hinterlassen hat."

Wieder dieses joviale Lächeln.

„Okay, ich will ganz ehrlich sein. Außer den Abdrücken von Reinert wurden tatsächlich noch Abdrücke von dritten, bisher nicht identifizierten, Personen nachgewiesen. Aber wer soll das Zeug aus seinem Badezimmerschrank genommen und Hilde dann damit vergiftet haben?", will Lisa offensiv wissen. „Diese anderen Abdrücke, die sind bestimmt vom Apotheker, der Hilde das Zeug verkauft hat, oder..."

„Unsinn, Lisa, ein Apotheker fasst die Packung an, nicht die Flasche! Nein, wenn es einen Mörder gibt, dann ist es diese dritte Person! Und die kann im Prinzip jeder sein, der mal Reinerts Toilette benutzt hat."

O.k., ganz blöd ist Carsten also leider doch nicht.

Aber Lisa stellt sich stur.

„Ach, Carsten, hör auf. Diese dritte Person müsste gewusst haben, dass das Barbiturat in Reinerts Bad steht, und sie müsste ein Motiv gehabt haben!"

Carsten guckt abwartend.

„Wenn, WENN diese Möglichkeit überhaupt in Frage kommt, dann kann es nur Reinerts Geliebte gewesen sein."

„Klaus...hat eine Geliebte?"

Tja, da staunt der Staatsanwalt.

Lisa lächelt nachsichtig: „Er will's nicht zugeben, aber natürlich hat er eine! Ich hab die Frau selbst gesehen. Und...und ihre Reizwäsche in seiner Wohnung. In seinem Bad steht eine Spülung für blondes Haar. Und nicht mal du kannst abstreiten, dass Reinert alles andere als blond ist."

Unglaublich, aber Carsten sperrt sich noch immer: „Weißt du, Lisa, so eine Haarspülung sagt doch gar nichts. Wir Männer sind oft einfach überfordert, wenn wir im Drogeriemarkt vor tausend verschiedenen Produkten stehen. Da greift man schnell mal zum falschen Mittel. Ist mir selbst auch schon passiert."

Lisa beugt sich vor und tötet Carsten mit Blicken: „Mag ja alles sein, aber erklär mir, warum Reinert Stein und Bein schwört, keine Geliebte zu haben? Warum er lieber ohne Alibi dasteht, bevor er zugibt, dass diese Tussi bei ihm gewesen ist? Er hat offiziell von seiner Frau getrennt gelebt. Da wär's doch nur normal, dass er eine Affäre hat? Dass er sein Blondie so vehement verleugnet, kann nur eins bedeuten: die steckt mit ihm unter einer Decke, und er versucht, sie rauszuhalten!"

„Ich würde ja, wenn überhaupt, dazu tendieren, diese Frau zu verdächtigen?"

Lisa überlegt fieberhaft. Was Carsten sagt, ist nicht von der Hand zu weisen. Aber für Lisa ist nun mal Reinert der Böse. „Der Mörder hatte einen Schlüssel! Oder Hilde hat ihn reingelasssen! Warum sollte sie mit dem Flittchen ihres Ehemanns Kaffee trinken?"

Das war gut!

Carsten starrt Lisa einen Moment wütend an, bevor er seufzt: „Lisa, Lisa, ich bin nicht überzeugt. Aber ich will euch keine unnötigen Steine in den Weg legen. Jetzt hab ich schon die Obduktion genehmigt, da kann ich auch noch mit dem Haftrichter sprechen. Unverbindlich selbstverständlich. Letztendlich wird dies alles ohnehin dazu führen, dass Klaus von jedem Verdacht reingewaschen wird."

„Danke."

Lisa steht schnell auf, um Carsten keine Gelegenheit zu

geben, sich die Sache noch anders zu überlegen.

Sie hat schon die Türklinke in der Hand, als Carsten doch noch eins nachsetzt: „Um eins möchte ich dich aber bitten. Lasst Klaus in Ruhe, bis er seine Frau in Würde beerdigt hat! Die Beerdigung ist heute Nachmittag, und so lange könnt ihr ja wohl noch warten."

Lisa weiß, wo sie nachgeben muss und säuselt: „Natürlich, Carsten. Das ist doch selbstverständlich."

***

Sehr zufrieden kehrt Lisa in ihr Büro zurück. Jan ist hinter dem Riesenblumenstrauß, der auf seinem Schreibtisch steht, fast nicht zu sehen. Himmel, was ist denn hier los? Geburtstag hat Jan im Winter. Ist er befördert worden?

„Jan, huhu? Was gibt es zu feiern?"

Jans Hand schiebt sich an den Blumen vorbei und wedelt mit einer Karte. Er trällert: „Für dich Rehlein, für diihich!"

Dann taucht er selbst auf und grinst so breit, dass kein Zweifel besteht, dass Jan diese Karte längst gelesen hat. Sie nimmt sie ihm aus der Hand. Hol dich heute Abend ab. Kann es kaum erwarten!

***

Lisa hat sich schon gedacht, dass Carsten auch zur Beerdigung kommt. Wo er doch die Reinerts so gut kennt und so gerne mag. Und sie fragt sich die ganze Zeit, wieso er sich nicht mehr für seinen Freund eingesetzt hat.

Wie auch immer, Lisa weiß, dass sie Reinert jetzt wirklich mit Samthandschuhen anfassen muss. Zumindest solange Carsten zusieht. Darauf wird auch Jan bestehen.

Wenigstens ist auf Markus Verlass. Der macht seinem Vater offensichtlich so richtig die Hölle heiß. Die beiden stehen ein Stück abseits. Reinert hält betroffen den Kopf gesenkt, während sein Sohn ihn angiftet.

Die restlichen Trauergäste tun so, als würden sie das gar nicht mitbekommen. Dabei stehen einige von ihnen viel näher dran als Lisa, und selbst die versteht klar und deutlich, wie Markus seinen Vater Mörder nennt.

Und das, obwohl er noch gar nicht weiß, was beim Vergleich der Fingerabdrücke rausgekommen ist.

Jan hat den Impuls, einzugreifen, lässt es dann aber, weil nun Sonja zu den beiden Männern geht und verzweifelt versucht, zu vermitteln. Das arme Mädchen kann einem wirklich Leid tun. Lisa glaubt nicht, dass es ihr gelingen wird, Markus zu beschwichtigen.

Dann taucht eine Frau auf, die Rotz und Wasser heult.

Reinert lässt seinen Sohn mit einem traurigen Achselzucken stehen, geht auf sie zu und nimmt sie in den Arm.

Sonja redet weiter beruhigend auf Markus ein.

Jan und Lisa schauen sich kurz an. Dann schlendert Jan in Richtung Reinert und Frau, während sich Lisa unauffällig in die Nähe von Sonja und Markus vorarbeitet.

Sonja zupft an dem schwarzen Anzug rum, den Markus heute trägt und der ihm ausgezeichnet steht. Markus lässt es zu, scheint sich langsam tatsächlich ansatzweise beruhigt zu haben. Das Mädel hat ihn gut im Griff. Das muss man wirklich sagen.

Jetzt hat Markus Lisa entdeckt: „Lisa! Danke, dass Sie gekommen sind."

„Das ist doch selbstverständlich", wehrt Lisa ab. Und fügt sie hinzu „Mein Beileid, Markus. Es...tut mir WIRKLICH leid."

Markus nickt.

Sonja drückt mitfühlend seinen Arm.

Lisa sagt auch Sonja, dass es ihr leidtut.

Sonja lächelt schwach, konzentriert sich weiter auf Markus.

Lisa ist einen Moment unschlüssig, ob der Moment vielleicht unpassend ist.

Aber dann nimmt ihr Markus die Entscheidung ab: „Und, was Neues?"

Also gut. „Markus, Sie wissen ja, dass auf dem fraglichen Fläschchen Fingerabdrücke mehrerer Personen waren. Eine dieser Personen haben wir mittlerweile identifiziert. Ihren Vater."

Markus schießen die Tränen in die Augen.

Ob vor Trauer oder vor Erleichterung könnte Lisa nicht sagen.

Sonja ist sehr blass geworden. Sie schüttelt ungläubig immer wieder den Kopf, während auch sie mit den Tränen kämpft.

Carsten eilt herbei und zischt Lisa ins Ohr: „Verflucht, lass die beiden jetzt in Ruhe!"

Lisa gibt nach.

Sie berührt Markus leicht – und wie sie hofft tröstend - am Arm, raunt ihm zu, dass er doch morgen bitte aufs Kommissariat kommen soll, wirft Sonja einen ehrlich bedauernden Blick zu und geht rüber zu Jan und der weinenden Frau. Sie hört noch, wie Carsten steif sein Beileid ausspricht, bevor er auf Reinert zueilt, der mittlerweile bei einer anderen Gruppe steht und den trauernden Witwer mimt.

Jan stellt Lisa die weinende Frau vor.

Sie heißt Helga Friedrich und war Hildes beste Freundin. Die Helga Friedrich, die die Galerie am Laufen gehalten hat, seit Hilde dazu nicht mehr in der Lage war. Immer noch schluchzend erklärt sie, wie sehr sie Hilde schon jetzt vermisst.

Wie tragisch es ist, dass Hilde ausgerechnet verstorben ist, wo sie endlich wieder leben wollte.

Jan fragt, ob Hilde vorhatte in absehbarer Zeit wieder in der Galerie zu arbeiten? Helga Friedrich bestätigt das. Hilde wollte noch ein paar Wochen auf Kur, und danach wieder ganz die Alte sein.

Sie putzt sich die Nase und schaut nachdenklich zu Reinert: „Vielleicht...hätte sich sogar das zwischen ihr und Klaus wieder eingerenkt...“

„Sie hat ihren Mann geliebt, nicht wahr?“, fragt Lisa, hauptsächlich, um was Nettes zu sagen.

Helga Friedrich überrascht sie mit ihrer Antwort: „Und Klaus hat Hilde angebetet. Für den armen Kerl muss das hier ein grauenvoller Alptraum sein.“

***

Dann beginnt die Zeremonie und alle reißen sich zusammen.

Niemand streitet, niemand stört.

Und Reinert ist klug genug, am Ende seinem Sohn den Vortritt zu lassen, als es darum geht, die erste Schaufel Erde ins offene Grab zu werfen.

Sonja und noch ein paar andere lassen zusätzlich eine rote Rose auf Hildes Sarg fallen.

Lisa bedauert, dass sie nicht daran gedacht hat, auch ein

paar Blumen zu besorgen. Sie hätte Hilde gern so einen letzten Gruß geschickt.

Kurz bevor sie dran ist, zupft sie jemand leicht am Ärmel.

Sonja hält ihr einen kleinen Zweig blühender Hagebutten hin. Den muss sie schnell drüben von der Hecke geklaut haben.

Lisa nimmt den Zweig und lächelt Sonja gerührt an. Sie muss aufpassen, dass sie dem Mädchen nicht Unrecht tut. Dass Sonja sich nicht vorstellen kann, dass Klaus Reinert ein Mörder ist, ist kein Grund, ihr gegenüber so reserviert zu sein.

Lisa nimmt sich vor, in Zukunft netter zu Sonja zu sein.

Dann steht sie am Grab und wirft ihren Zweig hinunter.

Sie verspricht Hilde - unbekannterweise – dass sie ihren Tod rächen wird. Dass sie ihren Mörder finden und dafür sorgen wird, dass er bestraft wird.

Wieder drückt jemand Lisas Arm.

Diesmal ist es Jan. Lisa weiß, dass er ihre Gedanken errät und teilt.

***

Auf dem Weg zurück zum Wagen werden Lisa und Jan von Carsten eingeholt. Der druckst ein wenig herum und holt dann ein Dokument aus seinem Jackett.

Den vorläufigen Haftbefehl.

Zum ersten Mal in ihrem Leben verspürt Lisa den Wunsch, Carsten zu umarmen. Aber sie kann sich beherrschen.

Stattdessen sieht sie sich nach Reinert um, entdeckt ihn und geht ihm, Schulter an Schulter mit Jan, entgegen.

„Hast du Handschellen einstecken?", wispert sie ihm zu.

Jan wirft ihr einen strafenden Blick zu. Mein Gott, man wird doch mal einen Witz machen dürfen?

Carsten, der ihnen mit jetzt hochrotem Kopf gefolgt ist, zischelt: „Ich lass dich vom Dienst suspendieren, wenn du das jetzt nicht diskret regelst!"

Ist ja gut!

Jan und Lisa stellen sich Reinert in den Weg: „Herr Reinert, wir müssen Sie leider bitten, uns zu begleiten."

Okay, das war diskret und trotzdem ein Vergnügen.

Reinert schaut Lisa verblüfft an.

Jan übernimmt: „Aufgrund der aktuellen Indizienlage sind Sie dringend verdächtig, Ihre Frau getötet zu haben."

Reinert zuckt mit keiner Wimper.

Dafür windet sich Carsten wie ein Aal. „Ich kann mich nur aufrichtig bei dir entschuldigen, Klaus. Ich habe leider auch meine Vorschriften und hoffe inständig, wir bereiten dir keine all zu großen Unannehmlichkeiten. Das Ganze ist...tatsächlich...nichts weiter als reine Formsache..."

Lisa hat fast den Eindruck, als wäre Reinert Carstens Schleimerei unangenehm. Jedenfalls entgegnet er sehr kühl: „Mach dir mal keine Gedanken. Deine Leute tun nur ihre Arbeit."

Carsten buckelt und reibt sich nervös die Hände: „Ja...ja, selbstverständlich. Kann ich irgendetwas für dich tun, Klaus? Soll ich dir einen Anwalt besorgen? Den Besten?"

„Brauch ich nicht. Ich bin unschuldig. Das werden deine Leute schon noch rausfinden." Kurzer Blick zu Lisa und Jan: „Sonst müssten sie wirklich völlig bescheuert sein."

***

Das anschließende Verhör findet auf Carstens ausdrücklichen Wunsch ganz formlos in seinem Büro statt.

Reinert sperrt sich nach wie vor. Er war es nicht, mehr gäb's dazu nicht zu sagen.

Aber Carsten kämpft um seinen Freund. Er nennt es Missverständnisse ausräumen.

Lisa würde es eher ‚Antworten in den Mund legen' nennen.

Carsten reitet so lange auf der Tatsache rum, dass es ja schließlich noch jemanden gibt, der das Fläschchen angefasst hat, bis Reinert schließlich entnervt sagt: „Dann wird mir wohl jemand das Zeug gestohlen haben."

Jetzt ist Carsten glücklich.

Aber Reinert verdirbt ihm den Spaß gleich wieder, indem er den Gedanken wieder verwirft, weil er stark bezweifelt, dass jemand bei ihm eingebrochen sein könnte. Denn das wär ihm doch wohl aufgefallen?

Nun, Carsten weiß von Fällen, wo Einbrecher so raffiniert vorgegangen sind, dass die Bestohlenen erst etwas bemerkt haben, als Sachen fehlten?

Als Reinert darauf nicht eingeht, bietet er weitere Erklärungen an: „Tja...also dann hatte derjenige welcher vielleicht einen Schlüssel zu deiner Wohnung? Oder kennt jemanden, der einen hat? Oder aber, du hast deinen Schlüssel mal irgendwo verloren?"

Reinert zuckt die Schultern: „Schlüssel verloren hab ich nicht."

„Aber wem hast du denn freiwillig einen gegeben? Der Putzfrau vermutlich?"

Reinert sagt, dass er keine Putzfrau hat. Das hätte ihm auch kein Mensch abgenommen, bei dem Chaos, das in seiner Wohnung herrscht.

„Wie sieht's mit einem Ersatzschlüssel aus?", versucht es Carsten weiter. „Fast jeder hat doch einen Ersatzschlüssel? Vielleicht in einem Blumentopf im Treppenhaus?"

Diesmal hat er Glück. Reinert hat tatsächlich mal einen Zweitschlüssel unter die Palme auf dem Treppenabsatz gelegt. Aber er hat keine Ahnung, ob der da immer noch liegt.

Carsten nickt Lisa zu, damit die sich aufschreibt, dass diese Palme überprüft werden muss.

Lisa ist doch nicht blöd! Das kann sie sich ja wohl merken. Außerdem verliert sie sowieso langsam die Geduld: „Und woher hätte ein x-beliebiger Mörder nicht nur von dem Fläschchen im Bad, sondern jetzt auch noch von dem Schlüssel unterm Blumentopf wissen sollen?"

„Die Geliebte!", kontert Carsten wie aus der Pistole geschossen.

„Ich hab keine Geliebte!", gibt Reinert ebenso prompt zurück.

Carsten eiert weiter: „Meine Güte, Klaus, eine Geliebte ist kein Weltuntergang!", er lacht sein joviales Lachen. „So was ist nur menschlich. Spiel jetzt um Himmels Willen nicht unnötig den Kavalier."

GELIEBTE kritzelt Lisa auf ihren Block. Carstens Einstellung zum Thema Untreue scheint ja recht locker zu sein? Das wird sie mal brühwarm an Ellen weitergeben. Und Samuel wird sie bitten, dass er dem Thema Treue in Carstens Horoskop ganz besondere Aufmerksamkeit schenkt.

Wieso sagt denn keiner was? Ist sie dran? Lisa räuspert sich: „Herr Reinert, ich denke, wir müssen über das Thema Geliebte nicht lange diskutieren. Es gibt Zeugenaussagen, die bestätigen, dass Sie regelmäßig

Besuch von einer jungen Dame haben. Deren Beschreibung passt exakt auf die Frau, in deren Begleitung ich Sie auch persönlich gesehen habe."

Reinert will was sagen, aber Lisa lässt das nicht zu: „Diese junge Dame soll sich auch am Montagnachmittag in Ihrer Wohnung aufgehalten haben. Nur zur Erinnerung, am Montagnachmittag ist Ihre Frau verstorben. Es ist schwer nachzuvollziehen, warum Sie hartnäckig jemanden verleugnen, der Ihnen unter Umständen ein Alibi geben könnte?"

Reinert sieht Lisa einen Moment trotzig an, dann bittet er ruhig darum, endlich in seine Zelle gebracht zu werden.

Kaum ist Reinert von zwei Polizisten aus dem Raum geführt worden, fängt Carsten wieder von vorne an. Reinert ist unschuldig, Lisa und Jan sollen zusehen, dass sie Hildes richtigen Mörder umgehend überführen. Er bereut es ohnehin zutiefst, diesem Wahnsinn zugestimmt und seinen lieben Freund, Klaus, in diese untragbare Situation gebracht zu heben.

Lisa will es wissen: „Wieso hast du eigentlich überhaupt mit dem Haftrichter gesprochen, wenn du so von Reinerts Unschuld überzeugt bist?"

Carsten schaut Lisa herausfordernd an. „Ich muss mich vor dir nicht rechtfertigen. Aber du kannst ruhig wissen, dass mir daran liegt, jeden Vorwurf der Befangenheit im Keim zu ersticken. Hilde war in Kunstkreisen keine Unbekannte und es ist nicht auszuschließen, dass die Presse...", der Rest ist bedeutungsvolles Schweigen.

Lisa fällt es wie Schuppen von den Augen. Na klar, Carsten hofft, sein Gesicht mal wieder in der Zeitung zu sehen. Und da will er keinesfalls derjenige sein, der falsch lag. Lieber opfert er seinen Busenfreund Klaus.

Wirklich, wer Carsten zum Freund hat, braucht keine Feinde mehr.

Lisa wechselt einen bedeutungsvollen Blick mit Jan und Carsten wird wieder förmlich: „So oder so gibt es keine Handhabe, Klaus länger als 48 Stunden festzuhalten."

Diesmal ist es Jan, der gelassen kontert. Natürlich werden sie weiterhin in alle Richtungen ermitteln. Aber neben einem Motiv, nämlich der Angst vor einer eventuellen Scheidung und den damit verbundenen, finanziellen Nachteilen, hatte Reinert auch die Gelegenheit. Dass er angibt, er wäre nach dem Unterricht direkt nach Hause gefahren, kann natürlich stimmen, muss es aber nicht. Dass er an dem Nachmittag Besuch hatte, steht hingegen fest. Ist es nicht merkwürdig, dass er von einem sicheren Alibi keinen Gebrauch macht?

Darauf fällt Carsten so ad hoc nichts ein.

„Wenn er beweisen könnte, dass er nicht später als maximal um zwei daheim war, wär er aus der Nummer raus. Das würde diese Geliebte doch sicherlich bestätigen?", überlegt Lisa laut mit spöttischem Grinsen. „Immerhin hat der Kerl für sie einen Mord begangen. Da ist so ein kleines, falsches Alibi wohl kaum der Rede wert?"

Jan wirft Lisa einen warnenden Blick zu, bevor er sich sachlich wieder an Carsten wendet: „Wie auch immer. Aber, dass er die Existenz dieser Frau grundsätzlich bestreitet kann doch nur bedeuten, dass es hier ein dunkles Geheimnis gibt?"

Carsten zögert nur ganz kurz, dann räumt er ein, dass dies alles noch ein kleines bisschen undurchsichtig ist.

Und dann kommt's: Carsten wechselt den Tonfall und schlägt vor, dass man sich doch heute Abend wirklich mal zusammensetzen und sich gemeinsam ein paar konstruktive Gedanken machen könnte? Ganz zwanglos, in angenehmer Runde, bei einem Glas Wein oder Bier in einem netten Lokal? Ellen würde sich bestimmt freuen.

Lisa bezweifelt stark, dass Ellen Lust auf einen pseudonetten Abend hat. Aber das sagt sie nicht.

Carsten besteht nun darauf, dass ihm Lisas neuer Bekannter und endlich auch Jans Freundin, diese nette Andrea, vorgestellt wird.

Lisa zwickt Jan unterm Tisch entsetzt ins Bein. Jan schluckt schwer, aber Carsten ist nicht mehr zu bremsen. Er reicht Jan bereits den Telefonhörer: „Na los, Högl! Jetzt rufen Sie das Mädel doch gleich mal an."

Lisa hält erschrocken die Luft an, aber Jan nimmt cool den Hörer und wählt.

Mein Gott, der arme Andrea!

Lisa hofft von Herzen, dass Jan einfach nur mit seinem Anrufbeantworter spricht.

„Andrea, ich sitze hier grade beim Herrn Staatsanwalt...ja, beim Herrn Mayr...Schatz, wir sind heute Abend mit ihm und ein paar netten Kollegen verabredet. Das passt dir doch?" Er hört eine Weile zu, dann drängt er: „Ach, komm schon, Andrea. Kannst du nicht einfach eine von deinen Tabletten nehmen? Lisa und Ellen werden auch da sein"...Jan seufzt und macht ein trauriges Gesicht: „Ja...ja, ich werde es Herrn Mayr ausrichten. Und Liebling, dann ist es wohl am besten, wenn du dich ein wenig hinlegst."

Jan zuckt bedauernd die Schultern. „Andrea lässt Sie ganz herzlich grüßen, fühlt sich aber leider heute gar nicht wohl. Migräne. Ein andermal natürlich gern." Jan ist kein bisschen rot geworden.

Lisa überlegt krampfhaft, wie sie selbst aus der Nummer rauskommt. Keinesfalls wird sie Samuel für Carsten versetzen und vorstellen wird sie ihn schon gar nicht. Diese Liebe ist viel zu jung, um sie einer solchen Belastungsprobe auszusetzen: „Na dann...dann sollten wir unser Treffen vielleicht verschieben? Bei mir ist es nämlich auch ganz ungünstig. Mein Freund...will mich heute Abend seinen Eltern vorstellen."

Diesen Satz wollte Lisa schon seit Jahren mal sagen. Unter anderen Umständen allerdings und nicht als Notlüge.

Carsten bleibt einen Moment der Mund offen stehen, dann kriegt er die Kurve: „Na, das sind ja mal großartige Neuigkeiten? Nun denn, Högl, ich hoffe, dass ich wenigstens mit Ihnen rechnen darf? Wir wollen doch alle den Fall so schnell wie möglich zu unser aller Zufriedenheit abschließen."

„Ja, dann...dann überlegen wir halt gleich JETZT alle nochmal?" versucht Lisa, Jan zu retten.

Vergebens. „Im Moment muss ich unsere Besprechung beenden, ich werde vor Gericht erwartet."

Jan sagt wohl oder übel für den Abend zu, und Lisa hat ein schlechtes Gewissen.

***

Jan ist etwas früher gegangen, um vor dem Termin mit Carsten noch zu duschen und sich umzuziehen.

Es steht zu befürchten, dass Carsten in einem Schickimickiladen reserviert hat, Jan wird also seine beste Arbeitskleidung tragen, inklusive dem Rasierwasser von Nivea.

Es ist verabredet, dass Ellen und Carsten ihn von Zuhause abholen. Wahrscheinlich hofft er, doch einen kurzen Blick auf Andrea werfen zu können, aber diese

Hoffnung wird sich sicher nicht erfüllen.

Lisa schreibt eine to do Liste für morgen: Sowohl Hildes Hausarzt, den sie ja noch kurz vor ihrem Tod angerufen hat, als auch ihre Psychologin müssen befragt werden. Außerdem will Lisa am Hedwig-Gymnasium ein paar Meinungen über Reinert einholen.

Dann macht sie sich auf der Toilette ein bisschen zurecht, zieht das kirschrote Top an, das sie immer noch in ihrer Schreibtischschublade liegen hatte. Die Haare und Zehennägel liegen da auch noch, aber darum kann und will sie sich jetzt nicht kümmern.

Lieber geht sie schon mal runter zur Pforte, um dort auf Samuel zu warten.

Der erscheint pünktlich auf die Minute, begrüßt sie nett mit einem Kuss, und Lisa ist es sehr recht, dass der Pförtner dies interessiert beobachtet. Prima, dann weiß morgen das ganze Kommissariat, dass Lisa jetzt eine Beziehung hat!

Sie wundert sich über das chice Cabrio, das Samuel fährt und freut sich über den liebevoll zurechtgemachten Picknickkorb auf dem Rücksitz. Sie muss ihre Meinung über Magier wirklich deutlich revidieren.

Während sie glücklich Samuels markantes Profil betrachtet, überlegt sie, wo er sie wohl hinbringt. Etwa in den englischen Garten? Am Ende zu der Blutbuche, unter der alles begann?

Mein Gott, wie romantisch!

Samuel hat andere Pläne. Er erklärt Lisa, dass der Flaucher sein Lieblingsbiergarten ist und dass er hofft, dass es Lisa dort auch gefällt?

Na gut, Lisa ist da tatsächlich recht gern, auch wenn ihr der Englische Garten lieber gewesen wäre. Am Flaucher gibt es vermutlich keine einzige Blutbuche. Nur

Kastanien.

Trotzdem, schließlich ist alles besser, als in einem stießeligen Lokal mit Carsten vor überteuerter Pasta zu sitzen. Abgesehen davon, dass es mit Samuel sowieso überall schön ist. Also drückt sie ihm einen dicken Kuss auf die Wange: „Flaucher ist perfekt."

Dann lehnt sie ihren Kopf an seine Schulter und genießt den Fahrtwind, der ihr die Haare zerzaust. Wäre Samuel Vangelis, würde sie sich jetzt Gedanken um ihre Frisur machen.

Schlagartig wird ihr bewusst, wie sehr sie Samuel bereits vertraut und küsst ihn gleich noch mal.

Dabei registriert sie, dass Samuel recht steif da sitzt und sich übertrieben auf den Verkehr konzentriert. Nanu? Das kennt sie von Jan. Wenn der sauer auf sie ist: „Ist was?"

„Nö", das klingt nicht sonderlich überzeugend, „ na ja, nicht wirklich aber...ich muss dir endlich was sagen, Lisa..."

Lisa rutscht das Herz in die Hose: „Du bist verheiratet!"

„Blödsinn." O.k., das klang ehrlich irritiert. Alles andere kann so schlimm nicht sein.

„Na los, bring's hinter dich. Oder nein, warte, lass mich raten." Lisa lacht: „ Der Wagen gehört dir nicht? Du hast ihn gemietet, weil du vor mir angeben willst?"

Hm, das scheint er nicht lustig zu finden?

„Lisa, ich...glaub, ich brauch erst einen Schluck Bier. In Ordnung?"

Lisa hat zwar langsam ein mulmiges Gefühl, aber sie ist entschlossen, gelassen zu sein.

Solange Samuel sie liebt, kann sie alles ertragen. Und davon, dass er das tut, geht sie jetzt mal aus.

Dann fällt ihr Ellens Partnerhoroskop ein, und sie ist froh, das heikle Thema wechseln zu können: „Du

Samuel, bevor ich es wieder vergesse...", sie kramt in ihrer Handtasche und holt einen zerknitterten Zettel raus, „ich hab die Geburtsdaten von meiner Freundin und ihrem...ehm...Freund aufgeschrieben. Du weißt schon, sie muss dringend wissen, ob er überhaupt zu ihr passt."

Samuel nickt nur knapp, und Lisa weiß nicht, wohin mit dem Zettel. Schließlich legt sie ihn ins Handschuhfach.

Und dann sind sie auch schon da. Genaugenommen in der Schäftlarnstraße, von wo aus man ein paar Minuten durch die Isarauen zum Biergarten laufen muss.

Samuel holt den Picknickkorb von Rücksitz und hält Lisa, jetzt wieder galant, die Tür auf.

Dann schlendern sie durch den Park. Die Idylle könnte perfekt sein, wären da nicht die Radlrambos, die selbstverständlich davon ausgehen, dass jeder Fußgänger zur Seite springt, wenn sie ungebremst auf ihn zu rasen. Dass die hier gar nicht fahren dürften, tut nichts zur Sache.

Dazu kommt, dass Samuel nach wie vor recht einsilbig ist. Lisa hofft, dass das an den Radlern liegt und nicht daran, dass er etwas WIRKLICH Unangenehmes auf dem Herzen hat.

Dann überholt sie von hinten ein Taxi. Jetzt reicht es aber. Autos haben auf dem Fußweg schon dreimal nichts zu suchen.

Das Taxi hält direkt beim Eingang zum Biergarten und Lisa bleibt so unvermittelt stehen, dass Samuel ins Schwanken gerät und den Picknickkorb fallen lässt.

Ellen, Jan und Carsten steigen aus dem Taxi aus.

Lisa geht in die Knie, sammelt hektisch Radieschen, hartgekochte Eier, Erdbeeren und ein paar Schälchen, in denen sich bestimmt leckere Salate befinden, ein.

Als Samuel sich ebenfalls hinkniet, um ihr zu helfen,

zischt sie ihm zu: „Bleib in Deckung! Nicht gucken! Das da drüben, das sind Kollegen, die...dürfen uns nicht sehen."

Samuel schaut trotzdem neugierig in die Richtung: „Die Drei beim Taxi? Die schauen doch sympathisch aus?"

Bevor Lisa die Situation erklären kann, ist es ohnehin schon zu spät.

Carsten hat sie entdeckt und winkt erfreut.

Das Taxi hat gewendet und kommt nun wieder auf sie zu. Lisa ist versucht, es aufzuhalten und als Fluchtmittel zu nutzen. Doch diese Möglichkeit scheidet aus, weil Samuel bereits nett Richtung Carsten zurückwinkt. Lisa glaubt es ja nicht. Samuel scheint regelrecht erleichtert: „Ich hab nichts gegen ein bisschen Gesellschaft. Du?"

Bevor Lisa die offensichtliche Tatsache verdauen kann, dass Samuel ihr etwas gestehen muss und jede Gelegenheit wahrnimmt, das zu verschieben, kommt Carsten jetzt auf sie zu: „Lisa, was für eine nette Überraschung!"

Lisa lächelt überfordert, als Carsten Samuel auch schon die Hand hinhält: „Carsten Mayr, sehr erfreut! Und Sie müssen der junge Mann sein, der unserer Lisa den Kopf so verdreht?" Carsten zwinkert anzüglich.

Samuel schüttelt Carstens Hand. „Freut mich auch, ich bin...ähm...Samuel."

Lisa fängt aus dem Augenwinkel bedauernde Blicke von Ellen und Jan auf.

Carsten plappert weiter: „Ich hatte ja das Via Veneto für den heutigen Abend vorgeschlagen, aber Ellen und der Kollege Högl haben mich überredet, hierhin zu kommen..."

Via veneto? Zu Andrea? Lisa schaut entsetzt zu Jan, der zuckt die Schultern. Soll wahrscheinlich heißen: ist ja nichts passiert.

Was? Lisa hat nicht aufgepasst, was Carsten gerade gesagt hat. Aber Samuel antwortet schon höflich: "Nein, leider gab es noch keine Gelegenheit, Lisas Kollegen persönlich kennen zu lernen. Willst du mich nicht vorstellen, Liebes?"

„Doch...doch natürlich", sie winkt ihre Freunde näher ran. „Samuel, das ist Ellen, Ellen das ist Samuel. Samuel, Jan. Jan, Samuel. Carsten Mayr, Samuel. Ähm...ach so, also ihr beide habt euch ja schon vorgestellt...."

Carsten lacht nachsichtig und dann stellt er natürlich die Frage, auf die Lisa schon bang gewartet hat: „Sagen Sie, Samuel, wollten Sie den Abend nicht mit unserer Lisa und Ihren Eltern verbringen?"

Lisa überlegt fieberhaft, aber Samuel wirft ihr einen kleinen, amüsierten Blick zu und antwortet, ohne mit der Wimper zu zucken: „Eine Sommergrippe. Mama hat sich plötzlich gar nicht wohl gefühlt."

„Oh, hoffentlich nichts Ernstes?"

„Nein, nein, kein Grund zur Sorge. Nur unser Treffen haben wir spontan verschoben." Samuel lächelt verbindlich und Lisa registriert erleichtert, dass er ein überaus talentierter Lügner ist.

Oder sollte sie das beunruhigen?

***

Es wird, wider Erwarten, ein richtig netter Abend. Jan und Lisa spielen sich die Bälle zu, wenn es darum geht, Carsten auflaufen zu lassen, ohne grob unhöflich zu sein.

Selbst Ellen macht vorsichtig mit, was Lisa beweist, dass sie tatsächlich stinksauer auf ihn ist.

Carsten, der immerhin um seine Beziehung kämpft,

bleibt nichts anderes, als so zu tun, als wenn er problemlos über sich lachen könnte. Samuel entpuppt sich als Meister der seichten Konversation.

Zum Glück umschreibt er, auf Carstens wiederholte Nachfrage, seine berufliche Tätigkeit vage als Coaching für Menschen, die sich neu orientieren möchten.

Carsten guckt zunächst zwar skeptisch, aber als Samuel, warum auch immer, in der Lage ist, mit ihm über die neuesten Entwicklungen an der Börse zu fachsimpeln, hat er ihn definitiv für sich eingenommen.

Lisa und Ellen grinsen sich verschwörerisch zu. Lisa freut sich, dass Ellen Samuel offensichtlich mag. Auch Jan zwinkert ihr mehrfach wohlwollend zu.

Als Carsten schließlich auf das Thema des Abends, den Fall Reinert zu sprechen kommen will, wehrt Jan sehr professionell ab, indem er die Stimme senkt und sich zu Carsten beugt: „Nicht, dass ich Samuel nicht trauen würde, aber solche Interna sollten doch besser nicht vor Außenstehenden besprochen werden?" Dabei lächelt er Samuel, der verständnisvoll die Schultern zuckt, nett zu.

Carsten kann schlecht was dagegen sagen.

Leicht unwillig erzählt er also Samuel nur kurz, dass ein guter Freund von ihm ganz unschuldig in eine sehr, sehr unangenehme Situation geraten ist. Ein exzellenter Tennisspieler übrigens, der Freund. Spielt Samuel auch Tennis?

Ja, das tut er.

Lisa, Ellen und Jan verständigen sich weiter, möglichst unauffällig, mit Blicken und kleinen Gesten. Erstaunlich, was Carsten alles an Infos aus Samuel rausholt. Und noch erstaunlicher, was der so alles drauf hat!

Als Lisa zur Toilette geht, kommt Jan mit. Er will ihr unbedingt sagen, wie nett er diesen Samuel findet, und wie sehr er sich für Lisa freut.

Die fällt ihm dankbar um den Hals und drückt ihm einen dicken Kuss auf die Wange.

***

Lisa ist nach der ersten Maß und über den unerwartet angenehmen Verlauf des Abends so entspannt, dass sie auf ihre Diät pfeift und sich eine zweite bestellt. Auch Ellen, Carsten und Jan langen kräftig zu, nur Samuel, der fahren muss, trinkt alkoholfrei.

Am Ende ist die Stimmung dermaßen gelöst, dass man sich zum Abschied sogar umarmt.

Lisa kann sich nicht erinnern, Carsten jemals zuvor umarmt haben.

Ellen und Carsten nehmen sich wieder ein Taxi, Jan fährt bei Lisa und Samuel mit, da er sowieso in ihrer Richtung wohnt.

Lisa überlässt Jan den Beifahrersitz, beobachtet von hinten selig, wie ihr bester Freund und der Mann, den sie liebt, einvernehmlich schweigend nebeneinander sitzen.

Vor Jans Haustür steigt sie kurz mit aus, drückt ihn noch mal herzlich und küsst ihn zärtlich auf die Wange: „Schlaf gut, mein Held, wir sehen uns morgen im Büro."

Danach ist Samuel einsilbig.

Lisa, leicht angeheitert, plappert drauf los. Sie erklärt, dass Carsten normalerweise ein ziemliches Arschloch ist, aber Ellen ist wirklich nett, nicht wahr? Kichernd erinnert sie ihn nochmal an das Partnerhoroskop.

Da von Samuel wenig kommt, führt sie weiter Monologe. Sie erzählt von ihrer Arbeit als Kommissarin, schneidet kurz das Thema Hilde an, ohne zu viel zu verraten und endet damit, wie glücklich sie ist, ausgerechnet mit Jan zusammenarbeiten zu dürfen.

„Ja, das ist nicht zu übersehen", kommt es, recht knapp, von Samuel.

Lisa ist schlagartig nüchtern. Mein Gott! Samuel ist eifersüchtig? Wie süß!

„Hey, ich hatte den Eindruck, du magst Jan auch?"

„Würd ich wohl. Normalerweise..." Samuel vermeidet es, Lisa anzusehen.

Glücklich grinsend besteht Lisa darauf, dass Samuel rechts ranfährt.

Dann erklärt sie ihm sehr liebevoll, dass er komplett auf dem Holzweg ist: „Jan ist wirklich nur ein Freund! Er hat eine total glückliche Beziehung und ich würde da niemals dazwischenfunken! Außerdem hätte ich eh extrem schlechte Karten."

Samuel grummelt, dass er das nicht unterschreiben möchte.

Lisa schmiegt sich eng an ihn: „Weißt du, Andrea ist einfach großartig. Ehrlich!" Lisa lässt sich Zeit, bevor sie Samuel erlöst: „Und das Wichtigste ist, dass er Sizilianer ist."

Samuel schaut sie irritiert an.

Lisa kichert: „Jan ist schwul, Samuel! Ich schwör's und Carsten ist der einzige Mensch, der das nicht wissen soll. Sonst hättest du das längst mitgekriegt!"

Samuel guckt noch immer skeptisch.

„Du glaubst doch wohl nicht im Ernst, dass ich, falls da was zwischen mir und Jan wäre, die Dreistigkeit hätte, mich mit euch BEIDEN in den Biergarten zu setzen?"

„War ja nicht geplant, dass wir uns über den Weg laufen", Samuel ist noch immer nicht überzeugt. „Und, sei ehrlich, dich hat ganz schön der Schlag getroffen, als deine Kollegen plötzlich aufgetaucht sind."

Lisa schmiegt sich noch enger an ihn: „Hey, was hältst

du davon, wenn wir jetzt zu dir fahren und ich dir beweise, dass es nur Einen gibt, den ich liebe?"

Samuel druckst rum: „Gute Idee, im Prinzip, aber weißt du...ich muss früh raus morgen und aufgeräumt hab ich auch nicht...ich glaub, es ist besser, ich bring dich jetzt heim."

Damit startet er den Motor, setzt den Blinker...

Lisa greift rüber und zieht den Zündschlüssel aus dem Schloss: „Es ist mir egal, wie's bei dir aussieht."

Samuel sperrt sich weiter: „Ich hab auch gar nichts im Kühlschrank..."

Ja und? Sie haben doch grade mehr als genug gegessen und getrunken?

Die Wahrheit trifft Lisa wie ein Schlag in die Magengrube: Samuel WILL die Nacht nicht mit ihr verbringen. Seine angebliche Eifersucht auf Jan eben war nur ein billiger Vorwand. Er wollte ganz gezielt mit ihr streiten, weil er sie loswerden möchte.

Klar, deshalb wollte er ja auch mit ihr reden!

Um Schluss zu machen! Bevor es richtig angefangen hat. Er kann sie nicht mit zu sich nach Hause nehmen, weil seine Frau und die drei Kinder mittlerweile vom Besuch bei der Oma zurück sind.

Deshalb hat er sie gestern nach dem Anruf so panisch aus dem Haus getrieben. Pah, von wegen, er wär nicht verheiratet!

Lisa besteht darauf, dass Samuel ihr auf der Stelle sagt, was er ihr den ganzen Tag schon sagen will.

Einen schrecklichen Moment lang zögert der bevor er seufzt und sagt: „Lisa, ich hab mich ernsthaft in dich verliebt."

Wahnsinn!

Nach dieser Eröffnung sieht natürlich alles gleich komplett anders aus.

Jetzt versteht Lisa natürlich, dass es Samuel unangenehm ist, sie mit in seine versiffte Bude zu nehmen.

Bestimmt hat er die Reste des Abendessens von gestern noch gar nicht weggeräumt. Überhaupt ist das Arbeitszimmer eh der einzige Raum, den Lisa bisher gesehen hat.

Wer weiß, wie es im Rest des Hauses aussieht?

Lisa nimmt sich fest vor, Samuel beim Putzen zu helfen, sobald sie sich ein bisschen besser kennen. Aber für den Moment bietet sie einfach an, die Nacht in ihrer Wohnung zu verbringen.

Dagegen hat Samuel nicht das Geringste einzuwenden.

Freitag

Am nächsten Morgen kann sich Lisa vor Glückwünschen kaum retten.

Samuel ist der Superstar, das findet sogar Carsten. Leider versucht er, recht hartnäckig, rauszukriegen, wo Lisa diesen tollen Mann aufgegabelt hat.

Lisa ist dankbar, dass Ellen sich noch immer nicht wirklich mir Carsten versöhnt hat. Sonst hätte sie ihm bestimmt längst alles erzählt. Aber so, wie sie jetzt grinst, kann Lisa sicher sein, dass Carsten völlig ahnungslos ist und lässt nur vage fallen, sie hätte Samuel über Bekannte kennen gelernt.

Jan verzieht keine Miene, als er hinzufügt: „Du kennst doch das Dionysos? Den netten Griechen in der Fleischerstraße? Einer der Kellner dort, wie heißt der gleich noch mal, Lisa?"

Lisa schluckt.

Ellen hilft mit amüsierten Glitzern in den Augen: „Vangelis?"

Lisa fasst es nicht.

Jan fährt, betont unschuldig fort: „Ja, genau, Vangelis! Und dieser Vangelis ist der Schwager von Samuels Cousine. So ist es doch, Lisa?"

Lisa wird rot, aber sie nickt tapfer: „Ja. Wir...wir haben uns zufällig auf einem Geburtstag kennen gelernt..."

Zum Glück ist Carsten damit zufrieden und wechselt das Thema. Er lässt urplötzlich wieder den Chef raushängen und drängt darauf, dass, nach diesem netten Abend, die Ermittlungen jetzt aber mit Hochdruck fortgeführt werden: „Ich will hieb – und stichfeste Beweise und das schnell!"

„Die Beweise hast du doch", mault Lisa.

Carsten kontert kühl, als hätte es den gestrigen Abend und die nette Plauderei eben nie gegeben: „Wir alle wissen, dass diese angeblichen Beweise nicht für eine Anklage ausreichen. Im Übrigen habe ich mich vor allem deshalb beim Haftrichter aus dem Fenster gelehnt, weil ich hoffe, dass der wahre Täter unvorsichtig wird, wenn er sich in Sicherheit wähnt. Dass Klaus vorläufig in U-Haft sitzt ist also lediglich ein Schachzug meinerseits! Ich werde jetzt zu ihm gehen und mit ihm gemeinsam die Fakten finden, die ihn zweifelsfrei entlasten. Verlasst euch drauf: Diese Fakten existieren!"

Damit rauscht er raus.

„Du mutest uns mit deinem Freund ganz schön was zu", wirft Lisa Ellen, ohne nachzudenken, vor.

Der schießen prompt die Tränen in die Augen: „Bin ich jetzt schuld, weil du nicht vernünftig ermittelst, oder was?"

Lisa nimmt die Freundin schnell in den Arm: „War blöd von mir, sorry!"

Ellen schnieft: „Schon gut. Mir tut's auch leid, dass ich zur Zeit so empfindlich bin."

„Was ist denn jetzt eigentlich mit euch? Immer noch Eiszeit?"

„Waffenstillstand", Ellen nimmt dankbar das Taschentuch, das Jan ihr hinhält und putzt sich dezent die Nase. „Was ist übrigens mit unserem Horoskop?"

Schuldbewusst gesteht Lisa, dass sie das schon wieder vergessen hat. Um sich zu rechtfertigen, fügt sie hinzu: „Aber du glaubst ja eh nicht wirklich an so was!"

„Ich bin mir aber so unsicher wegen Carsten und...und Samuel, na ja, er wirkt einfach nicht bescheuert! Er wirkt so, als ob man ihm glauben könnte."

Ellen schaut erst Lisa und dann Jan trotzig in die Augen: „Man kann doch mal seine Meinung ändern, oder nicht?"

Na klar kann man das! Lisa schwört, dass sie sich heute definitiv um das Horoskop kümmern wird.

Apropos Meinung ändern. Jan schlägt vor, das Vangelis-Tütchen aus Lisas Schreibtisch nun aber wirklich zu entsorgen. Man könnte es ja feierlich verbrennen?

Lisa holt das Tütchen raus und betrachtet es nachdenklich. Ja, verbrennen wäre gut. „Wenn das Feuer der Liebe erloschen ist, bleibt ein Häufchen Asche...", philosophiert sie und sieht sich suchend nach einem geeigneten, feuerfesten Behältnis um.

Jan bremst sie: „Doch nicht hier drin! Was glaubst du, wie das stinkt?"

Ellen, froh auf andere Gedanken zu kommen, fände es gut, das Tütchen im englischen Garten zu verbrennen. Unter der Blutbuche vielleicht?

Lisa wehrt ab: „Auf gar keinen Fall! Die Blutbuche ist ein magischer Platz! Am Ende geht der ganze Zauber noch irgendwie nach hinten los?"

Ellen und Jan schauen sich nachdenklich an, dann muss Jan kichern.

Er kann nicht glauben, dass drei Kriminalbeamte diese Diskussion grade wirklich führen! Auch Lisa und Ellen müssen lachen.

Da klopft es: Markus!

Lisa lässt das Tütchen blitzschnell in ihrer Hosentasche verschwinden.

Sie springt auf, um Markus mit Handschlag zu begrüßen: „ Das ist aber...ähm, eine nette Überraschung...", sagt sie betont herzlich, weil es ihr unangenehm ist, dass Markus sie kichernd überrascht hat. Angehörige von Opfern von Gewalttaten haben selten Verständnis dafür, wenn andere Menschen fröhlich sind.

Auch Jan ist wieder ganz Profi: „Was führt Sie zu uns?"

Markus zögert, dann fragt er, ob er sich setzen kann.

„Selbstverständlich", Lisa rückt ihm einen Stuhl zurecht.

Ellen räuspert sich: „Ich...ja, ich wollte sowieso los...", damit geht sie, nicht ohne Markus einen prüfenden und mitfühlenden Blick zuzuwerfen.

Lisa nimmt Markus gegenüber hinter ihrem Schreibtisch Platz: „Also, Markus, was können wir für Sie tun?"

„Sie können mir sagen, was jetzt mit meinem Vater ist?", brummt Markus ungeduldig. „Steht endlich fest, dass er meine Mum umgebracht hat? Kriegt er lebenslänglich, oder was?"

Diese Fragen können weder Lisa noch Jan im Moment beantworten.

Lisa ist es ein bisschen unangenehm, dass sie sich nicht bei Markus gemeldet hat, seit Reinert verhaftet worden ist. Andrerseits ist sie nicht dazu verpflichtet und hat auch ein Recht auf ihr Privatleben.

Betont sachlich erklärt sie also, dass die Ermittlungen noch nicht abgeschlossen sind. Dass ihr Kollege und sie aber mit Hochdruck an dem Fall arbeiten und hoffen, bald den Durchbruch zu haben.

„Das heißt also, dass er alles abstreitet", stellt Markus sehr richtig fest. Dann verlangt er, selbst mit seinem Vater sprechen zu dürfen: „Ich bring den Mistkerl schon zum Reden, verlassen Sie sich drauf!"

Jan steht auf: „Sorry, Markus, aber das geht nicht. Und bitte haben Sie Verständnis, dass wir momentan sehr beschäftigt sind." Er geht zur Tür und hält sie auf: „Wir finden die Wahrheit raus, und wenn es soweit ist, sind Sie der Erste, der von uns hört!"

Markus schaut Lisa protestierend an.

Aber die zuckt bedauernd die Schultern: „Er hat Recht."

Markus bleibt nichts übrig, als kopfschüttelnd aufzustehen und wieder zu gehen.

Lisa hört genau, wie er dabei: „Penner!" murmelt, sagt aber nichts dazu.

Jan stört sich daran, dass Markus nicht eine Sekunde in Betracht zieht, dass sein Vater unschuldig sein könnte. Er hat den Eindruck, es wäre ihm wichtiger, Reinert im Gefängnis zu sehen, als den wahren Täter zu überführen.

„Aber Reinert ist der wahre Täter!", ergreift Lisa mal wieder Markus' Partei.

„Dein Typ ist der Hellseher, nicht du", zickt Jan, für Lisa völlig unerwartet. Dann nimmt er aber gleich zurück: „Tut mir leid, aber mich stresst das hier total. Unsere Beweise reichen wirklich hinten und vorne nicht aus. Entweder wir finden schnell noch was, oder die lassen Reinert nach 48 Stunden eh wieder laufen!", er schaut auf die Uhr. „Und davon sind schon 19 rum!"

Lisa schnappt sich ihre to do Liste, die sie gestern noch geschrieben hat: „Ja, los, dann klappern wir jetzt die weiteren Zeugen ab. Mit Hildes Psychologin fangen wir an, o.k.?"

„Von mir aus." Jan steht auf und geht zur Tür.

Lisa legt noch schnell das Vangelistütchen zurück in ihre Schreibtischschublade.

***

Die Psychologin, Regina Matheis, stellt sich erwartungsgemäß ziemlich an und will nur äußerst ungern Details über Hildes Seelenleben preisgeben.

Muss sie rein rechtlich auch nicht so ohne weiteres, aber Lisa versucht es trotzdem: „Bitte, verstehen Sie doch. Hilde...ehm, Frau Reinert ist tot. Alles was wir jetzt noch für sie tun können, ist, ihren Mörder zu finden."

Dr. Matheis sperrt sich weiter: „Das mag Ihr Job sein, meiner ist es, respektvoll mit dem umzugehen, was meine Patienten mir anvertrauen. Und das gilt über den Tod hinaus."

Lisa holt Luft, aber Jan ist schneller: „Frau Doktor, wir schließen einen Selbstmord aus. Ich hoffe, Sie verraten nicht zuviel, wenn Sie uns einfach nur sagen, ob Sie da mit uns einer Meinung sind?"

Und, oh Wunder, die Psychologin räumt tatsächlich ein, dass sie Hilde in den letzten Wochen als recht stabil eingeschätzt hat. Vielleicht liegt es daran, dass Jan sie Frau Doktor genannt hat, obwohl sie nur Diplompsychologin ist?

„Na, das ist doch ein wertvoller Hinweis", schleimt Jan. „Und es passt zu unserer Information, dass Frau Reinert Pläne für die Zukunft hatte? Sie wollte doch bald wieder arbeiten und hatte sich davor für ein paar Wochen in einem Sanatorium angemeldet?"

Frau Doktor zögert.

„Schauen Sie, wir wollen nicht indiskret sein. Aber uns wäre sehr geholfen, wenn Sie lediglich bestätigen oder entkräften, was wir ohnehin schon wissen?"

Frau Doktor nickt gnädig: „Wir haben gemeinsam das beste Sanatorium herausgesucht. Nach einem Aufenthalt dort hätte nichts mehr dagegen gesprochen, ins Berufsleben zurückzukehren."

Na, also, geht doch!

„Und dass sie ihren Mann immer noch geliebt hat, ist natürlich Unsinn?", startet Lisa einen weiteren Versuchsballon. Die Frau ist definitiv eitel und besserwisserisch. Hoffentlich erträgt sie es nicht, eine falsche Information unkommentiert zu lassen.

„Warum soll das Unsinn sein? Natürlich hat sie ihren

Mann geliebt. Er war der Motor!"

Sie erträgt es tatsächlich nicht.

„Der Motor?" Lisa gibt sich betont naiv.

„Ihr Ehemann war für sie der Grund, ihren Alkoholismus zu überwinden. Sie wollte wieder attraktiv für ihn sein. Daneben wollte sie natürlich ihrem Sohn nicht länger im Wege stehen."

Jetzt ist Lisa baff. „Sie stand Markus doch nicht im Weg?"

„Na, da scheinen Sie aber lange nicht so viel zu wissen, wie Sie vorgeben. Möglicherweise stellt es der junge Mann aus Pietätsgründen im Nachhinein anders dar, aber Fakt ist, dass Frau Reinert arge Schuldgefühle hatte."

„Berechtigte Schuldgefühle?", fragt Lisa möglichst vorsichtig. Hoffentlich rückt die Frau noch mehr raus.

Sie tut es: „Erst ertrinkt in ihrem Beisein ihr jüngerer Sohn im See und dann muss ihr Älterer seine Zukunftspläne über den Haufen schmeißen und sich um seine alkoholkranke Mutter kümmern?"

„Moment!", Jan beugt sich gleichermaßen interessiert und devot vor: „Aber einen Selbstmord haben wir ja ausgeschlossen?"

„Weitestgehend."

So gut wie sicher. Aber Lisa hütet sich, Frau Doktor zu offen widersprechen. Nur, welche Zukunftspläne soll Markus über den Haufen geschmissen haben?

„Entschuldigung, aber Markus macht nicht eine Sekunde den Eindruck, seine Mutter hätte ihm, bei was auch immer, im Weg gestanden?"

„Meines Wissens wollte der junge Mann gleich nach dem Abitur ins Ausland. Und ist ihr zuliebe geblieben."

Frau Matheis steht auf: „Mehr möchte ich nun wirklich nicht sagen. Zudem wird gleich mein nächster Patient hier sein!"

Jan betont höflich, dass die Frau Doktor sehr geholfen hat und nimmt Lisa, die gern noch nachhaken würde, am Ellbogen. „Wir wollen dann auch wirklich nicht länger stören."

Lisa zwingt sich zu einem halbherzigen Lächeln und lässt sich von Jan nach draußen ziehen.

***

Im Auto, auf dem Weg zum Hausarzt, fragt Jan Lisa, was sie von diesen Neuigkeiten hält.

Lisa findet nicht, dass Regine Matheis ihnen sonderlich viel Neues erzählt hätte. Da Hilde das Fläschchen nicht angefasst hat, ist ein Selbstmord auch ohne den Segen der Psychologin so gut wie ausgeschlossen.

„Das mein ich nicht. Was hältst du von der Theorie mit Markus?"

Meine Güte! Lisa hat keine Ahnung, was Hilde da mal erwähnt haben könnte. Markus hat seine Mutter angebetet! Wenn er ein kleines Opfer für sie gebracht hat, dann hat er das in jedem Fall gern getan. „Nichts halt ich davon", sagt sie deshalb überzeugt. „Rein gar nichts!"

Doch Jan insistiert: „Jetzt sei doch nicht gleich wieder bockig, wenn die Ermittlungen nicht das ergeben, was du gern hättest. Wir müssen..."

Lisa unterbricht: „Stop! Das glaub ich jetzt nicht! Ich mein, wenn, und wirklich nur WENN, Markus vorgehabt hätte, nach dem Abi ins Ausland zu gehen, dann ist er doch nicht nur wegen Hilde hier geblieben?"

„Sondern?"

„Ja, fällt dir denn nicht auf, dass er noch immer

gnadenlos verliebt in seine Sonja ist?" Für Lisa gibt es nicht den geringsten Zweifel, dass es Markus keine zwei Tage ohne Sonja aushalten würde.

„Doch, das ist mir sehr wohl aufgefallen", Jan bleibt ruhig, ist aber ernst. „Trotzdem haben wir bisher vollkommen außer Acht gelassen, dass Hilde wirklich auch für Markus eine Belastung war. Grade für ihn! Reinert hat das Handtuch geschmissen, und der Junge war allein mit seiner alkoholkranken Mutter. Ich glaub nicht, dass das immer so lustig war."

„Ja und...und was soll das jetzt heißen?" Lisa will in diese Richtung nicht mal denken.

Jan aber spricht es sogar aus: „Markus hätte das Fläschchen aus dem Badezimmerschrank nehmen können."

Lisa protestiert lautstark: „Wann denn? Wetten, dass er Reinert überhaupt noch nie in seiner Bruchbude besucht hat?"

Jan lässt das unkommentiert, aber tief in Lisas Innerem hat er den ersten, leisen Zweifel gesät.

***

Harald Völker ist bestimmt schon in den Siebzigern und Hildes Hausarzt seit sie ein kleines Mädchen war. Später hat er dann auch Reinert und die Jungs behandelt. Sogar Sonja ist seine Patientin.

Er hat den Besuch der Polizei fast erwartet, sogar überlegt, ob er sich von sich aus melden soll. Andrerseits, was kann er groß sagen? Hilde hatte zwar an ihrem Todestag bei ihm angerufen, aber vermutlich wollte sie nur einen Termin vereinbaren? Sie hat ja nicht mal eine Nachricht hinterlassen.

Das stimmt. Woher weiß Dr. Völker dann überhaupt von dem Anruf?

Dr. Völker gibt offen zu, dass in seinem Alter die Patienten langsam ausbleiben. Dass er es sich aber nicht leisten kann, nicht mehr zu arbeiten. Da schaut er eben im Display nach, welche Anrufe er verpasst hat. Und lässt seine Sprechstundenhilfe zurückrufen, bevor die Leute auf die Idee kommen, einen jüngeren Kollegen zu konsultieren.

„Aber Hilde ist nicht zurückgerufen worden?", stellt Lisa fest.

„Doch, aber erst am nächsten Tag. Die Freundin von Markus...wie heißt sie noch gleich?"

„Sonja?"

„Richtig, Sonja. Sie hat den Anruf entgegengenommen und meiner Sprechstundenhilfe erzählt, was passiert ist. Mein Gott, was für ein Unglück!"

Jan fragt, wann Hilde sich zum letzten Mal ein Beruhigungsmittel hat verschreiben lassen.

Dr. Völker kann sich nicht genau erinnern, vermutet aber, dass es fast ein Jahr her sein dürfte. Wenn die Beamten es wünschen, lässt er die Sprechstundenhilfe gern nachschauen.

„Ja, das wäre wichtig", nimmt Jan das Angebot an.

Dr. Völker bittet seine Sprechstundenhilfe über die Gegensprechanlage die Patientenakte von Hilde rauszusuchen.

Lisa fragt, ob auch Reinert sich Beruhigungsmittel verschreiben lassen hat.

Dr. Völker verneint entschieden: „Ich bin ohnehin kein Freund von diesen Dingen! Im Fall von Hildchen...na ja nach der schlimmen Sache mit ihrem kleinen Sohn, da hab ich mal eine Ausnahme gemacht. Aber ich hab ihr auch immer gesagt, dass sie sich nicht an das Zeug gewöhnen darf! Und ich hab ihr ins Gewissen geredet, dass allein der viele Alkohol sie noch umbringen wird".

Er seufzt traurig: „Dass ausgerechnet jetzt noch was passieren musste? Hildchen war doch überm Berg?"

Genau diese Frage wollte Lisa vom Doktor beantwortet haben.

Der bestätigt, dass Hilde seit ein paar Monaten ihren Alkoholkonsum allem Anschein nach im Griff hatte, und dass es ihn ziemlich belastet, dass er es vermutlich war, der ihr quasi das Rezept für den Todescocktail ausgestellt hat. Auch wenn das schon eine Weile her ist.

„Ich hatte ja keine Ahnung, dass sie Reste von dem Zeug aufbewahrt hat!"

Dann will er wissen, was denn in Hildes Leben passiert ist, dass sie zu so einer Dummheit fähig war?

Also geht er von einem Selbstmord aus, weiß noch nichts von Reinerts Verhaftung. Kein Wunder, schließlich kommen seine Infos von Sonja.

Jan lässt ihn zunächst in dem Glauben, sagt nur, dass die Polizei mit den Ermittlungen noch ziemlich am Anfang steht und fragt nach Hildes Familie. Dr. Völker scheint ihre Angehörigen ja gut zu kennen?

„Nette Leute, allesamt!" Dann erkundigt er sich sehr betroffen, wie Reinert und Markus über den Verlust hinwegkommen. Auch wenn Reinert vorübergehend ausgezogen ist, er hing doch so an seiner Frau.

„Wer sagt das?", will Lisa wissen.

„Na, was denken Sie, warum der ohne sein Magenpulver gar nicht mehr ausgekommen ist? Weil sich der Kummer bei ihm eben auf den Magen geschlagen hat. Jedes Mal wenn er hier war, haben wir über Hildchen gesprochen. Er hat sie sehr geliebt."

„Können sie sich trotzdem vorstellen, dass er sie umgebracht hat?" fragt Lisa, für Völker völlig unvermittelt.

Der starrt sie einen Moment fassungslos an. „Ach, deshalb ermittelt die Polizei?" Dann sagt er, dass dies das Absurdeste ist, was er je gehört hat.

Jan setzt noch eins drauf: „Und was ist mit Markus? Trauen Sie ihm einen Mord zu?"

Dr. Völker schüttelt nur noch mit dem Kopf. Er hofft, dass weder Markus noch Reinert je persönlich mit diesen abstrusen Gedanken konfrontiert werden.

Nun, Jan versichert, dass man selbstverständlich so sensibel wie nur irgend möglich vorgeht und reicht Dr. Völker die Hand: „Danke, dass Sie Zeit für uns hatten."

Dr. Völker schüttelt Jans Hand, schaut ihm dabei fest in die Augen. „Bitte kommen Sie jederzeit wieder, wenn ich Ihnen irgendwie behilflich sein kann. Und versprechen Sie mir, dass Sie den Unsinn mit dem Mord ganz schnell vergessen!"

Er streckt auch Lisa seine Hand hin. Die nimmt sie und verspricht stattdessen, alles zu tun, um Hilde, posthum, ihren Respekt zu erweisen.

***

Aus der Patientenakte ging hervor, dass Dr. Völker vor gut neun Monaten das letzte Rezept für das fragliche Barbiturat ausgestellt hatte.

Jan fasst zusammen, während er den Wagen zum Hedwig-Gymnasium lenkt. „Die tödliche Dosis stammte also wohl tatsächlich aus dem Fläschchen, das aus Reinerts Badezimmer verschwunden ist. Ich weiß, du willst das nicht hören, aber das wiederum könnte erklären, warum seine Fingerabdrücke drauf sind. Ist doch normal, dass man das Zeug anfasst, das man in seinem Badezimmerschrank stehen hat?"

„Sag mal, hast du schon wieder die Fronten gewechselt? Ich hätte gedacht, wir wären uns mittlerweile einig, dass Reinert unser Mann ist?"

„Reinert ist unser Hauptverdächtiger, soweit geb ich dir Recht. Trotzdem wär's nicht schlecht, wenn wir endlich rausfinden würden, wer außer ihm das Fläschchen noch in der Hand hatte. Und ob's dir nun passt oder nicht, ich werd mir die Fingerabdrücke von Markus besorgen."

„Mach ruhig", zickt Lisa. „Dann hast du es wenigstens schwarz auf weiß und kannst aufhören, so zu tun, als wenn ich komplett bescheuert wär."

Jan entdeckt mitten auf der Elisenstraße einen Parkplatz direkt gegenüber vom Hedwig-Gymnasium.

Das scheint ihn versöhnlich zu stimmen, denn er sagt, jetzt durchaus nett: „Ich geb sehr viel auf dein Bauchgefühl, das weißt du doch? Aber lass uns bitte trotzdem nicht schlampen. Lass uns sorgfältig arbeiten und fair bleiben, o.k.?"

Lisa grummelt, dass sie schließlich noch immer alles getan hat, was Jan von ihr wollte.

***

Der Direktor von Reinerst Schule, Herr Kleinmut, macht seinem Namen alle Ehre. Er findet es skandalös, dass sein Vertrauenslehrer in U-Haft sitzt! Wie soll man so etwas den Eltern beibringen, die ihre Kinder diesem Menschen anvertraut haben? Herr Kleinmut befürchtet, dass er reihenweise Schüler verlieren wird und besteht darauf, dass sein Name, sowie der seiner Schule, vor der Presse geheimgehalten wird.

Lisa bedauert, das kann sie nicht versprechen.

Jan, mal wieder bemüht, die Wogen zu glätten, beginnt mit einer unverfänglichen Frage: „Reinerts Sohn, Markus, war auch Schüler an Ihrem Gymnasium?"

Kleinmut stellt klar, dass Markus zwar im Frühjahr sein Abitur hier gemacht hat, aber natürlich kaum Kurse bei seinem Vater belegt hatte. Sonja schon.

Dann lässt sich Lisa bestätigen, dass Reinert am Tattag für einen Kollegen eingesprungen ist und folglich bis zwanzig nach eins unterrichtet hat.

Schließlich kommt sie, mit gewisser Schadenfreude, zum eigentlichen Grund ihres Hierseins: „Sagen Sie mal, Herr Kleinmut, Sie wissen nicht zufällig, wer Reinerts Geliebte ist?"

Kleinmut schnappt nach Luft: „Wie bitte? Eine Geliebte hat der Kerl auch noch?"

Lisa freut sich, weil selbst Jan sich ein Grinsen verbeißen muss.

Kleinmut merkt das aber nicht, denn Jan klingt sehr seriös, als er jetzt erklärt: „Nun, es gibt gewisse Anhaltspunkte. Bewiesen ist natürlich nichts, wir hatten gehofft, Sie könnten uns eventuell weiterhelfen?" Er beugt sich vertraulich vor: „Oft wissen ja die Kollegen mehr als die Angehörigen, nicht wahr?"

Kleinmut weicht angewidert zurück: „Ich pflege keinen privaten Kontakt zum Lehrkörper! Und eine Affäre wäre das Letzte, worüber ich informiert sein wollte!"

Gut, dann halt nicht.

Dem engstirnigen Schnösel würde Lisa auch nichts erzählen. Da ist Carsten ja vergleichsweise ein Traummann!

Jan erkundigt sich, ob Kleinmut dann wenigstens weiß, ob Reinert engeren Kontakt zu einer Person des LEHRKÖRPERS hat.

Er spricht das Wort aus, ohne mit der Wimper zu

zucken. Nur Lisa weiß, dass er diesen Kleinmut verarscht.

Kleinmut passt das Ganze offensichtlich nicht, aber er schickt Lisa und Jan ins Lehrerzimmer: „Da müssen Sie die Herrschaften schon selber fragen. Offensichtlich kann ich nicht verhindern, dass der gesamte Lehrkörper nun doch in Reinerts Probleme hineingezogen wird? Aber ich bitte Sie in aller Form um Diskretion!"

„Selbstverständlich", murmelt Jan ergeben, und Lisa beißt sich in die Backe, damit sie nicht doch noch kichern muss.

***

Volltreffer! Im Lehrerzimmer sitzt Blondie!

Die Joggerin mit dem Faible für schwarze Spitzenunterwäsche.

Lisa geht schnurstracks auf sie zu und hält ihr ihren Dienstausweis unter die Nase: „Kriminalpolizei! Können Sie sich ausweisen?"

Blondie wird blass: „Was...wieso denn?"

„Wir ermitteln im Fall Reinert", sagt Jan, der so dicht hinter Lisa steht, dass sie spüren kann, wie er atmet. Tief ein und aus.

„Ach so", Blondie scheint erleichtert, „und ich hab gedacht, es ist schon wieder was passiert."

Die zwei anderen Kollegen, die ebenfalls am Lehrertisch sitzen und sich bis grade eben ihr Mittagessen haben schmecken lassen, spitzen die Ohren.

Darauf kann und will Lisa jetzt keine Rücksicht nehmen: „Also, was ist mit Ihrem Ausweis?"

Irritiert kramt Blondie in ihrer Handtasche und reicht Lisa schließlich den Personalausweis. Sie heißt Julia

Brückner.

„Frau Brückner, wo waren Sie letzten Dienstag, Früh um 7:00 Uhr?"

Blondie schaut sehr verblüfft: „Das wissen Sie doch? Wir... haben uns doch gesehen?"

„Bitte beantworten Sie meine Frage!"

„Ich war joggen...mit Klaus, ich meine mit Herrn Reinert..."

Na also, geht doch!

„Und tags zuvor? Am Nachmittag, so ab halb zwei?", bohrt Lisa weiter.

„Montagnachmittag?" Blondie spielt scheinbar auf Zeit. Sie überlegt eine ganze Weile bevor sie sagt: „Da... war ich Zuhause und hab Arbeiten korrigiert."

Lüge! Aber bevor Lisa das klarstellen kann, mischt sich einer der Kollegen ein: „Stimmt es denn wirklich, dass Klaus verhaftet worden ist? Ich kann ja gar nicht sagen, wie entsetzt wir alle sind. Klaus ist doch ein feiner Kerl, im Leben kein Mörder?", er schaut zu Julia und dem anderen Kollegen. „Wir alle würden unsere Hand für ihn ins Feuer legen. Das würden wir doch?"

Blondie und der andere Kollege nicken eifrig.

Dass Blondie Reinert verteidigt, ist klar. Die Anderen werden es wohl nicht besser wissen. Kein Wunder, die meisten Leute finden Reinert erst mal nett.

„Frau Brückner, wir müssen Sie leider bitten, uns zu begleiten." Lisa ist froh, dass Jan nichts sagt. Er scheint also einverstanden, dass sie Blondie gleich mitnehmen.

Blondie starrt Lisa entsetzt an: „Mitnehmen? Ja, aber warum denn? Ich hab die Frau von Klaus doch kaum gekannt! Was wollen Sie von mir? Außerdem...ich hab heut Nachmittag noch Unterricht!"

Jan räuspert sich: „Wir...ehm...brauchen Ihre Aussage zu einigen wichtigen Punkten."

Danke, Jan.

„Was denn für Punkte? Bitte, warum können wir das nicht hier besprechen?" Blondies Nerven liegen blank.

Wieder mischt sich der Kollege ein: „Julia, soll ich einen Anwalt verständigen?"

„Wozu sollte sie einen Anwalt brauchen?", das war der andere Kollege.

„Brauch ich einen Anwalt?", Blondie wird noch blasser. „Um Himmels Willen, jetzt sagen Sie mir doch, was Sie von mir wollen!"

„Wir stellen hier die Fragen!", Lisa nimmt Blondie am Arm. „Wenn Sie dann also so freundlich sind."

Blondie unterdrückt ein Schluchzen und lässt sich wohl oder übel von Lisa Richtung Tür schieben.

Der eine Kollege sagt zum anderen, dass sein Schwager Anwalt ist, und dass er den jetzt vorsichtshalber anrufen wird. Weil es bestimmt nicht Rechtens ist, was diese Beamten hier abziehen. Dann ruft er Blondie hinterher: „Ich kann nachher deine Stunden übernehmen, in Ordnung!?"

Blondie nickt und wird dann von Lisa, die weiß, dass der Kollege gar nicht so Unrecht hat, sehr bestimmt aus dem Raum gedrängt.

Jan dreht sich in der Tür noch mal um: „Bitte, es besteht kein Grund zur Besorgnis. Alles nur reine Routine."

Dann geht er schnell zurück zum Tisch und legt eine Visitenkarte hin: „Falls Ihnen noch irgendetwas einfällt, das im Zusammenhang mit Hilde Reinerts Tod von Bedeutung sein könnte, rufen Sie mich bitte jederzeit auf dem Kommissariat an."

Jan holt Lisa und Blondie auf dem Flur ein.

Blondie steht eindeutig unter Schock, jammert ständig, dass sie doch nicht das Geringste über Hildes Tod weiß!

In dem Moment ertönt ein Gong, die letzte Stunde ist vorbei.

Türen öffnen sich, Schüler strömen auf den Flur, Blondie zieht überfordert den Kopf ein. Ein paar der Schüler starren sie fasziniert an und tuscheln.

Lisa findet, dass das Blondie recht geschieht. Was muss sie sich auch mit einem verheirateten Mann einlassen? Eine leise Stimme in ihr meldet sich: Was war denn mit Vangelis? Ist der vielleicht nicht in festen Händen?

Während Lisa versucht, ihr Gewissen zum Schweigen zu bringen, ruft Jan den Schülern zu, dass es hier nichts zu Gaffen gibt. Dann erklärt er Blondie nett, dass sie Reinert möglicherweise entlasten kann. Dass sie alles weitere aber wirklich besser auf dem Kommissariat besprechen sollten.

Blondie scheint ein wenig beruhigt: „Ich würd ja alles tun, um Klaus zu helfen. Ich hab bloß wirklich keine Ahnung, was das sein könnte?"

Lisa empfiehlt mit Blick auf die Schüler, die natürlich weiter die Ohren spitzen, jetzt nicht ins Detail zu gehen.

Mittlerweile sind sie unten beim Eingang und Lisa überlegt einen Moment, ob Blondie wohl versuchen könnte, zu fliehen.

Aber sie lässt sich brav über die Straße zum Auto führen, setzt sich ohne weiteres auf den Rücksitz und sagt bis zum Kommissariat kein einziges Wort mehr. Nur manchmal schnieft sie leise.

Jan wirft Lisa mehrfach einen strengen Blick zu.

Schließlich wird sie weich und reicht Blondie kommentarlos ein Taschentuch nach hinten.

Dann muss Blondie, von einem uniformierten Beamten bewacht, im Vernehmungszimmer warten, bis Lisa und Jan sich einig sind, wie sie weiter vorgehen wollen.

Jan besteht darauf, dass er Blondie verhört, Lisa ist ihm mal wieder zu unsachlich. Er findet zwar, dass es grade noch zu verantworten war, Julia, wie er sie nennt, aufs Kommissariat mitzunehmen, aber wirklich notwendig war das nicht.

Lisa rechtfertigt sich: „Himmel, Jan, sie ist Reinerts Geliebte! Sie ist das Motiv! Wenn nicht sogar die Komplizin! Warum gibt sie nicht einfach zu, dass sie bei ihm gewesen ist? Warum gibt er selbst das auch nicht zu?"

„Weil es vielleicht ganz einfach nicht so war?"

„Natürlich war sie bei ihm. Das hat dieser Nachbar doch ganz klar bestätigt! Glaub mir Jan, das Mindeste ist, dass Blondie weiß, was Reinert getan hat. Oder sie war's selber, und das wiederum muss Reinert wissen!"

Jan lässt sich nicht überzeugen: „Wenn Julia wirklich Reinerts Geliebte sein sollte, was ja nicht mal feststeht, kann es tausend Gründe geben, das abzustreiten. Vielleicht hat sie Angst vor ihrem Chef? Vielleicht ist sie selbst auch verheiratet? Egal, ich werde jetzt mit ihr reden, du kannst ja hinterm venezianischen Spiegel zuschauen."

Lisa wär lieber live dabei, aber sie weiß, wann sie keine Chance hat.

Sie beschließt, die Niederlage als Chance zu sehen.

Hinterm Spiegel muss sie sich selbst keine Fragen überlegen, kann in aller Ruhe auf jedes Wort, jeden Wimpernschlag von Blondie achten und ihr wird jede Menge auffallen, woraus sie ihr schon noch einen Strick drehen wird.

Jan betritt das Vernehmungszimmer und Lisa nimmt hinter dem Spiegel Platz.

Blondie ist eindeutig froh, nicht Lisa, sondern Jan zu sehen.

Sie drängt sehr darauf, dass er ihr sagt, wie sie Reinert helfen kann. Und dann will sie nach Hause!

Jan schaltet das Tonband ein und erklärt ihr ihre Rechte und so. Dann fragt er überfallsartig, ob sie ein Verhältnis mit Reinert hat.

Blondie spielt die Überraschung exzellent und streitet, wie erwartet, ab.

Plötzlich weiß Lisa, was sie zu tun hat. Sie läuft in ihr Büro, sucht den Namen von Reinerts Nachbarn raus und schickt einen Streifenwagen los, um den Mann herzuholen.

Sofort!

Als sie zurück zum venezianischen Spiegel kommt, hat Jan das Verhör gerade unterbrochen. Reine Taktik, um Blondie nervös zu machen. Weil sie schließlich nicht weiß, was hinter ihrem Rücken nun passiert.

Gemeinsam schauen sie Blondie durch den Spiegel dabei zu, wie sie, mit den Nerven völlig am Ende, an den Nägeln kaut.

Jan berichtet, dass Blondie behauptet, sie hätte am Montagnachmittag, als sie daheim Schularbeiten korrigiert hat, auch lange mit einer Freundin telefoniert. Jan hat sich deren Nummer notiert. „Ich frag mal nach, ob das stimmt. Falls ja, lass ich einen Einzelverbindungsnachweis kommen, dann wissen wir, ob sie dieses Gespräch wirklich von Zuhause aus geführt hat."

Lisa räuspert sich: „ Du Jan, ich...also das ist vielleicht gar nicht notwendig. Ich hab da grade was veranlasst und..."

Jan unterbricht misstrauisch: „Was hast du veranlasst, Lisa?"

„Na, ich hab eine Streife losgeschickt, diesen Herrn Munzert abholen. Du weißt schon, den Nachbarn..."

Zu Lisas Freude lächelt Jan: „Super Idee! Hätte ich selbst drauf kommen müssen."

Jan geht zurück zu Blondie und fragt sie noch ein wenig aus. Diesmal hört Lisa aufmerksam zu.

Blondie behauptet, keinen festen Freund zu haben, Reinert trotzdem wirklich nur als Kollegen zu kennen, nie in seiner Wohnung gewesen zu sein, und - so gern sie was anderes sagen würde – sie hat keine Ahnung, wo er Montagnachmittag war.

Jetzt, wo es für sie selber eng wird, eiert sie plötzlich rum und meint, dass man ja schließlich in keinen Menschen reinschauen kann. Zwar bleibt sie dabei, dass Reinert absolut harmlos und nett zu sein scheint, aber sie betont das ‚scheint.'

Und dann wird Herr Munzert auch schon gebracht.

Er findet es extrem aufregend, Blondie durch den venezianischen Spiegel zu beobachten: „Das ist ja genau so, wie man es im Fernsehen immer sieht!"

Dann will er wissen, was er nun tun kann?

„Sehen Sie sich die Frau genau an! Das ist doch diejenige, die immer bei Reinert zu Besuch ist? Auch am Montagnachmittag?"

„Die? Nö! Die hab ich noch nie gesehen."

Lisa schluckt: „Sind Sie da ganz sicher?"

„Hören Sie, wenn ich so einem hübschen Mädel schon mal begegnet wär, dann wüsste ich das!"

Scheiße! Scheiße aber auch! „Ehm...danke, Herr Munzert. Sie...ehm...haben uns sehr geholfen."

Lisa könnte sich sonst wohin beißen. So ein Mist!

Nachdem sie trotzdem noch schnell mit Blondies Freundin telefoniert hat, die bestätigt, dass sie am Montag nachmittags stundenlang mit ihr gequatscht hat, klopft Lisa, schweren Herzens, an die Tür des

Vernehmungszimmers.

Der uniformierte Beamte, dessen Job es ist, einfach da zu sein, öffnet die Tür einen Spalt.

Lisa flüstert ihm zu, dass sie dringend mit Jan sprechen muss.

Der ist ohnehin schon aufmerksam geworden und kommt näher.

Auch er spricht sehr gedämpft: „Lisa, ich weiß nicht. Julia ist zwar total verunsichert, aber ich glaub ihr fast, dass sie nichts mit Reinert hat. Sie reitet ständig drauf rum, dass der immer behauptet hat, Hilde zu lieben und sonst nicht viel über die Trennung und Hildes Trinkerei rausgelassen hat. So oder so, am Montag scheint sie jedenfalls nicht bei ihm gewesen zu sein."

„War sie auch nicht", Lisa senkt betreten den Blick, „der Nachbar kennt sie nämlich überhaupt nicht. Blondie ist raus aus der Nummer, wir können wieder von vorn anfangen."

Jan flucht leise, aber von Herzen: „Jetzt stehen wir wie komplette Idioten da!"

„Schon gut", Lisa weiß, dass alles ihre Schuld ist. „Ich bin diejenige, die Mist gebaut hat. Du hättest Blondie eh nicht mitgenommen. Also werde ich mich jetzt auch bei ihr entschuldigen."

Blondie sitzt am Tisch und lässt den Kopf hängen. Sie ist echt fertig, schaut kaum auf, als Lisa sich ihr gegenüber hinsetzt und sich räuspert: „Ehm...Julia, ich...ich muss mich entschuldigen. Es tut mir leid. Ehrlich!"

Jetzt guckt Blondie doch. Misstrauisch allerdings.

„Also es ist so, dass...ich hab Sie verwechselt. Sie sind nicht die Geliebte von Reinert."

„Sag ich doch die ganze Zeit!", Blondie ist viel zu verblüfft, um sich zu ärgern.

Lisa steht wieder auf: „Kann ich Sie irgendwo

hinbringen? Nach Hause? Zur Schule? Ich fahr Sie gern!"
„Echt? Jetzt sofort?" Blondie will sich nicht zu früh freuen.

Lisa nickt: „Klar, das ist das Mindeste, was ich tun kann."

Blondie folgt Lisa völlig geplättet zur Tür.

Die lässt sich von Jan den Autoschlüssel geben. Auch Jan entschuldigt sich formell. Und zwinkert Lisa zu, weil er sich freut, dass sie so nett zu Blondie ist.

Lisa tut es ja wirklich leid!

Jan hält Blondie noch die Hand hin: „Auf Wiedersehen, Julia."

Blondie nimmt Jans Hand, hält sie fest und sagt: „Bei mir war's also ein Missverständnis. Bei Klaus ist es hoffentlich auch eins. Wenn er freigelassen wird geb ich eine Party für ihn. Sie sind herzlich eingeladen."

Dann dreht sie sich zu Lisa: „Sie natürlich auch!"

Respekt. Nachtragend ist die wirklich nicht.

Lisa ist froh, dass Blondie nicht länger verdächtig ist.

***

Nach Feierabend geht Lisa mit Ellen auf ein Bier. Früher haben sie das oft gemacht, aber seit es Carsten gibt, rennt Ellen meistens gleich nach Hause und putzt und kocht.

Na ja, manchmal gehen die beiden auch aus. Irgendwohin, wo Carsten gern hin will. So wie gestern in den Biergarten. Nur dass Lisa dann normalerweise nicht dabei ist.

Lisa nimmt sich vor, ihre Freunde niemals zu vernachlässigen. Egal, wie es mit Samuel weitergeht.

Und muss sich eingestehen, dass sie vermutlich jetzt

nicht im Straßencafe sitzen würde, wenn Samuel sie vorhin nicht angerufen hätte, dass er heute länger arbeiten muss. Er kommt dann später am Abend direkt zu Lisa.

Da hat es natürlich gut gepasst, dass Ellen ihren Vorsatz, weniger Rücksicht auf Carsten zu nehmen, gleich in die Tat umsetzen wollte.

Ellen erwähnt ihren Lebensgefährten auch nur kurz. Um zu berichten, dass er sich unglaublich Mühe gibt, sie aber immer noch nicht weiß, ob das reicht.

Lisa verspricht nochmal, sich heute bestimmt um das Partnerhoroskop zu kümmern. Ellen scheint es aber plötzlich gar nicht mehr so eilig zu haben: „Weißt du, ich grüble den ganzen Tag, da unten in meinem Labor. Kann ich ja gut, während ich den ganzen Routinekram mache. Und mir ist klargeworden, dass ich noch gar nicht so weit bin...“

Wie jetzt?

„...na ja, wenn rauskäme, dass Carsten mein Traummann ist, wär ich trotzdem noch sauer auf ihn. Und wenn er kein bisschen zu mir passt, würd ich mich trotzdem nicht gleich trennen wollen.“

Lisa ist verwirrt.

Ellen gesteht, dass sie auch mit Silvia telefoniert hat.

Und sie über Partnerhoroskope im Allgemeinen ausgefragt hat.

Silvie ist der Meinung, dass man, egal wie so ein Horoskop ausfällt, an einer Beziehung arbeiten kann und muss. Man darf sich nicht zurücklehnen und achtlos werden, bloß weil astrologisch alles stimmt. Und andersrum sind schwierige Konstellationen dazu da, dass man das Beste draus macht.

Aha.

„Silvia sagt, dass sie, astrologisch gesehen, auch gar

nicht mal so gut zu ihrem Georg passt. Aber sie gehen sehr sorgfältig miteinander um und deshalb klappt es eben."

„Echt? Silvie und Georg passen nicht zusammen? Kann ich mir nicht vorstellen! Die schauen sich doch sogar optisch ähnlich, oder nicht?"

Für Lisa waren Silvia und Georg immer das Paradebeispiel eines Paares. Auch wenn sie nie genau wusste, was sie aneinander finden. Beide sind nicht grade Hingucker und rasend interessant sind sie auch nicht. Eher grauer Durchschnitt. Aber vielleicht ist es ja eben das?

„Mann, Lisa, das erklär ich doch grade! Alles geht, nur manche müssen sich eben mehr Mühe geben als andere!"

Lisa soll es recht sein. Dann fragt Ellen, wie das eigentlich bei ihr und Samuel ist.

„Was soll wie sein?"

„Na, euer Horoskop?"

Erstaunt muss Lisa zugeben, dass sie keine Ahnung hat. Sie weiß nicht mal, was für ein Sternzeichen Samuel ist.

Das haut Ellen jetzt um: „Aber er ist doch Profi? Findest du es nicht komisch ist, dass ihr noch nicht darüber geredet habt?"

Na ja, so gesehen..."Man muss diesen ganzen Esokram ja nicht überbewerten? Früher hat uns das doch auch nicht die Bohne interessiert."

„Stimmt schon. Aber jetzt sitzt du an der Quelle und vielleicht hättest du dir den Stress mit Vangelis sparen können, wenn du von Anfang an mehr über sein Wesen gewusst hättest?"

Lisa ist sprachlos. Was ist denn mit Ellen los?

Die behauptet, dass sie im Moment einfach offen für Neues ist. Für ALLES Neue. Weil sie selbst eine

Veränderung durchmacht. Und weil das Gespräch mit Silvie wirklich interessant war.

Lisa bleibt skeptisch: „Silvie war schon immer so, wie sie ist. Und bisher hast du sie nie ernst genommen."

Ellen will in Zukunft eben nicht mehr so rational sein. Überheblich auch nicht. Immerhin war es Silvia, die die Idee zu dem Gutschein bei Samuel hatte. Und war das vielleicht nicht schicksalhaft? Fakt ist doch, dass Lisa ohne Silvia vermutlich immer noch Vangelis nachweinen würde und Samuel gar nicht erst kennen gelernt hätte.

Lisa gibt's auf.

Gut, dann interessiert sich Ellen jetzt eben für Esoterik. Gibt Schlimmeres.

Außerdem wechselt sie jetzt sowieso das Thema und kriegt sich gar nicht mehr ein, wie toll Samuel doch ist.

In dem Punkt ist Lisa sofort ganz auf ihrer Seite.

Ja, Samuel ist der Beste. Der Schönste, der Klügste, der Liebste.

Lisa kann echt nicht glauben, dass sie ihn erst seit ein paar Tagen kennt. Wie konnte sie ohne Samuel überhaupt leben?

Ellen umarmt die Freundin. Sie freut sich ja so, dass sie endlich den Richtigen gefunden hat!

Lisa wird ganz rührselig vor Glück. Am liebsten würde sie Samuel auf der Stelle um den Hals fallen und ihn nie wieder loslassen.

Ellen fragt, warum sie es nicht tut?

Seit wann ist Ellen so spontan? Irgendwas stimmt echt nicht mit ihr. Außerdem muss Samuel doch arbeiten.

Ellen findet, dass er sich sicher für einen Kuss von seiner Kundin loseisen könnte?

Lisa zögert, dann winkt sie dem Kellner: „Zahlen bitte!"

Beide kichern wie Teenager, als sie zu Ellens Auto gehen.

***

Ellen hält schräg gegenüber von Samuels Haus, vor der schäbigen Pizzeria. Sie bleibt sitzen während Lisa beschwingt die Stufen zu Samuels Tür hoch läuft.

Sie klingelt.

Nichts.

Lisa klingelt noch mal.

Jetzt hört man drinnen Schritte.

Eine fremde Frau öffnet.

Lisa ist einen Moment perplex. Aber dann fällt ihr ein, dass die Frau Samuels Kundin sein muss.

Sie sieht auch ziemlich esoterisch aus. Lange, Henna gefärbte Haare mit rausgewachsenem Ansatz.

In Wirklichkeit sind die Haare mausgrau. Die Frau trägt einen langen Schlabberrock und ein Trägerhemdchen.

Sie hat die Achseln nicht rasiert.

All das registriert Lisa während sie sich kurz räuspert.

Dann entschuldigt sie sich, dass sie stört und fragt, ob sie Samuel kurz sprechen kann.

Die Frau wirft Lisa nun ihrerseits einen abschätzenden Blick zu, bevor sie fragt worum es geht. Freundlich ist sie nicht gerade.

Lisa kommt sich plötzlich blöd vor.

Sie kann Samuels Kundin schließlich nicht sagen, dass sie den großen Magier nur eben schnell küssen will.

Außerdem geht das die nichts an.

Also stottert sie rum: „Ich...es...also es dauert bestimmt nicht lange. Es...ist privat..."

Die Frau schaut sie halb überrascht, halb feindselig an.

Sie behält Lisa im Auge, während sie über die Schulter ruft: „Samuel, Schatz, hier ist so ne Frau für dich?"

Ohne ein weiteres Wort weicht Lisa zurück, stolpert die Stufen runter, rennt über die Straße, rennt vorbei an Ellen, rennt einfach weiter die Straße runter.

Am liebsten wär sie tot. Oder besser die Esoschlampe würde auf der Stelle der Schlag treffen. Und Samuel gleich mit. Sie versteht plötzlich jeden einzelnen Mörder den sie je verhaftet hat.

Dann wird sie von hinten gepackt. O.k., das wird SIE sein.

Sie wird Lisa gleich ein Messer in die Brust rammen, und Samuel wird vom Haus aus zusehen und lachen.

Aber es ist Ellen.

Ellen, die Lisa ohne eine Frage zu stellen, zurück zum Auto zieht. Sie setzt sie auf den Beifahrersitz und verriegelt vorsichtshalber die Tür. Dann ruft sie Carsten an und sagt seiner Mailbox, dass es später wird.

Jetzt beginnen Lisas Tränen zu laufen.

Sie beschwört die Freundin, keinen Fehler zu machen. Sie soll auf der Stelle heimgehen zu ihrem Carsten, soll ihn nie wieder aus den Augen lassen, soll alles tun, was er will, weil sie sonst noch so enden wird wie sie selbst.

Ellen will wissen, was eigentlich Lisas Problem ist.

Lisa lacht hysterisch. Sie war doch tatsächlich so blöd, sich einzubilden, Samuel würde sich was aus ihr machen! Es gab genügend Warnzeichen, aber sie hat sie alle ignoriert! Genau so wie sie ignoriert hat, dass Vangelis eine feste Freundin hat!

Wieder lacht sie hysterisch und Ellen schlägt sie mitten ins Gesicht.

Dann nimmt sie sie an den Schultern und schüttelt sie: „Lisa? Lisa, was ist passiert?"

Lisa kommt tatsächlich zu sich. Sie schluckt die hysterischen Lacher und auch den Heulkrampf runter und fragt recht gefasst, ob Ellen die Tusse gesehen hat.

„Die die Tür aufgemacht hat? Ja, wieso, was ist mit der?"

„Sie ist seine Freundin!"

Ellen starrt Lisa fassungslos an.

„Sie hat Schatz zu ihm gesagt."

An Ellens Hals erscheint ein roter Fleck: „Die hässliche Kuh? Die passt doch gar nicht zu ihm?"

Ja, das findet Lisa auch.

Aber sie wird sich nichts mehr vormachen.

Nicht schon wieder.

Diesmal wird sie den Tatsachen ins Auge sehen. Die Tatsachen sind: Samuel hat eine feste Freundin. Der Mistkerl hat vermutlich nicht mal gelogen, als er behauptet hat, nicht verheiratet zu sein. Man kann ja auch prima ohne Trauschein zusammenleben.

Nun ist jedenfalls klar, wer neulich angerufen hat, als er Lisa gar nicht schnell genug aus dem Haus kriegen konnte. Nun ist auch klar, warum er sie nach dem Biergarten keinesfalls mit zu sich nehmen konnte. Warum sie nie einen anderen Raum als das dämliche Arbeitszimmer gesehen hat. Weil überall sonst Zeug von der unappetitlichen Schnepfe rumliegt. Von wegen, er hätte sich ernstlich in Lisa verliebt. Verarscht hat er sie!

„Das hätte ich im Leben nicht von ihm gedacht!", Ellen ist wirklich erschüttert. „Außerdem, wie macht er das? Was erzählt er dieser Frau, wenn er ständig bei dir übernachtet?"

Stimmt. Was? Oh nein! Lisa wird sich nicht an diesen Strohhalm klammern.

Sie will das einfach nicht mehr. „Ellen, ich hab keine Ahnung und es interessiert mich auch nicht. Sprich den Namen einfach nie wieder aus, o.k.!? Und...es wär echt nett, wenn du mich nach Hause fahren könntest?"

„Das kommt überhaupt nicht in Frage! Du stehst unter

Schock und kannst heute Nacht nicht allein bleiben."

„Ellen, ich bin o.k.!"

Ellen ignoriert den Einwand: „Entweder ich übernachte bei dir, oder ich bring dich jetzt zu Jan?"

Wenn Ellen schon wieder eine Nacht außer Haus verbringt, kann sie Carsten knicken. Wenn sie ihn, ausgerechnet jetzt, wo er sich solche Mühe gibt, vor den Kopf stößt, verkraftet das sein Ego nicht. Dann ist nicht mehr SIE diejenige, die entscheidet, ob es diese Beziehung weiterhin gibt.

„Ellen, das geht nicht! Bring mich heim und dann geh zu Carsten. Ich komm klar."

„Gut, also zu Jan."

Bevor Lisa weiter protestieren kann, merkt sie zum Glück gerade noch, wie gern sie bei Jan übernachten möchte.

Klar, noch lieber wäre sie so stark, dass ihr diese neuerliche Katastrophe einfach nichts ausmachen würde, aber man muss realistisch sein.

Also lehnt sie sich einfach zurück und schließt die Augen, um die Tränen wegzudrücken.

Es funktioniert nicht.

***

Ein Blick in Ellens blasses und Lisas verheultes Gesicht reicht und Jan weiß, dass etwas wirklich Schlimmes passiert ist.

Er nimmt Lisa in den Arm und wartet einfach ab, bis sie von sich aus reden will.

Andrea zieht sich diskret in die Küche zurück. Ellen geht mit.

Bestimmt klärt sie ihn über alles auf, aber das ist Lisa

nur Recht. Dann muss sie selbst es nicht tun.

Lisa sagt kein Wort, weint nur wieder ein bisschen und genießt es einfach, von Jan festgehalten zu werden.

Dann kommt Ellen unsicher wieder aus der Küche raus. So wahnsinnig viel kann sie Andrea nicht erzählt haben. Sie fragt Lisa, ob es wirklich in Ordnung ist, wenn sie dann jetzt geht?

Lisa schnieft und nickt.

Jan streichelt Lisas Rücken und versichert Ellen, dass alles in bester Ordnung ist. Ellen geht seufzend und schließt leise die Tür hinter sich.

Dann kommt Andrea mit einem Riesenteller Profiteroles und als der Teller, plus zwei Flaschen Wein, leer sind, hat Lisa das Schlimmste bereits hinter sich.

Sie hat kurz und sachlich von dem Drama berichtet und betont nun, dass gute Freunde sowieso viel wichtiger sind, als ein weiterer Kerl, der sie mal wieder unglücklich gemacht hat.

Und jetzt will Lisa nie wieder ein Wort über einen windigen Betrüger, der sich Magier schimpft, verlieren.

Sie denkt auch nicht dran, an ihr Handy zu gehen, das penetrant immer wieder klingelt.

Auch die SMSen, die im 5 Minuten Takt ankommen, löscht sie, ohne sie zu lesen. Sie sieht ja, wer sie erreichen will.

„Hör mal, Lisa", versucht es Jan schließlich ganz vorsichtig, „du müsstest ihm ja nicht antworten? Aber du könntest doch wenigstens eine von den SMSen lesen? Wer weiß, vielleicht ist alles nur ein Missverständnis?"

„Si, vielleicht ist die Frau seine Schwester?", versucht es auch Andrea.

Aber Lisa hat einen Entschluss gefasst: „Sie hat SCHATZ zu ihm gesagt! Wozu soll ich mir also seine Lügen anhören?"

„Na ja", Jan kann sich die kleine Spitze nicht verkneifen, „immerhin ruft er dich an. Ungefähr zehnmal allein in der letzten Stunde! Das ist ein enormer Pluspunkt im Vergleich zu Vangelis, der..."

Lisa unterbricht genervt: „Vangelis ist ja nun wirklich kein Maßstab! Aber danke, dass du mich daran erinnerst, dass ich mich innerhalb einer Woche gleich zweimal zum Deppen gemacht habe!"

„Cara", tröstet Andrea, „nichts ist deine Schuld. Es sind die Männer, die so schlecht sind."

„Genau. Und deshalb brauch ich keinen mehr! Nie mehr! Zumindest keinen, der nicht schwul ist." So, und damit streckt sich Lisa auf dem Sofa aus und schließt die Augen.

„Komm Amore, wir gehen auch schlafen", hört sie Andrea flüstern. „Aufräumen kann ich morgen."

Dann hört Lisa die beiden aus dem Zimmer schleichen.

Zum Glück ist sie müde und betrunken genug, um einzuschlafen, bevor sie wieder spüren würde, wie verletzt sie ist.

Samstag

Am nächsten Morgen sieht die Sache anders aus.

Lisa schafft es einfach nicht, sich weiter einzureden, sie wäre ohne Samuel besser dran.

Sie gesteht sich ein, dass sie diesmal wirklich gehofft hat, es könnte was ganz, ganz Ernstes sein.

Was für immer sogar.

Die pochenden Kopfschmerzen tragen nicht grade dazu bei, dass sie sich besser fühlt.

Ein Blick in den Spiegel im Bad gibt ihr den Rest.

Sie sieht zum Kotzen aus. Käseweiß, strähnige Haare, rote, verquollenen Augen. Dagegen war der Trampel gestern glatt eine Schönheit!

Zu allem Überfluss hat Lisa in ihren Klamotten geschlafen, und das ist nicht zu übersehen. Sie muss vor der Arbeit unbedingt noch heim und sich umziehen!

Wie spät ist es eigentlich?

Kraftlos lässt sich Lisa auf den Rand der Badewanne sinken und ruft nach Jan.

Jan kommt sofort: „Ist dir schlecht?"

Er sieht auch nicht grade wie das blühende Leben aus, aber er ist immerhin da. Das heißt, dass es noch früh genug ist, um ins Büro zu gehen.

„Geht schon", bringt Lisa raus. „Wir haben nicht verschlafen, oder?"

Jan schüttelt vorsichtig den Kopf: „Ist doch eh Samstag."

Lisa schöpft kurz Hoffnung: „Dann kann ich mich einfach wieder hinlegen?"

Jan zögert: „Na ja, also ICH geh ins Büro. Uns bleibt ja nicht mehr viel Zeit...."

Scheiße! Reinert! Wie konnte Lisa Reinert vergessen?

Natürlich werden sie eine Wochenendschicht einlegen.

„Ich Volldepp. Natürlich komm ich mit."

Jan lächelt. Etwas Anderes hätte er von Lisa auch nicht wirklich erwartet. „Andrea hat es vor seiner Arbeit nicht mehr geschafft, frische Semmeln zu holen. Es gibt nur Kaffee und Toast?"

„Bitte nicht!" Lisa würde keinen Bissen runterbringen. Sie schaut verlegen an sich runter: „Aber können wir schnell noch bei mir vorbeifahren?"

„Klar."

„Und Jan, kannst du mir eine Sonnenbrille leihen? Nur, bis ich meine eigene geholt hab?"

„Alles, was du willst!"

Lisa atmet tief durch: „Danke. Können wir dann sofort los? Ich...darf mich jetzt nicht hängen lassen, weißt du?"

Als sie wenig später bei Lisa um die Ecke biegen, steht Samuels Auto vor ihrer Haustür.

Und zwar wirklich vor ihrer Tür, auf dem Bürgersteig nämlich.

Lisa wird schlecht. Noch schlechter, als ihr ohnehin schon ist.

Sie kann sich jetzt Samuel nicht stellen!

Jan bleibt in zweiter Reihe stehen: „Ich komm mit."

Lisa nickt dankbar.

Jedes Wort erübrigt sich.

Jan öffnet Lisa die Beifahrertür und legt beschützend den Arm um sie.

Langsam aber sicher schiebt er sie, an Samuels Auto vorbei, zur Haustür.

Es lässt sich praktisch gar nicht vermeiden, dass Lisa einen Blick ins Wageninnere wirft.

Oh mein Gott!

Samuel sitzt drinnen!

Besser gesagt, er kauert über dem Lenkrad und schläft.

Und genau in diesem Augenblick hebt er den Kopf, schlägt er die Augen auf und schaut direkt in Lisas Gesicht.

Reflexartig klammert sich Lisa an Jan und küsst ihn mitten auf den Mund.

Jans Sonnenbrille rutscht ihr halb von der Nase, aber das ist jetzt egal.

Lisa knutscht ihn wild und leidenschaftlich ab.

Jan ist viel zu überrascht, um sich zu wehren.

Erst als Samuel den Motor aufheulen lässt und Lisa notgedrungen zur Seite springt, presst er hervor: „Jetzt übertreibst du aber!"

Während Samuel mit quietschenden Reifen auf die Straße schlingert entschuldigt sich Lisa verlegen bei Jan.

***

Immer noch blass und immer noch mit Sonnenbrille, wenn jetzt auch mit ihrer eigenen, aber mit frischen, bewusst fröhlichen Klamotten, betritt Lisa, Seite an Seite mit Jan, der mittlerweile herzhaft über Lisas Kussattacke gelacht hat, das Büro.

Carsten lehnt selbstzufrieden an ihrem Schreibtisch: „Na endlich!"

Lisa fängt an, Entschuldigungen a la Magenverstimmung zu murmeln, wird aber ungeduldig unterbrochen: „Hauptsache, jetzt bist du einsatzbereit."

Jan ärgert sich offensichtlich über Carstens Ton: „Was ist denn so Wichtiges passiert, Herr Mayr? Immerhin haben wir Wochenende."

Jan hat das ‚Herr Mayr' betont.

Lisa weiß, dass er froh ist, dass Carsten ihm nie das Du angeboten hat. Obwohl das neulich im Biergarten eigentlich normal gewesen wäre.

„Och, nichts, außer dass ich heute Nacht euren Job gemacht habe. Nachdem keiner von euch beiden an sein Handy gegangen ist."

Jan wirft einen möglichst unauffälligen Blick auf sein Handy, das tatsächlich tot ist. „Ehm, das...das tut mir leid. Mein Akku ist leer."

Scheiße, Jan vergisst sonst nie, sein Handy aufzuladen. Das kann nur daran liegen, dass er so von Lisas Drama in Anspruch genommen ist. Sie selbst ist davon ausgegangen, dass es sowieso nur Samuel war, der sie ständig erreichen wollte und für den sie nicht zu sprechen war. Nie wieder sein wird.

Carsten wischt Jans Entschuldigung beiseite, erwartet von Lisa offensichtlich eh keine Erklärung: „Sehr unprofessionell, Högl, aber Schwamm drüber", er macht eine bedeutungsvolle Pause, bevor er die Bombe platzen lässt: „Der Fall Hilde Reinert ist gelöst. Ich hab heute Nacht den Mörder verhaftet!"

Was? Welchen Mörder denn? Der Mörder ist Klaus Reinert und sitzt seit gut 42 Stunden in Untersuchungshaft.

Lisa kommt ein schrecklicher Verdacht: „Du hast doch Reinert nicht laufen lassen? Wir haben noch ein paar Stunden um weitere Beweise zu finden und... "

Wieder unterbricht Carsten: „Hast du mir nicht zugehört? Klaus ist unschuldig, wie ich es von Anfang an gesagt habe! Aber keine Sorge, er befindet sich noch in Gewahrsam. Allerdings habe ich Anweisung gegeben, seine Entlassung vorzubereiten." Er kann sich ein selbstgefälliges Grinsen nicht verkneifen: „Sobald ihr euch von der Richtigkeit meiner Recherchen überzeugt habt, werdet ihr euch offiziell bei Klaus entschuldigen. Danach ist er ein freier Mann!"

Lisa und Jan wechseln einen alarmierten Blick.

Dann will Jan beherrscht wissen, WEN Carsten nun verhaftet hat?

Aber der genießt sein Spielchen: „Högl, Högl, darauf hätten Sie eigentlich selbst kommen müssen. Aber folgen Sie mir doch ins Vernehmungszimmer."

Er schreitet federnd zur Tür: „Sie auch, Lisa!"

O.k., die Variante ist neu. Sie und Lisa? Egal.

Lisa hat wirklich andere Probleme.

Neben ihrer privaten Misere muss sie augenblicklich, jetzt sofort, Reinerts Schuld wasserdicht beweisen und dem armen Teufel, den Carsten bestimmt die ganze Nacht zur Schnecke gemacht hat, beistehen.

Carsten öffnet schwungvoll die Tür zum Vernehmungszimmer, und Lisa tastet unwillkürlich hinter sich.

Wie sie gehofft hat, findet sie dort Jans breite Brust, an die sie sich einen kurzen, ganz kurzen Moment anlehnt.

Das Häufchen Elend, das zusammengesunken am Tisch sitzt und von einem Uniformierten bewacht wird, ist Markus!

Lisa bringt kein Wort heraus.

Auch Jan krächzt nur: „Morgen, Markus."

Zur Antwort schluckt Markus schwer. Keine Frage, er sieht nicht viel besser aus, als in der Nacht, in der er Hilde gefunden hat.

Carsten, in Siegerlaune, doziert genüsslich, während er auf und ab geht und sich ungeniert die Hände reibt: „Ich werde im Folgenden also noch einmal die Ereignisse der vergangenen Nacht rekonstruieren. Markus, Sie unterbrechen mich, wenn ich falsch liege."

Markus will etwas sagen, lässt aber dann doch einfach nur den Kopf wieder hängen.

„Ich habe heute Nacht einen SMS erhalten. Der

Wortlaut war: Klaus Reinert ist unschuldig."

Lisa behält Markus besorgt im Auge. Aber der zeigt keine Reaktion.

Jan hat sich Markus gegenüber an die Wand gelehnt. Er schaut aufmerksam, mit einer gehörigen Spur Skepsis. Lisa hofft, dass diese Skepsis Carsten und nicht Markus gilt. Siedend heiß fällt ihr ein, was Jan nach dem Besuch bei der Psychologin mal angedeutet hatte. Zum Glück muss sie im Moment darüber nicht länger nachdenken, denn Carsten doziert weiter:

„Ich gebe zu, dass ich zunächst irritiert war, denn der Absender dieser Nachricht war Hilde!"

„Spinnst du?" Lisa hält sich erschrocken die Hand vor den Mund. Das hätte sie jetzt nicht sagen sollen. Es ist ihr wirklich rausgerutscht. Aber hallo, wie bitteschön, soll Hilde SMSen versenden?

Carsten überhört Lisas Fauxpas großzügig. So besessen ist er von dem Unsinn, den er verzapft: „Nach dem ersten Schock habe ich logisch überlegt. Selbstverständlich konnte die Nachricht nicht von Hilde sein, wohl aber von ihrem Handy."

„Das wurde überprüft?" Jans Miene ist undurchsichtig.

„Wozu?" Carsten sonnt sich in seinem Glanz: „Ich hab Hildes Nummer in meinem Speicher. Ich musste also nur herausfinden, wo, oder besser in wessen Hand, sich ihr Handy befindet und habe gehofft, dass Markus mir hier weiterhelfen könnte. Folglich bin ich mit zwei Beamten zu ihm gefahren. Euch hab ich ja nicht erreicht."

Lisa starrt Carsten gebannt an.

„Unser junger Mann hier", er wirft Markus einen abfälligen Blick zu, „hat natürlich behauptet, er wüsste nicht, wo das Handy seiner Mutter ist. Ich hab ihn gebeten nachzusehen und..."

Jetzt kommt Leben in Markus: „Ich hab wirklich nicht gewusst, wo das beknackte Teil rumliegt! Weil Mum es eh nie benutzt hat. Meine beiden Eltern sind Handyhasser!"

Carsten lacht kalt: „Ja, den Bären wollte er mir auch aufbinden. Wie auch immer, ich hab ihn gebeten, es zu suchen. Während er also, pro forma natürlich, in Hildes Zimmer alle Schubladen durchgesehen hat, hab ich die Beamten in sein eigenes Zimmer geschickt. Und, was haben sie dort wohl gefunden?"

„Das Handy?" fragt Jan höflich.

Doch diese Schlussfolgerung scheint Carsten eher zu verärgern. „Das lag dann letztendlich in der Küche, aber das ist zweitrangig." Er fixiert Markus: „Vielleicht sagt uns der junge Mann selbst, was in SEINEM Zimmer sichergestellt wurde?"

Markus schweigt, jetzt trotzig.

„Na schön", Carsten kommt zum Tisch und wischt einen Asservatenbeutel in Richtung Lisa, „was würdest du dazu sagen?"

Lisa registriert kurz, dass Carsten sie nun wieder duzt und nimmt den Beutel hoch: „Flugtickets?"

Sie schaut irritiert zu Jan. Der zieht alarmiert eine Braue hoch.

„Richtig. Zwei Tickets nach Australien! Ausgestellt auf Markus Reinert und Sonja Uhlen! Hinflug Donnerstag in einer Woche, Rückflug offen. Interessant ist auch das Ausstellungsdatum! Nämlich Montagmittag, 12:17, also circa eine Stunde vor Hildes Tod!" Er schaut beifallheischend in die Runde. „Wenn das nicht eindeutig ist?"

Lisa ist sich vollkommen darüber im Klaren, dass Carsten Recht haben KÖNNTE. Aber sie würde sich lieber die Zunge abbeißen, als das jetzt so ohne weiteres zuzugeben.

Leider fällt ihr Jan in den Rücken: „Sonja wäre mitgekommen? Das…ändert natürlich Einiges…"

Markus haut mit der Faust auf den Tisch: „Ja, was denn? Darf ich nicht nach Australien fliegen? Mit Sonja oder auch ohne sie? Habt ihr sie eigentlich noch alle?"

Lisa bemüht sich, ganz ruhig zu klingen: „Natürlich können Sie nach Australien fliegen, Markus! Aber…es ist, also es ist ein bisschen überraschend, dass sie Ihre Mutter allein gelassen hätten?"

„Sie hat mich doch jetzt nicht mehr gebraucht!"

„Richtig! Weil sie tot sein würde! Weil Sie sie vergiftet haben!", bellt Carsten.

„Nein! Weil sie in dieses Sanatorium wollte! Und weil sie danach wieder gearbeitet hätte! Es war ganz einfach nicht mehr wichtig, dass ständig einer um sie rum ist."

Was Markus sagt, klingt logisch.

Aber Lisa ist Profi genug, um nachzubohren: „Wieso haben Sie uns nie von Ihren Plänen erzählt? Sie haben kein Wort davon gesagt, dass sie am Montag diese Flüge gebucht hatten?"

„Scheiße, ich hab das echt verdrängt!", Markus ist hochemotional und wirkt dabei hilflos und sehr jung. „Ich…ich hab Sonja überraschen wollen. Sie hat an dem Tag doch Geburtstag gehabt. Australien, das war schon ewig der absolute Traum für uns! Ich hab die Tickets im Reisebüro geholt, und dann hab ich sie in meinem Zimmer versteckt. Ich wollte sie Sonja später zeigen. Deshalb…ist sie doch in der Nacht noch mit zu mir gekommen…"

„Moment mal, Markus!" Jan ist beunruhigend sachlich. „Sie und Sonja sind kein Paar mehr. Warum sollte sie mit Ihnen ans andere Ende der Welt gehen?"

Markus scheint ehrlich irritiert. „Australien ist einfach

nur geil! Und Sonja hat doch hier nichts, was sie hält? Logisch wär sie mitgekommen!"

Ja. Ja, vermutlich wär sie das wirklich.

Lisa nickt nachdenklich, Jan fragt weiter: „Wusste Ihre Mutter, dass sie nach Australien gehen wollten?"

Wieder scheint Markus irritiert: „Ja, klar hat sie's gewusst. Ich knall ihr doch so ein Ding nicht erst kurz vor Abflug vor den Latz!? Mum und ich haben das lang und breit besprochen! Mum WOLLTE, dass ich endlich losziehe."

Jan schüttelt skeptisch den Kopf: „Das Problem ist, dass wir Hilde nicht mehr fragen können. Und ich finde es nach wie vor extrem seltsam, dass Sie uns nichts von Ihren Plänen erzählt haben. So eine Sache vergisst man nicht einfach. Man verdrängt sie auch nicht."

„Verdammt, das war doch alles, bevor Mum da tot auf dem Sofa lag! Und seitdem...seitdem hab ich überhaupt an gar nichts mehr gedacht! Nur noch daran, dass mein Vater für diese Sauerei zahlen muss!"

Das ist das Stichwort für Carsten: „Sie haben nur daran gedacht, wie Sie ungeschoren davonkommen. Sehr klug eingefädelt, das muss ich schon sagen. Sie beseitigen die lästige Mutter und schicken den verhassten Vater dafür ins Gefängnis. Und machen sich als Alleinerbe, nachdem ihr Vater wegen Mordes verurteilt wurde, mit Ihrem Mädel einen Lenz am anderen Ende der Welt."

„Nein!", Markus sieht aus, als würde er nun wirklich gleich heulen.

Lisa kommt ihm zu Hilfe: „Aber warum sollte er dann diese SMS schicken, dass sein Vater unschuldig ist? Das wär doch bescheuert!"

Carsten kann das leicht erklären: „Hat er eben doch noch ein schlechtes Gewissen bekommen, bevor er sich aus dem Staub macht."

Das wäre eine Erklärung, aber Lisa will das so wenig wahrhaben, dass sie Carsten ohne Rücksicht auf Markus und den Polizisten anpampt: „Wie blöd muss denn einer sein, dass er so ne Nachricht ausgerechnet von Hildes Handy aus losschickt? Wenn, dann macht man so was anonym! Und deine Theorie mit dem Erbe kannst du dann auch knicken! Wenn Reinert nicht verurteilt wird, ist ER derjenige, der den Löwenanteil erbt!"

„Ich wette, für Markus bleibt genug übrig! Ich habe bereits beim Notar der Familie eine Nachricht hinterlassen. Sobald er zurückruft, werden wir wissen, wie Hildes Testament im Einzelnen aussieht", schießt Carsten zurück.

„Hört ihr mir eigentlich zu? Ich hab die verfluchte SMS nicht geschrieben!" Das war Markus, und er war sehr laut.

Lisa will Markus gern glauben.

Aber wer hat die Nachricht dann geschrieben?

Lisa hat da einen Verdacht, aber bevor sie den aussprechen kann, fragt Jan Markus nach seinem Alibi für die Tatzeit.

Markus war in der Kletterhalle. Und das hat er sehr wohl von Anfang an gesagt!

Jan bleibt hart: „Von wann bis wann genau, und wer kann das bezeugen?"

„Ich hab ab 15:00 Uhr die Kids trainiert. Dafür gibt es tausend Zeugen!"

„Das nutzt Ihnen nichts! Sie haben Ihre Mutter getötet und danach das Training gemacht!"

Carsten sonnt sich in dem Wissen, dass er Recht hat. Theoretisch.

Markus springt auf: „Jetzt reicht's, ja!? Ich bring meine Mum um und dann mach ich Späßchen mit den Kids? Seid ihr komplett bescheuert? Glaubt ihr wirklich, ich bring so was?"

Nein, das glaubt Lisa nicht: „Markus, wo waren Sie vorher? Nachdem Sie zuhause los und bevor Sie zur Kletterhalle sind?"

„Im Reisebüro. Und dann war ich im Supermarkt in der Humboldstraße! Ich hab Sekt und Kekse und Kerzen besorgt, und dann hab ich das Zeug schon mal an der Isar deponiert. Weil ich ja gewusst hab, dass wir um Mitternacht dort anstoßen."

Markus hat natürlich keinen Kassenzettel, der das belegen könnte, aber Lisa notiert sich die Adresse von dem Supermarkt. Sie wird das überprüfen. Vielleicht erinnert sich dort ja jemand an Markus?

Carsten ruft bei Ellen im Labor an und erfährt, dass Hildes Handy vor Fingerabdrücken nur so wimmelt. Auch die von Markus sind dabei.

Markus klatscht Beifall: „Meine Fresse, seid ihr schlau! Jetzt habt ihr mich am Arsch!"

Jan findet nicht, dass Markus in der Position ist, polemisch zu sein. Vielmehr ist seine Lage verflucht ernst.

Aber Markus fragt sehr richtig, was man aus seinen Fingerabdrücken groß schließen will. Natürlich hat er das Handy seiner Mutter in der Hand gehabt. Er hat ihr die Mailbox eingerichtet, das Adressbuch angelegt und den Klingelton eingestellt. Hilde hatte doch keine Ahnung, wie man so was macht!

Carsten lässt das nicht gelten. Er möchte, dass Markus jetzt in eine Zelle gebracht wird.

Markus schaut Lisa mit angsterfüllten Augen flehend an.

Lisa bittet Carsten um ein Gespräch unter vier Augen.

Carsten zögert.

Jan schließt sich Lisa an. Er möchte bei dem Gespräch dabei sein.

***

Draußen auf dem Flur stellt Lisa klar, dass Hilde nicht mit ihrem Handy, sondern mit einem Barbiturat getötet worden ist. Selbst wenn, was Lisa nicht glaubt, Markus die SMS geschrieben hätte, bleibt die Tatsache bestehen, dass auf dem Fläschchen, der Tatwaffe also, die Fingerabdrücke seines Vaters nachgewiesen wurden!

Jan seufzt: „Und die weiterer Personen! Eine weitere Person kann durchaus Markus sein.

Carsten nickt eifrig: „Richtig, Högl! Ellen ist gerade dabei, das zu überprüfen."

Lisa möchte Wetten abschließen, dass das Ergebnis negativ sein wird.

„Und selbst wenn Ellen nichts findet...", Carsten ist echt total fanatisch, „heißt das doch nur, dass der Junge Handschuhe getragen hat?"

„Das halte ich für unwahrscheinlich", endlich ist Jan auch mal auf Lisas Seite. „Markus hätte seiner Mutter kaum erklären können, warum er bei 30° im Schatten mit Handschuhen Kaffee trinkt. Außerdem hätte er dann auch die anderen Abdrücke verwischt, und die waren doch glasklar, oder?"

Lisa versucht das jetzt einfach mal: „Ich finde, wir sollten Markus laufen lassen."

Erwartungsgemäß findet ihr Vorschlag wenig Anklang.

Lisa hat nichts anderes erwartet, aber sie macht unverdrossen weiter und hofft, dass Jan ihr keine Knüppel zwischen die Beine schmeißt: „Versteht mich nicht falsch. Ich halte es mittlerweile für sehr gut möglich, dass ich mich geirrt habe. Vermutlich ist

Reinert wirklich unschuldig…"

„Schön, dass du endlich Vernunft annimmst!", Carsten ist angenehm überrascht.

„Trotzdem Carsten, ich bitte dich, ihn vorerst in Haft zu lassen. Nur solange, bis wir wissen, wer diese SMS geschrieben hat."

Jetzt schaut Carsten wieder unwillig und Lisa muss schnell verhindern, dass er ihre List durchschaut: „Überleg doch mal: Wer kann wissen, dass Klaus Reinert unschuldig ist? Richtig, der wahre Täter! Und wenn wir nicht auf seine Nachricht reagieren, und Reinert nicht freilassen, dann wird er bestimmt weitere Schritte unternehmen. Und mit etwas Glück wird er sich verraten!"

Lisa weiß natürlich, wie widersprüchlich diese Theorie ist. Denn warum sollte der wirkliche Mörder ein Interesse daran haben, dass man Reinert gehen lässt? Nein, sie denkt, dass diese SMS nur eine Kurzschlusshandlung war. Ein unbedachter, hilfloser Versuch, zu retten, wo nichts mehr zu retten ist. Von jemandem, der Reinert mag und der die Wahrheit nicht akzeptieren kann. Und sie ahnt, wer da in Frage kommt.

Jan runzelt die Stirn, aber dann entscheidet er sich, Lisa zu unterstützen: „Im Idealfall, ja. So oder so aber dürfte der Absender jemand sein, der mehr über Hildes Tod weiß, als wir. Wir sollten diesen Jemand dringend identifizieren."

Glaubt Jan das wirklich? Lisa ist sich nicht sicher.

Egal, Carsten schluckt die Kröte: „Meinetwegen. Schickt also den Jungen nach Hause. Aber wenn er sich aus dem Staub macht, tragt ihr die Konsequenzen! Und was Klaus betrifft: Ihr habt noch vier Stunden."

Damit geht er hocherhobenen Hauptes weg.

Lisa atmet aus. „Das war knapp. Und danke, Jan, dass

du mitgespielt hast!"

Jan schaut nachdenklich: „Hoffentlich war das kein Fehler. Ich bin mir gar nicht so sicher, ob es Markus nicht doch gewesen ist? Und ich rede jetzt nicht nur von der SMS."

Lisa nickt, auch wenn sie diese Möglichkeit erstmal ganz hinten anstellen würde.

Sie bittet Jan, Markus heimzufahren. Inzwischen wird sie sein Alibi, den Einkauf im Supermarkt, überprüfen.

Jan seufzt: „Du weißt, dass so ein Alibi nicht viel wert wäre? Markus könnte sowohl vorher als auch nachher kurz zuhause gewesen sein."

„Jetzt lass es mich trotzdem versuchen."

Jan zuckt ergeben die Schultern. „Ich wünsch dir viel Glück und schick dir gleich ein Foto von Markus auf dein Handy."

Damit geht Jan zurück ins Vernehmungszimmer.

Lisa lächelt ihm erleichtert hinterher. Ihr Plan ist aufgegangen, sie hat Zeit gewonnen, auch wenn es nur vier Stunden sind.

***

Zufrieden berichtet Lisa Jan eine knappe Stunde später, dass sich die Kassierein vom Supermarkt tatsächlich an Markus erinnert. Er hat ihr nämlich erzählt, dass er bald nach Australien gehen wird. Sie wusste sogar, dass er ziemlich genau um halb drei da war. Weil er der letzte Kunde vor ihrer Pause gewesen ist.

Jan überzeugt das leider nicht: „Schau, ich wünsche mir doch auch, dass Markus unschuldig ist. Aber nur weil er um halb drei eingekauft hat, heißt das nicht, dass er Hilde nicht umgebracht haben kann. Und wenn er sogar

der Kassiererin im Supermarkt davon erzählt, ist es für mich extrem unwahrscheinlich, dass er seine Australienpläne ein paar Stunden später wirklich komplett vergessen hat."
Naja, das stimmt schon. Irgendwie.

Ellen kommt mit ein paar Zetteln. Die Fingerabdrücke auf dem Fläschchen sind NICHT die von Markus.
Natürlich nicht!
Jan gibt zu, dass dies Markus jetzt extrem entlastet. Kein Vergleich zur Kassiererin vom Supermarkt.
Ellen fragt, ob sie dann los können?
Lisa versteht nicht gleich. Dann fällt ihr ein, dass Ellen und sie mit Silvia in einem Cafe verabredet sind. Anschließend wollten sie gemeinsam einen Kinderwagen für Silvies Baby kaufen gehen. Lisa hat sich den Termin schon vor Ewigkeiten dick eingetragen. Als sie noch nicht gewusst hat, dass sie an diesem Wochenende alle arbeiten würden.
Jan meint, dass sie ruhig gehen soll.
Aber Lisa hat keinen Kopf für Kinderwägen. Sie müssen doch Reinerts Schuld beweisen! Jetzt sofort! Sonst lässt Carsten ihn laufen!
Jan hat sich damit abgefunden, dass Reinert erstmal freigelassen wird. Aber er kann damit leben, weil er nicht glaubt, dass bei Reinert Fluchtgefahr besteht. Seiner Meinung nach ist er entweder wirklich unschuldig, oder er ist zumindest so davon überzeugt, dass man ihm nichts nachweisen kann, dass er bestimmt sein Leben wie gehabt weiterleben wird.
„Und keinen Finger krumm machen, wenn sein eigenes Kind für ihn im Knast verrottet?" empört sich Lisa.
Ellen hat den Eindruck, dass Lisa eine ganze Menge daran liegt, diesen Reinert aus dem Verkehr zu ziehen?

Lisa betont, dass sie ihn wirklich für einen Mörder hält, steht aber auch dazu, dass sie zusätzlich möglicherweise ein paar eigene Probleme auf ihn projiziert.

Apropos: was passiert denn nun mit dem Vangelistütchen? Ellen schlägt vor, Silvia gleich um Rat zu fragen. Wenn einer weiß, wie man so Zauberzeugs korrekt entsorgt, dann doch sie?

Lisa hält das für keine gute Idee. Silvie würde bestimmt wissen wollen, warum sie nun kein Interesse mehr an Vangelis hat. Und da müsste Lisa ziemlich weit ausholen…fast hat sie ein schlechtes Gewissen, als sie nachrechnet, wie lange sie schon nicht mehr mit ihrer Nachbarin gesprochen hat.

Ellen wischt die Bedenken beiseite: „Silvie ist voll informiert. Oder warum glaubst du, klopft sie nicht mehr bei dir? Weil sie nicht stören will, natürlich."

„Was?" Lisa glaubt, sie hat sich verhört.

Ellen ist sich keiner Schuld bewusst: „Hätte ich sie anlügen sollen? Meinst du wirklich, sie kriegt nicht mit, wenn du über Nacht Besuch hast?"

„Ja, aber…aber warum hat sie mich nicht selber gefragt?", Lisa ist fassungslos. „Statt hinter meinem Rücken mit dir zu tratschen?"

Ellen winkt gelassen ab. „Wir haben nicht getratscht. Wir haben uns unterhalten. Übrigens, ich find es sehr diskret von Silvie, wie sie sich zurückhält. Du weißt genau, wie wahnsinnig sie auf deinen Samuel steht!"

„Er ist nicht mehr IHR Samuel!", korrigiert Jan trocken.

„Und jetzt geht endlich Kaffeetrinken, nehmt das dämliche Tütchen mit und schmeißt es von mir aus in die Isar."

Lisa hört auf zu grummeln und holt das Tütchen aus der Schublade. Doch dann zögert sie: „Vielleicht sollte ich die Sachen besser doch aufheben?"

Ellen und Jan schauen sie ungläubig an.

„Na ja, was ist denn so schlecht an Vangelis? Wenn nichts dazwischengekommen wäre, wären wir doch beim nächsten Vollmond definitiv zu dieser Blutbuche gelatscht? Und jetzt...ich mein...was hält uns ab, es doch noch zu tun?"

Ellen schnaubt empört und auch Jan schüttelt ungläubig den Kopf.

„Pass mal auf", Ellen ist ernstlich sauer, „nur weil es so aussieht, als hätte Samuel dich auch verarscht, wird Vangelis dadurch nicht besser. Er hat noch immer seine feste Freundin und interessiert sich nicht die Bohne für dich! Er ist..."

„Moment!", alles muss Lisa sich auch nicht sagen lassen. „Interessieren tut er sich sehr wohl für mich. Und nach dem Zauber würde er mich sogar heiraten!"

Ellen funkelt Lisa wütend an: „O.k., und was stört dich dann an Samuel, was dich an Vangelis nicht stört? Beide sind in festen Händen, und wenn du den Idioten tatsächlich heiraten solltest, wirst du dich gleich mal dran gewöhnen müssen, dass du dann diejenige bist, die beschissen wird."

Lisa holt Luft, aber Jan ist schneller: „Stop, Mädels! Hört auf zu streiten und geht Kinderwägen kaufen. Dafür hat die Natur euch gemacht."

Lisa und Ellen protestieren gleichzeitig gegen den dummen Spruch.

Jan grinst: „Ihr seid euch also wieder einig? Oder soll ich weiter den Chauvi geben?"

Alle Drei müssen lachen. Dann dreht Lisa seufzend das Tütchen in ihrer Hand hin und her: „War ja nur so ne Idee..."

„Eine selten blöde", muss Ellen doch noch nachsetzen.

Da klopft es und eine hochnervöse Sonja öffnet die Tür einen Spalt: „Ehm...Entschuldigung, ich...ich müsste was Wichtiges sagen..."

Lisa springt auf, stopft das Tütchen schnell in ihre Hosentasche und holt Sonja richtig rein.

Sie rückt ihr den Stuhl vor ihrem Schreibtisch zurecht und bittet Ellen, allein mit Silvie loszuziehen. Sie kann jetzt nicht weg.

Sonja entschuldigt sich wieder. Sie will bestimmt nicht stören, es dauert auch nicht lange, es ist nur....

Lisa wirft Ellen einen vielsagenden Blick zu.

Ellen nickt und geht nun doch allein los, wenn auch nicht gern.

Lisa schaut Sonja freundlich und aufmerksam an: „Also, was gibt es denn?"

Sonja zögert und Jan fragt, ob sie lieber mit Lisa allein reden will.

„Nein, nein, bitte bleiben Sie da! Ich will doch nur...also es ist so..."

Lisa schaut kurz zu Jan, bevor sie den Satz beendet: „SIE haben die SMS geschrieben, nicht wahr?"

Jan guckt dermaßen perplex, dass sich Lisas Lippen unwillkürlich zu einem kleinen, stolzen Lächeln verziehen. Auch wenn sie findet, dass diese Folgerung so naheliegend ist, dass sie selbstverständlich davon ausgegangen ist, dass Jan längst zum selben Schluss gekommen wäre.

Sonja nickt zerknirscht.

Lisa bleibt nett und betont, dass das ja im Prinzip nicht schlimm ist. Sie glaubt eben an Reinerts Unschuld und versucht alles, auch die Polizei davon zu überzeugen!?

Wieder nickt Sonja.

„Ganz bestimmt haben Sie nicht gewollt, dass Markus deswegen verhaftet wird, richtig?"

Sonja schüttelt den Kopf und beginnt zu schluchzen.

„Nicht weinen, Sonja, wir haben Markus wieder heimgeschickt. Alles ist gut."

Sonja schluchzt trotzdem und nickt wieder.

Dann versucht sie, sich zusammenzureißen: „Gestern Abend...da...hab ich Markus kurz besucht, und...hab heimlich Hildes Handy genommen. Markus hatte keine Ahnung. Ich hätte es ihm sagen müssen, aber er glaubt mir ja nicht und...ich weiß doch wirklich, dass Klaus unschuldig ist!"

„Woher wissen Sie das denn so genau?" Jan klingt gelassen, aber Lisa hört den wachsamen Unterton.

Der ist auch angebracht. Die SMS hat den Eindruck, den Lisa von Anfang an hatte, definitiv bestätigt. Sonja verklärt Reinert ohne Ende und wird jederzeit für ihn lügen, wenn es sein muss.

Allerdings hat Lisa nicht mit dem gerechnet, was jetzt kommt.

„Weil...er ist doch nach dem Unterricht sofort nach Hause gekommen! Um zehn nach halb zwei war er da und ich bin dann den ganzen Nachmittag bei ihm geblieben!"

Sonja will Reinert allen Ernstes ein falsches Alibi geben? Meine Güte, das Mädel ist wirklich durch den Wind. Sie übersieht vollkommen, dass Reinert ihren Besuch wohl kaum verschwiegen hätte. „Sonja, Klaus Reinert gibt an, er wär den Nachmittag allein gewesen. Warum sollte er das tun, wenn Sie sein Alibi bezeugen können?"

Sonja schluchzt herzzerreißend.

Lisa versucht, sie zu beruhigen: „Schaun Sie, manchmal muss man eben einsehen, dass jemand, den man sehr gern hat, nicht der nette Mensch ist, für den man ihn hält."

Jetzt bricht es aus Sonja heraus: „Sie haben keine

Ahnung! Klaus will mich schützen. Er KANN nicht zugeben, dass ich bei ihm gewesen bin! Weil...weil das keiner wissen darf! Weil...weil wir uns lieben..." Sonja weint hemmungslos.

Lisa bleibt die Spucke weg und sie stellt Sonja kommentarlos eine Schachtel Kleenex hin.

Dann schaut sie zu Jan, aber der guckt genau so konsterniert wie sie selbst. Sonja will die Geliebte sein? Das geht nun aber wirklich zu weit.

Jan lässt sich seine Irritation nicht anmerken. Weiter sehr gelassen sagt er nur: „O.k., wenn das stimmt, dann wird der alte Herr Munzert, Reinerts Nachbar, das bestimmt bestätigen können?"

„Ja, logisch kann der das", schluchzt Sonja und nimmt sich ein Kleenex. "Sie brauchen ihn bloß zu fragen, aber...bitte! Bitte lassen Sie Klaus endlich frei!"

Moment!

Ist das Mädel vollkommen durchgeknallt? Sie muss doch wissen, dass Herr Munzert ihre Story im Leben nicht bestätigen wird? Oder?

Jan versucht es einfühlsam: „Sonja, wie kommen Sie dazu, die Geliebte von Reinert sein zu wollen? Ich denk, er ist so was wie ein Vater für sie?"

„Schon lang nicht mehr." Sonja scheint ihrer selbst jetzt recht sicher.

Lisa glaubt das einfach nicht.

Gut, sie traut Reinert so einiges zu, aber dass er mit der Freundin seines Sohns ins Bett geht? Nein, das können sie dem netten Markus einfach nicht angetan haben!

Sonja putzt sich die Nase und fängt stockend damit an, dass sie schon immer für Klaus geschwärmt hat. Und irgendwann hat sie gemerkt, dass es mehr ist. Dass sie in ihn verliebt ist.

„Und Markus?" Jan denkt also genau so.

„Markus hat keinen Schimmer! Bis heute nicht. Sie können sich echt nicht vorstellen, wie schlimm das alles ist. Ich hab ja nicht nur Markus total hintergangen, ich...hab doch auch Hilde gemocht und...und Klaus war anfangs sogar noch mein Klassenlehrer. Es war scheiße, richtig scheiße, aber...ich kann doch nichts dafür, dass ich ihn so liebe?

„Nein, Sonja, natürlich nicht", lügt Lisa. Wenn sie ehrlich wäre, würde sie sagen, dass sie das jetzt das Allerallerletze findet! Aber dann würde Sonja vielleicht nicht weiter reden.

„Ich hab mit Markus Schluss gemacht. Ich...er...er steht so total auf mich, dass er sich drauf eingelassen hat, dass wir trotzdem weiter befreundet sind. Er würde alles, echt ALLES tun, wenn er mich nur bloß nicht ganz verliert. Und ich...hab genau so ALLES gemacht, damit ich in der Nähe von Klaus sein kann...", wieder Schluchzen, noch ein Kleenex, „...ich hab alle komplett verarscht..."

„O.k.", Lisa bemüht sich, professionell zu klingen. Da Jan sie einfach machen lässt, scheint das ganz gut hinzuhauen. „Das ist nicht fair, aber auch nicht die ganz große Katastrophe. Bis jetzt jedenfalls nicht. Es sei denn, Sie haben Ihre Konkurrentin, Hilde, umgebracht?

Sonjas Augen weiten sich in maßlosem Entsetzen: „Das...das glauben Sie doch nicht wirklich?"

Gute Frage.

Lisa kann im Moment nicht sagen, ob sie sich das vorstellen könnte. Während sie noch überlegt, macht Jan weiter.

„Sie wollen Reinert helfen, das ist verständlich. Aber wenn Sie weiter behaupten, bei ihm gewesen zu sein und wir finden raus, dass das nicht stimmt, dann haben Sie sich strafbar gemacht und..."

Sonja unterbricht, diesmal klingt ihre Stimme fest und klar: „Hey, ich lüge nicht, o.k.!? Klaus und ich, wir sind zusammen. Ich...hab ihn verführt und dann...ist doch egal. Dann war's halt schnell ziemlich ernst mit uns. Ist es immer noch, kapieren Sie das?"

Jan ist jetzt doch deutlich unterkühlt: „Und Sie verstehen bitte, dass die bislang unbekannte Geliebte durchaus selbst tatverdächtig ist!"

„Aber ich...ich hab doch nicht...", Sonja bricht wieder in Tränen aus.

Lisa entschließt sich, Sonja eine letzte Chance zu geben, den ganzen Unsinn zurückzunehmen: „Jetzt mal Langsam, Sonja. Dass ein junges Mädchen für einen älteren Mann schwärmt, von mir aus. Aber Klaus ist der Vater Ihres Freundes. Er ist, oder auch WAR, verheiratet. Er war Ihr Klassenlehrer. Und auf all das pfeift er und fängt mit Ihnen eine Affäre an?"

Ein bisschen stottert Sonja nun schon, aber sie bleibt dabei: „Ich sag doch, dass ICH ihn verführt hab! Am Anfang zumindest. Er hatte zwar das megaschlechte Gewissen, aber trotzdem hat er nicht aufhören können, mit mir zusammen zu sein! Und am Ende, na ja, da ist er halt zuhause ausgezogen. Weil...Klaus kann nicht so gut lügen. Er ist Hilde und Markus lieber aus dem Weg gegangen." Dann guckt Sonja tatsächlich provozierend. „Außerdem war's immer voll kompliziert. Seit Klaus die Wohnung hat, kann ich endlich die ganze Nacht bei ihm bleiben. Oder mitten am Tag Sex haben. Egal. So, jetzt wissen Sie Bescheid."

Lisa schaut Sonja fest in die Augen.

Die hält dem Blick stand.

Lisa sieht in Sonjas Augen eine Spur Triumph. Das Mädel ist wohl stolz darauf, dass sie sich Klaus Reinert gekrallt hat. Gut, provozieren kann Lisa auch: „Hatten Sie an dem Nachmittag auch Sex mit Klaus? So zwischen halb zwei und halb drei? Während seine Frau gestorben ist?"

Lisa sieht aus dem Augenwinkel, dass Jan den Spruch grad nicht so toll fand.

Aber Sonja beantwortet die Frage, ohne mit der Wimper zu zucken: „Sex hatten wir keinen. Aber ich hab in der Wohnung auf Klaus gewartet. Unter der Palme im Treppenhaus liegt ein Schlüssel. Den hab ich öfter mal benutzt. Klaus ist direkt nach dem Unterricht heimgekommen. Kurz nach halb zwei."

Jan übernimmt: „Wie lange sind Sie bei ihm geblieben?"

„Na, bis ich mich gegen Abend mit Markus getroffen hab."

„Und warum geht Reinert lieber ins Gefängnis, als dass er zugibt, dass er mit Ihnen schläft?"

Yep! Endlich wird Jan deutlich!

Sonja schafft es, dass in ihren Augen prompt wieder Tränen schwimmen. „Klaus ist eben voll ehrenhaft"; erklärt sie mit erstickter Stimme. „Bestimmt wird er mich hassen, weil ich Ihnen das alles erzählt habe. Aber...ich mein...ich kann doch nicht einfach nichts tun und er ist unschuldig eingesperrt?"

Lisa und Jan wechseln einen kurzen Blick, dann nimmt Lisa ein frisches Glas aus dem Schrank, schenkt aus der letzten, nicht angebrochenen, Flasche Wasser ein: „Jetzt beruhigen Sie sich mal und trinken einen Schluck. Wenn das, was Sie sagen, stimmt, wird Klaus Reinert natürlich sofort auf freien Fuß gesetzt."

Sonja atmet zitternd aus, nimmt einen großen Schluck Wasser. „Danke", sagt sie dann leise.

Lisa schaut fasziniert auf das Glas in Sonjas Hand, findet sich selbst ziemlich mies, aber schließlich hat sie hier einen Mord aufzuklären. Lisa sieht im Moment drei Möglichkeiten.

Erstens: Sonja hat das alles eben frei erfunden, weil sie Reinert um jeden Preis rausboxen will. An diese Möglichkeit würde Lisa am liebsten glauben, kann es aber nicht wirklich.

Zweitens: Sonja hat nur gelogen, was das Alibi betrifft. Dann könnte es sein, dass sie weiß, dass Reinert keins hat. Und somit kann er immer noch gut der Mörder sein. Dies ist die Variante, die Lisa bevorzugt.

Drittens: Sonja weiß wirklich, dass Reinert unschuldig ist, weil sie nämlich selbst...aber das glaubt Lisa am Allerwenigsten.

Wobei – noch weniger glaubt sie, dass Markus Hilde umgebracht hat.

Also doch Reinert und damit bleibt es bei Möglichkeit zwei. Reinert war es, und Sonja weiß es. Zumindest ahnt sie es.

So oder so ist Lisas Plan, an den sie selbst nicht geglaubt hat, sauber aufgegangen. Sie hat den SMS-Schreiber aus der Reserve gelockt. Dass Reinert ohnehin nicht mehr lange festgehalten werden könnte, scheint Sonja nicht zu wissen. Sie denkt wohl, es wär allein ihr Verdienst, wenn er gleich mit ihr nach Hause darf. Jetzt muss man die beiden nur noch ganz genau im Auge behalten. Irgendeinen Fehler werden sie schon machen. Anders als bei ihrem Gespräch mir Carsten vorhin, ist Lisa nun wirklich davon überzeugt.

Jan telefoniert mit Carsten. Es gäbe neue Erkenntnisse, von Seiten der Ermittler spräche nichts mehr gegen eine sofortige Entlassung Reinerts.

Sonja kann ihr Glück noch gar nicht fassen.

Lisa nickt ihr aufmunternd zu: „Na los, machen Sie sich hübsch, kochen Sie was Gutes, Ihr Klaus wird jeden Moment nach Hause kommen!"

Sonja springt auf, murmelt mehrere Dankeschöns,

kämpft wieder mit den Tränen, diesmal wohl vor Erleichterung, schnappt sich noch ein Kleenex und schon ist sie weg.

„Was hältst du davon?" In Lisa Stimmer schwingt durchaus Mitleid für Sonja, während sie zwischen dem leeren Wasserglas und den vollgerotzten Kleenex im Papierkorb hin und herschaut.

„Ich schätze mal, dasselbe wie du." Jan steht auf und geht zum Fenster. Von dort hat er einen guten Blick auf den Eingang zum Gebäude. „In jedem Fall bin ich überzeugt, dass sie mehr weiß, als sie uns gesagt hat."

Lisa nickt und nimmt sich unschlüssig zwei Asservatenbeutel.

„Das Glas müsste reichen", meint Jan vom Fenster aus.

Wieder nickt Lisa, steckt das Glas in einen der Beutel und lässt die Kleenex im Papierkorb. „Ich bring's gleich runter ins Labor und leg es Ellen schon mal hin."

Drei Minuten später ist Lisa wieder zurück. Sie stellt sich, ziemlich außer Atem, neben Jan ans Fenster.

Tatsächlich hat sich Sonja auf eine Bank gegenüber vom Eingang gesetzt.

„Die wird sich ohne Reinert hier nicht wegbewegen", vermutet Jan.

„Wenn wir dranbleiben wollen, sollten wir langsam auch runter gehen", Lisa nimmt ihre Tasche. „Carsten wird sich zwar endlos bei Reinert für die Unannehmlichkeiten entschuldigen wollen, aber der will vermutlich nur eins: raus hier."

„Warte mal! Wen schleppt Ellen da denn an?"

Lisa kommt zurück zum Fenster. Ellen betritt gerade mit einem seltsamen Typen, der Lisa stark an Meister Proper erinnert, das Gebäude. Lisa kann sich nicht entscheiden, ob der glatzköpfige Kerl in Pluderhosen lächerlich oder eher bedrohlich aussieht.

„Kennst du den?"

„Ganz sicher nicht." Woher sollte Lisa solche Gestalten kennen? Dann fällt ihr wieder ein, dass Ellen ja mit Silvia Kaffee trinken war. Den Kinderwagen scheinen sie verschoben zu haben. Sonst wäre Ellen nicht schon wieder zurück.

„Meinst du, das könnte ein Bekannter von Silvie sein?"

Jan grunzt zweifelnd. „Werden wir ja gleich wissen. Wie's aussieht, bringt Ellen den Vogel mit rauf."

„Ja, aber...", nicht, dass Lisa nicht neugierig wäre. Aber da unten sitzt Sonja, und die muss beschattet werden.

„Hey, ich hab das Mädel im Blick. Außerdem dauert es bestimmt noch eine Weile, bis Reinert mit den Formalitäten durch ist."

Da klappern auch schon Ellens Absätze auf dem Flur. Vielsagend grinsend schiebt sie gleich darauf Meister Proper ins Zimmer. „Du errätst nicht, wen ich dir da mitgebracht habe!"

Lisa ist irritiert.

Meister Proper ist für SIE? Dreht Ellen jetzt völlig ab? Lisa gibt sich betont unpersönlich: „Ellen, ich hab dir grade ein Glas runtergebracht. Würdest du bitte sofort die Fingerabdrücke checken."

Auch Ellen ist irritiert: „Willst du nicht erst wissen..."

Lisa unterbricht, sehr sachlich und sehr professionell: „Es ist dringend. Vergleich sie mit denen auf dem Fläschchen. Bitte, Ellen."

Ellen zuckt enttäuscht die Schultern und geht. An der Tür dreht sie sich noch mal um und hebt den Daumen Richtung Proper.

Der räuspert sich nervös und steht unschlüssig da.

Lisa schaut zu Jan.

Jan zieht amüsiert eine Augenbraue hoch, bevor er sich

formvollendet vorstellt: „Jan Högl, Mordkommission. Meine Kollegin, Lisa Klaushofer. Und wer sind Sie?"

Der Typ glotzt Lisa fasziniert an, räuspert sich wieder, dann sagt er: „Ich...ehm...ich bin Samuel. Der ehm...der echte."

Was ist los?

Automatisch zeigt Lisa auf den leeren Besucherstuhl.

Jan vergisst, aus dem Fenster zu sehen.

Proper setzt sich, streicht sich unsicher über die glänzende Glatze. „Na ja, ich...ich bin hier, weil Silvia...also sie hat gemeint..."

Lisa ist kurz davor, einen Mord aufzuklären. Es interessiert sie nicht, was ihre Nachbarin so meint. Andrerseits, hat der Typ da grade behauptet, er wär Samuel?

Jan steht jetzt seitlich zum Fenster. Er schaut abwechselnd runter zu Sonja und rüber zu Proper.

Proper scheint ihn definitiv mehr zu fesseln.

Lisa entschließt sich, ein kurzes, effizientes Verhör durchzuführen.

„Kann ich mal bitte Ihren Ausweis sehen!"

Verblüfft kramt Proper in seiner Pluderhosentasche, zieht ein rotes Portemonnaie, auf das seltsame, goldene Runen gemalt sind, raus und reicht es, den Personalausweis nach oben aufgeklappt, Lisa.

Die liest: „Robert Staudinger?" Lisa überlegt fieberhaft. Es gibt tatsächlich ein Klingelschild bei Samuel auf dem Staudinger steht. Gleich über dem von der Praxis. Aber jetzt eins nach dem anderen: „ Haben Sie nicht grade behauptet, Ihr Name wär Samuel?"

„Samuel, das ist...das ist mein...mein Künstlername, wenn Sie so wollen..."

„Sie sind Künstler?"

Proper, alias Robert, alias Samuel starrt sie überfordert

an. „Ich...nein...ich bin Lebensberater."

Ach nee.

Lisa klappt das Portemonnaie zu, schiebt es dem Lebensberater zurück.

In ihrem Kopf überschlagen sich Billionen von Gedanken.

Sie muss Zeit gewinnen, um diese Gedanken zu ordnen: „Was sind denn das für komische Kringel da?"

„Das sind Feng Shui Zeichen", der Mann ist nun sichtlich in seinem Element, „man kann Feng Shui durchaus auf den westlichen Alltag anwenden und erzielt erstaunliche Erfolge, wenn man ein paar grundsätzliche Dinge beachtet. Ich persönlich..."

„Was heißt, Sie sind der ECHTE Samuel?", das war Jan.

„Ja, genau!", mehr fällt Lisa einfach nicht ein.

„Ein bisschen muss ich da schon ausholen?"

„Hören Sie, wenn Sie plaudern wollen, hätten Sie besser mit Silvie im Café bleiben sollen." Lisa muss immer wieder feststellen, dass sie sich selbst nicht leiden kann, wenn sie die beinharte Kommissarin spielt. Und genau so oft stellt sie fest, dass die Masche aber zieht.

„Silvie hat doch drauf bestanden, dass ich gleich mit Ihnen selber rede! Und Ellen hat auch gemeint, dass ich Sie keine Sekunde länger im Ungewissen lassen darf..."

„Mich?"

„Sie sind doch Lisa?"

Lisa nickt knapp.

„Ja also...ehm, es liegt mir selbst ja auch sehr dran, dass endlich alles aufgeklärt wird. Was Martin sich diesmal geleistet hat, geht einfach zu weit!"

Martin? Und wer ist nun wieder Martin?

Jan stellt vom Fenster aus genau diese Frage.

„Martin ist mein jüngerer Bruder. Er ist Architekt. Er ist derjenige, von dem Sie glauben, dass er Samuel wär.

Aber das stimmt nicht", er schaut Lisa abwartend an.

Lisa würde gern, aber sie bringt wirklich keinen Ton raus.

Auch von Jan kommt grade nichts.

Der Typ holt Luft, dann rattert er los: „Ja, also, Martin ist wahnsinnig talentiert und witzig und liebenswert, aber er ist eine unglaubliche Schlampe! Wir...ehm wohnen zusammen. Ich bin finanziell..." er tastet unbewusst nach seinem tollen Feng Shui Geldbeutel, den er wieder eingesteckt hat, „...es ist günstiger, wenn wir uns die Raten fürs Haus teilen, und leider haben wir auch nur einen gemeinsamen Festnetzanschluss", er lächelt entschuldigend, „läuft doch heutzutage sowieso das Meiste über Handys, nicht wahr? Aber für meine Praxis wirkt es seriöser..."

„Geht es auch ein bisschen weniger verwirrend?"

Danke, Jan.

„Ja, also, ich... war letzte Woche mit Gerlinde in den Bergen und Martin...er hatte den Termin zwar notiert, aber er hat mir nichts davon gesagt. Ich hatte es also übersehen und er hatte es sowieso längst wieder vergessen..."

Lisa versteht nicht wirklich, was der Typ ihr sagen will. Das sieht man ihrem Gesichtsausdruck wohl an.

„Sprechen wir jetzt von dem Beratungstermin für Frau Klaushofer?" hilft Jan netterweise weiter.

„Eine Sitzung Lebensberatung, Schwerpunkt partnerschaftliche Probleme", bestätigt Proper, der Samuel sein will. „ Ich war, wie gesagt, gar nicht in der Stadt, und als die Dame plötzlich vor unserer Tür stand, hat Martin so getan, als wär er ich!" Er beugt sich näher zu Lisa. „Wissen Sie, Martin hat meinen Beruf noch nie ernst genommen."

Lisa fehlen die Worte.

Samuel beeilt sich zu versichern: „Zu Anfang war's ein Spielchen für ihn. Dann...dann hat er wohl festgestellt, dass die Dame...also Sie...dass Sie ihm sehr sympathisch sind..."

„Bin ich das?" Lisa hofft, dass sie nicht rot anläuft.

Meine Güte, ist das alles peinlich!

Erst bildet sie sich ein, Vangelis könnte ernsthaft an ihr interessiert sein. Dann heult sie sich bei dem Architekten Martin aus und verliebt sich prompt in ihn, weil sie ihn für einen Magier hält. Er hat hinter ihrem Rücken garantiert Tränen über ihre Blödheit gelacht....

„Er hat sie wirklich gern!" versichert Samuel beflissen.

Lisa lacht bitter: „Hat er mich deshalb zu der verfluchten Blutbuche gelotst? Hat er mir deshalb eingeredet, ich müsste Zehennägel von Vangelis vergraben? Bei Vollmond?"

Während Lisa siedendheiß einfällt, dass sie das Tütchen immer noch in ihrer Hosentasche hat, starrt Samuel sie fassungslos an: „Das...ist geschäftsschädigend! Davon hat er mir kein Wort gesagt. Das...das ist doch kompletter Unsinn!"

Lisa steht auf. „Danke, dass Sie mich aufgeklärt haben. Sagen Sie Ihrem Bruder, dass ich nicht vorhabe, rechtlich gegen ihn vorzugehen. Ich möchte mich keine Sekunde länger als nötig mit dieser Episode beschäftigen. Und jetzt habe ich zu tun."

Auch Samuel steht auf. Instinktiv wendet er sich an Jan: „Aber Martin ist doch verschwunden..."

Jan schaut zu Lisa.

Die schluckt. Und ärgert sich.

Es erwartet doch wohl keiner von ihr, dass es sie interessiert, wo dieser Lügner und Betrüger grade steckt? „Was soll das nun wieder heißen? Hat er sich in Luft aufgelöst? Eine Tarnkappe aufgesetzt oder sonst einen Zaubertrick falsch angewendet?"

„Nein, er... er war total fertig und hat getrunken. Schon ganz früh, heute Morgen! Er...es ist nicht so, dass er Ihnen nicht längst alles erklären wollte. Aber...irgendwie war wohl nie der richtige Zeitpunkt. Das behauptet er jedenfalls und jetzt...", Samuel zuckt überfordert die Schultern. „Soweit ich ihn verstanden habe, geht er davon aus, dass Sie...na ja, dass Sie vergeben sind und das aber abstreiten? Sind Sie...sind Sie mit einem Kollegen liiert?"

„Blödsinn!" Jan schüttelt sehr überzeugt den Kopf, bevor er sich wieder seinem Fenster zuwendet.

Samuel seufzt: „Martin glaubt das aber. Er denkt, Sie haben ihn verarscht. Das trifft ihn ziemlich schwer, weil ihm die Frauen bisher immer nachgelaufen sind. Er..." er sieht Lisa direkt in die Augen, „er ist ernstlich in Sie verliebt! Das macht ihn verdammt nervös."

Oh, das geht ja runter wie Öl!

Aber es interessiert Lisa nicht. Weil es ohnehin eine Lüge ist!

„Ach, verliebt will er sein? Was da wohl seine Freundin dazu sagt?" schnappt Lisa schnell, bevor sie am Ende noch weich wird.

Samuel guckt so verwirrt, dass Lisa fast versucht ist, einen klitzekleinen Moment zu hoffen, die Esozuchtel könnte eine Fata Morgana gewesen sein.

Aber der Moment geht vorüber und sie blafft Samuel weiter an: „Ich hab die Tante mit eigenen Augen gesehen! Sie hat mir die Tür aufgemacht und sie hätte mich fast mit Blicken getötet!"

Samuel holt Luft um zu widersprechen.

Lisa schimpft weiter: „Nein, lassen Sie mich ausreden! Sie hat SCHATZ zu ihm gesagt!"

„Aber das...", Samuel zögert kurz. Dann fragt er, wie die

Frau ausgesehen hat.

Lisa schnaubt verächtlich: „Zum Kotzen! Lange, fettige Haare und unrasierte Achseln! Hängebusen und Schlabberlook. Unappetitlich!"

„Lisa!", das war Jan. „Schatz hat sie zu SAMUEL gesagt!"

Samuel räuspert sich. „Ja, das ehm...müsste Gerlinde gewesen sein..."

Lisa ist so in Fahrt, dass sie tatsächlich nicht begreift, was beide Männer ihr sagen wollen. Stattdessen schnaubt sie noch einmal.

„Gerlinde hat nichts mit Martin zu tun. Genaugenommen kann sie ihn nicht ausstehen. Sie...."

„Das ist mir egal!" Lisa ist laut geworden.

Auch Samuel wird laut: „ Sie ist MEINE Verlobte!"

Oh.

Lisa möchte im Boden versinken.

Aus dem Augenwinkel sieht sie, wie Jan sich auf die Lippe beißt um nicht laut zu lachen.

Gott, ist das peinlich.

Jan macht sich einen Spaß daraus, sich mit Samuel zu verbrüdern: „Das ist meiner Kollegin jetzt sehr unangenehm. Nicht wahr, Lisa?"

Lisa nickt ergeben.

„Sie wissen ja, wie eifersüchtige Frauen so sind. Man lässt kein gutes Haar an der vermeintlichen Konkurrenz."

Samuel lässt sich einfangen: „Dann muss Lisa die aufgetakelte Tussi gewesen sein, von der Gerlinde erzählt hat?"

„Bestimmt."

Hey, spinnt Jan? Aufgetakelte Tussi!?

Jan wirft Lisa einen warnenden Blick zu, bevor er zusammenfasst: „Da ist ja Einiges klar geworden: Gerlinde ist mit Samuel verlobt, und Samuel sind Sie!

Lisas Samuel heißt Martin und ist verschwunden. Richtig?"

„Richtig." Samuel ist schwer erleichtert.

Lisa aber nicht.

Wenn das alles stimmt, dann ist Samuel, also Martin, ja gar kein Schwein?

Gut, er hat sie angelogen, aber doch nur was seine Identität betrifft. Nichts, was man nicht verzeihen könnte. „Was heißt das nun genau, er ist verschwunden?"

Samuel fällt wieder in sich zusammen: „Er hat mir gestern Abend den Schlamassel gestanden. Dann war er, soviel ich mitgekriegt habe, die ganze Nacht unterwegs. Heute Morgen war er, wie gesagt, gut angetrunken und vorhin hab ich sein Handy und eine leere Flasche Wodka auf dem Küchentisch gefunden. Martin geht normalerweise ohne sein Handy nicht mal aufs Klo!"

Oh Gott! Ihm wird doch nichts passiert sein?

„Scheiße, Lisa!"

Da hat Jan Recht.

Aber der winkt sie jetzt aufgeregt zum Fenster. „Wir müssen los, Reinert ist da!"

Lisa stürzt zum Fenster.

Sonja fällt Reinert gerade um den Hals. Der schubst sie weg.

Sonja klammert sich an ihn.

Reinert schubst grober.

Sonja weint, Reinert schreit sie an. Was er brüllt, kann man hier oben nicht verstehen.

Dann reißt sich Reinert endgültig los, stapft davon und Sonja sinkt schluchzend auf die Bank.

„Schnell, schreiben Sie mir Ihre Handynummer auf!"

Samuel zieht, erstaunlich geistesgegenwärtig, eine

Visitenkarte aus den Tiefen seiner Pluderhose.

Lisa packt sie und rennt hinter Jan her.

Ganz kurz dreht sie sich noch mal um: „Wer zuerst was von ihm hört, ruft den anderen an!"

„Ja aber...ich hab Ihre Nummer nicht?"

„Ist im Handy Ihres Bruders gespeichert."

Und damit ist Lisa aus der Tür.

***

Als Jan und Lisa unten ankommen, steht Sonja gerade auf und schlurft, wie in Trance, die Straße runter.

„Geh ihr nach, ich hol das Auto." Jan hätte gar nicht flüstern müssen, denn Sonja macht nicht den Eindruck, als würde sie auch nur ansatzweise registrieren, was um sie herum passiert.

Sie trottet einfach die Straße lang und weil an der Bushaltestelle gerade ein Bus anhält, steigt sie, wie ferngesteuert, ein.

Glücklicherweise ist in dem Moment Jan mit dem Auto da.

Lisa springt auf den Beifahrersitz und während sie dem Bus hinterherfahren, diskutieren sie, warum Reinert wohl so aggressiv auf Sonja reagiert hat.

„Es ist natürlich möglich, dass er seine Affäre wirklich um jeden Preis geheim halten wollte?" Lisa ist nicht wirklich überzeugt davon.

„Wahrscheinlich, immerhin hat er die ganze Zeit auf sein Alibi gepfiffen", Jan zieht das zumindest in Erwägung. „Oder da ist sonst noch was, was er uns nicht sagt..."

Lisa nickt.

Es kann auch so rum sein: Nicht Sonja deckt Hildes

Mörder, sondern Reinert tut es.

„Wir sind uns also einig, dass Markus aus der Nummer raus ist?"

„Sind wir definitiv nicht.", bremst Jan. „Vielleicht ahnen oder wissen sie beide, oder auch nur einer von ihnen, dass Markus der Schuldige ist. Vielleicht befürchtet Reinert, dass Sonja uns auf die richtige Fährte gebracht hat? Es wär nicht ungewöhnlich, dass ein Vater für seinen Sohn den Kopf hinhält."

Hm, das möchte Lisa nach wie vor gern ausschließen.

Jan spinnt den Faden weiter: „Falls Sonja lügt und sie um halb zwei gar nicht bei Reinert war, kann er selbst trotzdem zuhause gewesen sein. Allein, wie er das die ganze Zeit behauptet. Zumindest so lange, bis Herr Munzert dann die Schritte von zwei Leuten gehört hat. Und falls das so ist, bleibt die Frage, wo Sonja war…"

Gut, Lisa denkt den Gedanken jetzt mal konsequent zu Ende: Das könnte bedeuten, dass das Mädel einen Menschen getötet hat.

Dass sie versucht, Reinert ein Alibi zu geben, damit sie selbst eins hat?

Lisa wär es definitiv lieber, Reinert würde sich doch noch als Täter entpuppen.

Beim Eingang zum Ostfriedhof springt Sonja aus dem Bus.

Jan lässt den Bus wieder anfahren, parkt dann den Wagen einfach an der Haltestelle. Geht nicht anders, sonst verlieren sie Sonja.

Die geht, immer noch wie eine Marionette, Richtung Hildes Grab. Sie schaut weder rechts, noch links, bekommt rein gar nichts von dem mit, was um sie rum geschieht. Vielleicht wär's ihr sogar egal?

Plötzlich zieht Jan Lisa hinter eine Hecke: „Schau dir das

an!"

An Hildes Grab steht schon jemand.

Markus.

Er scheint ebenso weggetreten wie Sonja. Erst als die dicht hinter ihm steht, fährt er rum: „Was hast DU denn hier zu suchen!?"

Sonja stottert: „Ich...ich hab sie doch auch gern gehabt..."

Markus sieht aus, als wolle er Sonja ohrfeigen.

Dann zieht er einen Packen Fotos aus der Tasche und wirft ihn ihr vor die Füße.

Sonja zuckt zusammen.

Jan und Lisa sind zu weit weg. Sie können nicht erkennen, was auf den Fotos ist.

Markus brüllt Sonja an: „Erklär mir das, verdammt!"

Sonja weint.

Markus scheint das völlig kalt zu lassen.

Er brüllt sie weiter an: „Hör auf zu flennen!"

Sonja wimmert, versucht Markus zu umarmen.

Der stößt sie weg.

Lisa hat fast Mitleid. Sonja ist offensichtlich völlig am Ende. Sie sucht verzweifelt eine Schulter zum Anlehnen. Und jeder schubst sie weg.

Markus wiederholt, dass Sonja ihm irgendwas erklären soll.

Sonja weint, dass sie nicht weiß, was Markus meint.

„Wieso hast du das Armband um? Die Bilder hab ich am Tag vor Mums Tod gemacht! Du bist danach nicht mehr bei uns gewesen! Wann, verdammt, hast du das scheiß Armband verloren?"

Oh!

Sonja starrt Markus panisch an.

Dann dreht sie sich abrupt um, will weglaufen.

Nun ist Jan mit einem Satz hinter der Hecke vor, aber

Markus ist schneller. Er packt Sonja.

Sonja schluchzt verzweifelt auf.

„Lass sie los!" brüllt Jan.

„Pass auf!" Lisa sieht mit Entsetzen das Messer in Markus' Hand.

Es ist nur ein kleines Taschenmesser, aber Markus drückt die Klinge direkt an Sonjas Hals.

„Haut ab! Das hier geht nur Sonja und mich was an!"

„Mach keinen Scheiß, Junge!" Jan schafft es irgendwie, ruhig zu klingen.

„Markus, bitte! Lass das Messer fallen." Lisa klingt so entsetzt, wie sie ist, geht einen Schritt auf die beiden zu.

Markus drückt das Messer tiefer in Sonjas Haut. „Noch einen Schritt und sie ist tot."

Lisa bleibt wohl oder übel stehen.

„Wann hast du das Armband verloren? Wann?"

Sonja sagt nichts. Sie weint nur.

Markus schubst sie jetzt den Weg entlang, zurück Richtung Ausgang.

Über die Schulter ruft er Jan und Lisa zu, dass Sonja stirbt, sobald sie versuchen sollten, ihn aufzuhalten.

Es bleibt ihnen nichts übrig, als in angemessenem Abstand zu folgen.

Markus dirigiert Sonja zum Parkplatz. Dort steht ein Auto, vermutlich seines und er zwingt Sonja, sich hinters Steuer zu setzen. Die ganze Zeit bedroht er sie mit dem Messer.

Sonja fährt los.

Jan und Lisa sprinten zu ihrem eigenen Wagen.

Mit quietschenden Reifen biegen sie auf die Straße.

„Da, da vorne sind sie!"

Jan holt auf, hält dann routiniert zwei Autos Abstand.

Natürlich weiß Markus, der sich mehrfach nach hinten dreht, trotzdem, dass sie an ihm dran sind. Hoffentlich behält er die Nerven.

Jan und Lisa sind sich einig, dass sie Markus keinesfalls provozieren dürfen. Sie können nur hoffen, dass er Sonja nichts tut, solange sie den Wagen steuert. Vielleicht können sie ihn überwältigen, wenn er Sonja anhalten lässt. Aber warum sollte er?

„Wir brauchen Hilfe", Jan fährt konzentriert, hat sich gut im Griff.

Lisa fordert über Funk Verstärkung an. „Wir haben eine Geiselnahme. Schickt ein SEK!"

Der Beamte will wissen, wohin er das SEK schicken soll.

Lisa schaut hilfesuchend zu Jan. Der zuckt die Schultern. „Die Jungs sollen sich bereithalten. Wir melden uns wieder!"

***

Jan bleibt nichts anderes, als mehrere rote Ampeln zu überfahren, um Markus und Sonja nicht zu verlieren.

Lisa schließt die Augen und zieht den Kopf ein. Wie durch ein Wunder passiert nichts.

Markus Wagen schlingert die Auffahrt zur Salzburger Autobahn rauf.

Jan stößt erleichtert die Luft aus. „Guter Junge. Hier haben wir dich viel besser im Blick!"

Lisa schnappt sich wieder das Funkgerät und gibt durch, dass sie auf der Salzburger Autobahn Richtung Süden, Richtung Grenze, fahren. Dass das SEK sich einfach dranhängen soll. Sobald sie mehr weiß, meldet sie sich wieder.

Dann rutscht sie unruhig auf ihrem Sitz hin und her, während Jan scheinbar ganz auf den Verkehr konzentriert ist.

Scheinbar, denn nun wirft er Lisa einen prüfenden Blick zu: „Was ist?"

Lisa zögert. „Was soll sein?"

„Das hier kann dauern..."

„Ja, und?"

„He, Rehlein, du kannst im Moment sowieso nichts tun, als hier zu sitzen."

Na ja, das stimmt schon, aber....

„Na mach schon! Kümmer dich um deinen Schatz."

Samuel!

Nein, nicht Samuel. Martin.

Lisa zögert pro forma, bevor sie nervös Samuels Visitenkarte rauskramt. Aber dann starrt sie doch wieder unschlüssig auf ihr Handy: „Ach, ich weiß nicht. Der Mistkerl hat mich doch total verarscht..."

Der Einwand ist nicht ernst gemeint und Jan enttäuscht sie auch nicht: „Aber er liebt dich."

O.k., das wiegt schwerer.

Lisa ruft Samuel an. Doch der hat nichts von seinem Bruder gehört.

Während sie weiter Richtung Alpen brettern und nicht wirklich etwas unternehmen können, lenken sie sich ab, indem sie das Thema Martin nochmal von allen Seiten beleuchten.

Lisa ist sich außerdem der Existenz des Vangelis-Tütchens in ihrer Hosentasche glasklar bewusst, will dies jetzt aber nicht ansprechen. Lieber nörgelt sie, wie zurückhaltend ihre Freunde auf ihren Liebeskummer mit Vangelis reagiert haben. Wie sie sich dagegen für den falschen Samuel ins Zeug legen.

Jan stellt klar, dass Samuel, oder auch nicht Samuel, eben eindeutig die bessere Wahl ist. Er schwört, dass er von der Eigeninitiative der Mädels nichts gewusst hat. Entweder saß dieser echte Samuel zufällig im selben

Café wie Ellen und Silvie, oder die beiden haben ihn halt dorthin zitiert. Und wenn schon?

Lisa ziert sich weiter: „Wieso bin ich eigentlich die Einzige, die es stört, dass dieser Mann ein Hochstapler ist?"

„Ich würd's eher Tiefstapler nennen", Jan bedient die Lichthupe, als ein Opel mit Rentner am Steuer plötzlich ausscheren will, als sie mit 150 Sachen eisern die linke Spur belegen.

„Oder würdest du ein glatzköpfigen Wahrsager sein wollen?"

„Magier." korrigiert Lisa automatisch.

„Trotzdem peinlich", beharrt Jan.

„Ach plötzlich? Habt ihr nicht alle an Hexen und Sterne und Blutbuchen geglaubt? Wer hat mich denn förmlich dazu getrieben, dass ich den affigen Hokuspokus überhaupt mitmache?"

„Das war reine Intuition. Immerhin hat das alles dazu geführt, dass du mit einem echt netten Kerl zusammengekommen bist."

„Jan, er hat mich angelogen! Er hat kompletten Unsinn verzapft und sich definitiv schlappgelacht, weil ich so blöd war, drauf reinzufallen! Ich könnt dem Kerl nie wieder trauen!"

„Quatsch, gelogen. Das war romantisch. Und phantasievoll. Und außerdem ist es eh vollkommen wurscht. Fakt ist, dass du in ihn verliebt bist!"

„Bin ich nicht!"

„Bist du doch! Du machst dir tierische Sorgen. Und ich mir, ehrlich gesagt, auch."

Da klingelt Lisas Hand.

„Gottseidank."

Lisa geht dran, ohne aufs Display zu schauen: „Wo ist er?"

Dann sinkt sie kurz in sich zusammen: „Oh, Entschuldigung, ich hab..." entschlossen setzt sie sich wieder aufrecht hin. „Was gibt's?"

Sie steckt das Handy in die Freisprechanlage.

Es ist Reinert.

Er klingt weit weniger arrogant als üblich. „Ich...also ich...GLAUBE zu wissen, wer meine Frau umgebracht hat..."

Lisa nickt grimmig. „Ja, das weiß ich, glaub ich, auch."

Und bevor Reinert mehr sagen kann, teilt sie ihm mit, dass sein Sohn gerade seine Geliebte entführt hat.

Reinert flucht. Dann will er Genaueres wissen.

Sachlich antwortet jetzt Jan, dass Markus Sonja in seiner Gewalt hat und auf der Autobahn Richtung Salzburg unterwegs ist. Und dass sie ihm folgen.

„Er fährt bestimmt zur Hütte!" Reinert ist ganz klar mit den Nerven am Ende. „Letzte Ausfahrt vor der Grenze. Wir...da ist unser Wochenendhaus. Wir waren da immer...früher...mit...Hilde", er schweigt kurz, scheint sich zu sammeln, jedenfalls fährt er etwas ruhiger fort: „Sie müssen Richtung Ambach und dann den Pass hoch! Das letzte Stück müssen Sie laufen. Es ist auf halbem Weg zur Geißenalm. Bitte! Sie müssen meinen Jungen beschützen. "

„He, ER hat das Messer!", Lisa widerspricht Reinert aus alter Gewohnheit. Dann lenkt sie ein: „Aber wir lassen Ihren Sohn schon nicht aus den Augen."

Jan mischt sich wieder ein: „Herr Reinert, wir gehen davon aus, dass Sonja die Täterin ist."

„Eben! Das Mädel ist nicht zurechnungsfähig!"

„Trotzdem hat Ihr Sohn sie entführt!"

Reinert lässt sich nicht provozieren. „Markus tut dem Mädel nichts. Passen Sie einfach gut auf ihn auf, bis ich da bin!"

„Bis Sie da sind?"

„Ich komm natürlich sofort."

„Das tun Sie nicht! Sie bleiben zuhause."

Tuut, tuut, tuut. Reinert hat aufgelegt.

„Der hat mir grade noch gefehlt!" Lisa hat wirklich keinerlei Sehnsucht nach Reinert. Er würde nur stören und außerdem wär es gefährlich für ihn, wenn er dem SEK in die Quere käme.

„Sieh's positiv, Lisa. Jetzt wissen wir wenigstens, wo wir hinwollen. Du kannst dem SEK Bescheid geben."

„Ich will diesen Reinert nicht bei einem Großeinsatz dabei haben", beharrt Lisa.

„Ich auch nicht", gibt Jan zu. „Aber ich wüsste nicht, wie's zu verhindern wär."

Grummelnd verständigt Lisa die Zentrale, als Sonja tatsächlich die Autobahn verlässt. Kurz hinter Ambach biegt sie rechts ab. Die Straße wird immer enger und steiler, mündet schließlich in einen kleinen Parkplatz. Rechts daneben befindet sich ein verwaister Schlepplift. Im Winter scheint man hier Skifahren zu können.

Jetzt ist es drückend schwül.

Markus springt aus dem Auto, zieht Sonja raus, immer noch das Messer in der Hand.

Jan parkt direkt neben ihm, es macht eh keinen Sinn, so zu tun, als wäre dies hier keine Verfolgungsjagd.

Markus erspart sich auch jedes Wort, wirft Jan und Lisa nur ein paar finstere Blicke zu, bevor er Sonja den Pfad Richtung Geißenalm hochjagt.

Lisa sieht mit Schrecken, dass die Entfernung mit 50 Minuten angegeben ist. Sie ist jetzt schon am Verdursten!

Jan kann mal wieder Gedanken lesen: „Da oben ist bestimmt irgendwo ne Quelle! Außerdem könnte alles viel schlimmer sein. Stell dir vor, du hättest deine

Riemchensandalen an."
Lisa wackelt mit den Zehen in ihren bequemen Turnschuhen und ist tatsächlich ein wenig getröstet.
Tapfer stolpert sie neben Jan den steinigen Pfad hoch.

Es dauert lange, sehr lange, bis sie tatsächlich ein mickriges Rinnsal entdeckt. Es ist einfach zu heiß, und es hat zu lange nicht mehr geregnet. Lisa legt sich flach auf den Bauch, trinkt gierig ein paar Schlucke, dann geht es weiter hinter Markus her.
Der scheint jenseits aller menschlichen Bedürfnisse, hat nur seine Wut und Trauer und den Wunsch, Sonja zu bestrafen.
Irgendwie.
Lisa mag sich gar nicht vorstellen, wie es dem Mädel grade geht.
Bestimmt hat auch sie Durst, bestimmt tun auch ihr die Füße weh, aber all das ist lächerlich im Vergleich zu der Tatsache, dass der Junge, den sie mal geliebt hat, ihr ein Messer an den Hals hält.
Und das wiederum ist nichts, gegen das, was Sonja selbst getan hat.
Lisa wirbeln tausend Gedanken durch den Kopf.
Wie sympathisch ihr Markus immer gewesen ist.
Hat sich das jetzt geändert? Nein, eigentlich nicht.
Wie ihr so viel daran lag, Hildes Mörder zu überführen und jetzt tut Sonja ihr leid.
Ist das richtig?
Was kann man überhaupt verzeihen?
Wie steht sie selbst nun zu Samuel?
Zu Samuel, der Martin heißt und spurlos verschwunden ist. Betrunken, nachdem er die Nacht vor ihrer Tür gewartet und dann gesehen hat, wie sie Jan geküsst hat.
Darf sie darüber jetzt überhaupt nachdenken?

Lisa würde all das sehr gern mit Jan besprechen, aber sie hat ohnehin schon kaum noch Puste. Sprechen wär da ganz verkehrt.

Und dann taucht endlich hinter einer Biegung ein kleines Häuschen auf. Während Lisa nicht anders kann, als jeden zu bedauern, der hier schon mal Lebensmittel hoch schleppen musste, stößt Markus Sonja ins Innere.

„Denkt nicht mal dran, hier rein zu kommen!" ruft er Jan und Lisa zu, bevor er die Tür zuknallt.

„Scheiße!", stellt Jan fest. „verdammt!"

Da klingelt Lisas Handy.

Wahnsinn! Dass sie hier oben überhaupt Empfang hat?

Lisa geht dran, hört zu, wird blass. „Danke, ich...kümmere mich drum...irgendwie", sagt sie schließlich und legt auf.

„Samuel?" vermutet Jan sehr richtig.

„Martin war kurz zuhause, hat ein paar Sachen in eine Reisetasche geworfen und was von Italien genuschelt. Dann hat er sich in sein Auto gesetzt und ist losgefahren. Immer noch sturzbetrunken. Samuel hat ihn nicht aufhalten können."

Lisa schluckt schwer, kämpft deutlich mit den Tränen.

Jan zögert nur kurz, dann will er von Lisa Martins Kennzeichen wissen.

Lisa sagt es ihm und bevor sie fragen kann, was er vorhat, hat Jan ihr schon das Handy aus der Hand genommen und gibt eine Großfahndung raus.

Lisa bleibt glatt das Herz stehen.

Ist Jan vollkommen irre?

Er bringt Martin doch in Teufels Küche!

Sie auch, sich selbst, alle!

Carsten wird im Dreieck springen, wenn das auffliegt!

Kaum hat Jan aufgelegt, da klingelt Lisas Handy schon wieder. Obwohl es albern ist, rechnet sie fest damit, dass dies Carsten ist, der sie umgehend vom Dienst suspendiert.

Auch recht, dann muss sie das hier wenigstens nicht zu Ende bringen!

Es ist Ellen. Die Fingerabdrücke auf dem Wasserglas, aus dem Sonja vorhin getrunken hat, sind identisch mit denen auf dem Fläschchen Beruhigungsmittel.

Damit steht wohl wirklich fest, wer Hilde ermordet hat.

Und Lisa muss verdrängen, was jeden Moment mit Martin passieren kann.

Sie muss jetzt irgendwie dieses Mädel retten, um es anschließend ins Gefängnis zu schicken.

Und Markus muss sie davon abhalten, etwas wirklich Schlimmes zu tun.

Nur eins will sie noch wissen, bevor sie all diese Dinge in Angriff nimmt: „Ellen, warte! Wo habt ihr diesen Samuel aufgegabelt?"

„Silvie und ich haben ihn angerufen. Samuel… also nicht der echte, er hat so einen netten Eindruck gemacht und da…" Ellen klingt schuldbewusst.

„Passt schon, wir besprechen das später", Lisa legt auf.

„Verflucht!"

Was hat Jan denn? Ach das!

Reinert biegt um die Ecke. Er nickt nur kurz in Richtung Jan und Lisa, stapft entschlossen auf die Hütte zu.

„Halt!" Jan ist mit einem Satz bei ihm, packt ihn am Arm. „Sie können da nicht rein!"

Reinert guckt Jan arrogant an: „Die Hütte ist mein Eigentum."

„Das interessiert nicht!", faucht Lisa.

Reinert zuckt nur die Schultern: „Sie müssen mich schon erschießen, wenn Sie mich dran hindern wollen." Dann klingt seine Stimme belegt: „Meine Frau ist tot. Mein Sohn ist gerade dabei, sich sein ganzes Leben kaputtzumachen! Und Sonja…", Reinert schluckt schwer, „Sonja hat das bereits gründlich erledigt. Und warum? Weil ich mich nicht im Griff hatte!" Er reißt sich los: „Ich geh jetzt da rein und rette, was noch zu retten ist!"

Damit kümmert er sich nicht weiter um Jan und Lisa, die sich unschlüssig anschauen. Natürlich werden sie nicht schießen. Aus Prinzip nicht, außerdem hat keiner von beiden überhaupt eine Pistole mit.

„Markus, hier ist dein Vater! Komm sofort da raus." Pause. „Bitte."

Nichts regt sich.

Lisa versucht noch mal, ihn aufzuhalten: „Seien Sie doch vernünftig!"

Reinert stößt die Tür auf.

Verdammt, wo bleibt das SEK? Reinert ist doch auch schon da!?

Lisa und Jan beobachten durch die offene Tür, was drinnen passiert.

Markus sitzt mitten in der Hütte auf dem Boden und hält Sonja fest umklammert.

In einer Hand hat er noch immer das Messer und er sieht aus, als stünde er kurz vor einem Nervenzusammenbruch.

Reinert geht langsam auf ihn zu.

Er streckt die Hand aus und sagt ganz ruhig: „Gib mir das Messer, Junge. Ich erklär dir alles."

Markus reagiert nicht.

Er sitzt einfach nur weiter da.

Sonjas Augen sind vor Angst weit aufgerissen. Sie gibt einen kleinen, flehenden Laut von sich.

Aber Reinert scheint nur seinen Sohn wahrzunehmen.

„Markus, ich habe deine Mutter geliebt. Ich wollte zu euch zurückkommen. Deshalb…", nun streift er Sonja mit einem, nicht zu deutenden, Blick, „deshalb hat Sonja sie umgebracht. Sie...bekommt ein Kind von mir."

Wie in Zeitlupe lässt Markus das Messer fallen.

Mit einem Satz ist Lisa in der Hütte, kickt mit dem Fuß das Messer nach draußen. Dann ist sie schon bei Sonja, packt sie und zieht sie ebenfalls ins Freie.

Sonja fängt wieder an zu weinen.

Sie weint und weint und stammelt die ganze Zeit, dass sie doch nicht zulassen konnte, dass ihr Baby ohne Vater aufwachsen muss. Es soll es besser haben, als sie selbst es hatte.

Lisa streicht ihr übers Haar, dann übergibt sie sie an Jan. Der hat das Messer inzwischen eingesteckt, nimmt jetzt Sonja fest in den Arm: „Ganz ruhig. Es ist vorbei."

Jan hält Lisa nicht auf, als die zurück in die Hütte geht.

Er weiß, dass Lisa alles richtig machen wird.

Reinert hat sich zu Markus auf den Boden gesetzt. Er ist grad an der Stelle, wo Hilde mit Scheidung gedroht hat und er so vor den Kopf gestoßen war, dass er erst mal mit ihr gestritten hat. Weil er sie doch liebt. Selbst wenn sie säuft. Und er hat endlich begriffen, dass das mit Sonja aufhören muss.

Kaum war er aus der Tür, hat er sich entschieden, so schnell wie möglich nach Hause zu kommen. Aber er hätte keine Sekunde mehr warten dürfen. Einfach bleiben hätte er sollen, dann würde Hilde jetzt noch leben. Nur, er hat sich verpflichtet gefühlt, erst mit Sonja zu reden. Das zumindest war er ihr doch schuldig?

Markus Gesicht zeigt keine Regung. Wortlos steht er auf und geht zum Fenster.

Lisa kann nicht erkennen, ob er seinem Vater überhaupt weiter zuhört.

„Du weißt doch, Markus, wie schlimm es für Sonja war, dass sie nie eine richtige Familie hatte. Sie hat immer gesagt, dass sie es später mal ganz anders machen, dass sie alles, wirklich ALLES für ihr Kind tun wird. Nun hat sie einen Mord begangen. Ich...hab das nicht wahrhaben wollen, Markus, aber heute...", nun wendet er sich an Lisa, „als sie heute vor dem Kommissariat auf mich gewartet hat, da hat sie mir gesagt, dass sie schwanger ist. Ja, und da hab ich alles verstanden."

Er streicht sich müde über die Augen.

Fast ist Lisa versucht, auch mit Reinert Mitleid zu haben. Sie weiß, dass er jetzt die Wahrheit sagt, dass er auch nicht versucht, irgendetwas zu beschönigen.

Trotzdem – er ist an allem schuld.

Er hätte niemals eine Affäre mit Sonja anfangen dürfen. Himmel, das Mädel war doch praktisch eine Tochter für ihn!

Und deshalb will Lisa Reinert gern weiter hassen. Und muss sich eingestehen, dass sie das nun nicht mehr so richtig kann.

So sachlich, wie möglich, fragt sie also, was genau an dem Tag, an dem Hilde gestorben ist, passiert ist.

„Ich bin kurz nach halb zwei nach Hause gekommen. Sonja selbst kam aber erst kurz nach mir. Sie war vollkommen verstört. Ich...war nicht besonders überrascht, immerhin hatte ich am Abend vorher mit ihr Schluss gemacht."

Also war Sonja nicht schon vor Reinert in der Wohnung. Das hat sie nur behauptet, um selbst ein Alibi zu haben.

„Was hat sie gesagt?"

„Sie hat geweint. Schrecklich geweint und immer nur gestammelt, dass jetzt doch noch alles gut wird. Ich bin nicht recht schlau aus ihr geworden, hab ihr einfach zugehört. Das war das mindeste, was ich tun konnte, oder?"

„Was ist mit dem Beruhigungsmittel?"

„Von dem hat sie natürlich gewusst! Sie hat ständig bei mir übernachtet, sie hat mein Bad benutzt und ich...ich hab aus dem verdammten Zeug doch kein Geheimnis gemacht!"

Dann hat Sonja das Beruhigungsmittel einfach eingesteckt. Am Vorabend, als Reinert Schluss gemacht hat? Weil sie verzweifelt war und es selbst einnehmen wollte? Oder weil sie da schon geplant hat, Hilde zu töten?

Das wird Sonja hoffentlich irgendwann erzählen. Jedenfalls hat Sonja Hilde vergiftet. Und Hilde hat Reinert mit letzter Kraft noch angerufen. Warum ihn, warum keinen Arzt? Hat sie ihm gesagt, was passiert war?

„Was hat Ihre Frau Ihnen gesagt, als sie, unmittelbar bevor sie gestorben ist, bei Ihnen angerufen hat?"

„Hilde hat mich nicht angerufen. Ja, da war eine Nachricht auf meinem Band, aber ich hielt es für das Beste, sie gleich zu löschen und abzustreiten, dass es sie je gegeben hat. Die Nachricht war von Sonja und wie hätte ich erklären sollen, dass ..."

„Sie hatten Angst, dass Ihr Verhältnis auffliegt?"

Reinert nickt. „Sie hat Hildes Apparat benutzt. Sehr wahrscheinlich war Hilde zu dem Zeitpunkt gerade tot. Da hat Sonja wohl die Nerven verloren. Weil sie im Grunde doch selbst noch ein Kind ist. Weil sie außer mir keinen hat, dem sie vertraut...", Reinert zögert. „Markus vertraut sie auch, aber was hätte sie ihm sagen sollen?"

„Was HAT sie denn nun gesagt?"

„Dass ich ihr jetzt helfen muss. Und warum ich nicht da bin, wenn sie mich mal wirklich braucht. Sie hat ja nicht gewusst, dass ich an dem Tag eine zusätzliche Stunde übernommen hatte."

„Und da wollen Sie behaupten, Sie hätten nicht

gewusst, wer Hilde getötet hat?"

„Ich...hab doch gedacht, sie bezieht das auf die Trennung! Verdammt, ich hätte es doch niemals für möglich gehalten, dass Sonja meiner Frau was tut! Was glauben Sie, wie ich mir mein Hirn zermartert habe!? WER HAT HILDE GETÖTET? Und vor allem: WARUM? Auf Sonja wär ich wirklich nicht gekommen."

Plötzlich dreht sich Markus rum und schaut seinen Vater mit einer Mischung aus Wut und Verzweiflung an. „Hat Mum es gewusst?", seine Stimme klingt rau.

„Was?", Reinert scheint überrascht, dass Markus tatsächlich zugehört hat.

„Hat sie von dir und Sonja gewusst?"

„Nein!" Reinert scheint diese Möglichkeit entsetzlich zu finden. Er schüttelt heftig den Kopf. „Ganz sicher nicht, Markus!"

„Hat Sonja mit mir Schluss gemacht, weil sie in dich verliebt war?" Markus schaut Reinert fest in die Augen. Er wird es nicht zulassen, dass der ihn anlügt.

Aber das hat Reinert wohl gar nicht vor. Er hält dem Blick stand und auf seinem Gesicht zeichnet sich echtes Bedauern ab. „Es tut mir leid, ich...ich hab das nicht gewollt. Aber ja, sie hat sich von dir getrennt, weil sie sich in mich verliebt hatte."

Markus nickt, dreht sich wieder zum Fenster. „Was sind denn das für Typen da draußen?"

Typen? Ach herrje, das SEK!

Lisa will nicht, dass die Jungs jetzt die Bude stürmen und geht raus.

Sie hört noch, wie Reinert Markus fragt, ob er ihm verzeihen kann.

Der empfiehlt seinem Vater, ihn das in ein paar Jahren noch mal zu fragen.

***

Jan sitzt im Gras, hält die nach wie vor schluchzende Sonja im Arm und erklärt dem Einsatzleiter des SEK über Sonjas bebende Schulter hinweg, dass sich der Einsatz erledigt hat. Die Geisel ist frei, den Rest schaffen er und seine Kollegin allein. Aber danke, dass das SEK gekommen ist.

„Soll das heißen, dass ich meine Jungs umsonst den ganzen Weg hier hochgejagt habe?" will der Einsatzleiter ungläubig wissen.

„Ich denke, das ist euer Job", gibt Jan müde zurück.

Ausnahmsweise ist es Lisa, die sich halbwegs für Jan entschuldigt: „Sie könnten uns einen Riesengefallen tun", wendet sie sich ausnehmend freundlich an den Einsatzleiter. Sie bedeutet ihm, mit ihr ein Stück beiseite zu gehen. „Wir...konnten den Entführer überreden, aufzugeben. Aber wir möchten der Geisel nicht zumuten, in einem Fahrzeug mit ihm zu sitzen. Wären Sie so freundlich und würden die Geisel und den Geiselnehmer in getrennten Fahrzeugen mit zurück nach München nehmen? Ach ja, und es wäre wunderbar, wenn das Mädchen auf dem Kommissariat gleich von einem Psychologen betreut würde, bis wir selbst dazu stoßen. Um den Jungen sollte sich eigentlich auch jemand kümmern. Würden Sie das für mich regeln?"

Der Einsatzleiter nickt wohl oder übel und Lisa geht zurück zu Sonja.

Sie nickt Jan zu, der steht auf und lässt die Frauen allein.

Lisa kniet sich zu Sonja, wischt ihr ein paar Tränen von der Wange: „Sonja, Sie wissen, dass Sie jetzt verhaftet sind? Ich hab dafür gesorgt, dass man Sie nett behandelt, bis ich nachher selbst Ihre Aussage aufnehme. O.k.?"

Sonja klammert sich schluchzend an Lisa: „Sie dürfen mir mein Baby nicht wegnehmen! Bitte, versprechen Sie mir, dass ich mein Kind behalten darf!"

Lisa schluckt: „Sonja, ich...ich verspreche, dass ich alles tun werde, damit Sie in Kontakt mit Ihrem Kind bleiben können..."

„Das reicht nicht! Ich... will keinen Kontakt! Ich will mein Baby bei mir haben...jede Sekunde...ich lass nicht zu, dass es sich so allein fühlt, wie ich mich immer gefühlt habe! Verstehn Sie denn nicht, Lisa? Ich hab Hilde umgebracht, damit mein Kind eine Familie hat!"

Sonjas ganzer Körper bebt, Lisa hält sie fest, so gut sie kann.

Sie ist versucht, ihr zu sagen, dass Mord niemals eine Lösung sein kann, weiß aber, wie banal das jetzt klingt.

Lisa muss sich eingestehen, dass es schlichtweg nichts gibt, was Sonja jetzt helfen würde.

Und sie wünscht sich mal wieder sehnlichst, sie hätte im Betrieb von Onkel Bertram eine Lehre gemacht.

Dann müsste sie jetzt nicht hier sitzen und Mitleid mit Hildes Mörderin haben.

Nun hat sie Hildes Tod geklärt und fühlt sie sich einfach nur leer.

In diesem ganzen verfluchten Fall gibt es nur Verlierer.

Daran ändert die Tatsache, dass die Schuldige nun bestraft werden wird, nicht das Geringste! Weil die selbst ein Opfer ist.

Dann zieht sie Sonja sanft hoch und übergibt sie dem skeptischen Einsatzleiter: „Die Frau ist schwanger. Sorgen Sie dafür, dass sie alles hat, was sie braucht."

Lisa streicht Sonja noch einmal über die Haare und sieht dann zu, wie sie sich, jetzt willenlos, zu den Jungs vom

SEK führen lässt, die drauf warten, dass sie den Befehl zum Abstieg kriegen.

Jan, der ein paar Meter entfernt stand, legt nun den Arm um sie.

Sagen tut er nichts, aber das muss er auch nicht.

Gemeinsam gehen sie zurück zu Markus.

Der steht wieder am Fenster, beobachtet bestimmt, wie Sonja weggeführt wird.

Er steht vollkommen unbeweglich.

Reinert sitzt unglücklich am Tisch. Er hat kapiert, dass er tatsächlich nur warten kann, ob und wann sein Sohn ihm verzeiht. Ob er sich das alles wohl jemals selbst verzeihen kann?

Jan strafft sich und geht zu Markus. Lisa weiß genau, wie er sich fühlt, als er jetzt leise sagt: „Markus, ich muss Sie jetzt festnehmen."

Markus dreht sich nicht rum, aber er nickt.

Reinert springt auf: „Mein Sohn geht nicht ins Gefängnis! Wofür denn auch?"

Jan erklärt es ihm ganz ruhig: „Er hat einen Menschen entführt."

„Ach was!" Reinert sieht aus, als würde er Markus notfalls mit Gewalt verteidigen.

Lisa greift ein: „Verdammt, Sie halten sich jetzt zurück, ja!? Sie haben schon genug verbockt!"

Reinert versucht es trotzdem: „Mein Sohn fährt mit mir zurück! Ich...ich stell eine Kaution!"

„Das können Sie gerne tun. Und bei Ihren Beziehungen zur Staatsanwaltschaft haut das vermutlich sogar hin. Aber jetzt fährt Markus mit dem SEK zurück nach München!"

Markus dreht sich rum. Er ist kreidebleich: „ Mach nicht so nen Aufstand, ja. Ich fahr lieber mit den Bullen zurück, als mit dir."

Er wendet sich an Jan: „Na los, gehen wir."

Jan nimmt Markus nett am Arm: „Wird alles halb so wild..."

Im Gehen dreht sich Markus noch mal zu Reinert: „Findest du nicht, dass du dich von Sonja wenigstens verabschieden solltest?"

„Ihr Sohn hat Recht", das war Jan.

Reiner schluckt, dann geht er zur Tür.

Jan lässt ihm den Vortritt.

Lisa verlässt als Letzte die Hütte.

Sie sieht, wie Sonja von vier Beamten umringt ist, die sie wahrscheinlich gegen Markus schützen wollen.

Reinert kommt zu der Gruppe und verhandelt mit dem Einsatzleiter.

Der schaut fragend zu Lisa, die nickt, und Reinert wird zu Sonja durchgelassen.

Lisa ist zu weit weg, sie versteht nichts, aber sie sieht, wie Reinert Sonja über die Wange streichelt.

Jan hat Markus inzwischen am anderen Ende der Gruppe abgegeben. Er klopft ihm aufmunternd auf die Schulter.

Reinert kommt jetzt schnell dazu: „Ich nehm sofort Kontakt mit Carsten auf, Markus. Du bist in ein paar Stunden wieder draußen!"

Markus schaut an Reinert vorbei ins Leere, dann setzt sich das SEK in Bewegung.

Reinert trottet, ziemlich belämmert, einfach hinterher.

Langsam verschwindet die Prozession hinter der nächsten Biegung.

Lisa setzt sich erschöpft ins Gras.

Jan ist zurückgekommen und setzt sich neben sie.

Beide schweigen eine Weile.

Dann fragt Jan, ob sie auch mal langsam zurück sollen.

Zum Glück brennt die Sonne inzwischen nicht mehr ganz so heiß.

Tief unten sieht Lisa das SEK mit Sonja und Markus gerade in einem Waldstück verschwinden.

Reinert folgt in einigem Abstand.

Über sich sieht Lisa ein paar Gipfel und sonst nur den Himmel und ein paar dunkle Wolken, die jetzt aufziehen.

Auch der Wind hat aufgefrischt. Es wird wohl ein Gewitter geben.

Hoffentlich nicht, bevor sie unten am Auto sind! Da fällt ihr plötzlich etwas ein. „Wart mal..."

Lisa zieht das Vangelistütchen aus ihrer Hosentasche, reißt es auf und schmeißt den Inhalt hoch in die Luft, wo er augenblicklich vom Wind davon getragen wird.

„Mach's gut, Vangelis!"

Jan grinst: „ Na endlich!"

***

Dann sitzen sie im Auto.

Es fängt an, dicke Tropfen zu regnen, als Jan auf die Autobahn biegt.

Lisas Handy klingelt. Sie geht dran.

Jan muss grinsen, als Lisas Augen immer größer werden und ihre Stimme sich, sehr unprofessionell, vor Aufregung fast überschlägt: „Ihr habt ihn?...Das ist wunderbar!...Geht es ihm gut?....Was?...Ähm...sperrt ihn ein!"

Jan beugt sich zu Lisa und ruft ins Handy: „Lasst ihn um Himmelswillen bloß nicht laufen. Wir kümmern uns dann selbst um ihn!"

Lisa legt auf und stößt einen begeisterten Schrei aus! Yes!

Jan fragt, was der Kollege genau gesagt hat.

„Sie haben Samu...ähm Martin, also Herrn Staubinger halt, auf einem Parkplatz am Stadtrand von München geschnappt. Er hat im Auto gepennt. Er...na ja...er hatte 1,9 Promille."

Jan grinst: „Wenn er schlau ist, behauptet er, er hätte erst dort auf dem Parkplatz gesoffen. Trotzdem wird er die nächsten Monate drauf angewiesen sein, dass du ihn rumkutschierst. Sein Lappen ist weg."

Lisa nickt selig.

Dann erstarrt sie plötzlich zu Stein: „Scheiße, Jan, wie erklären wir Carsten die Großfahndung? Wir...wir müssen behaupten, Martin war im Fall Reinert dringend tatverdächtig! Und..."

„Wie willst du denn DIE Kurve kriegen?"

Lisa überlegt fieberhaft. „Wir...wir sagen einfach, wir hätten Grund zu der Annahme gehabt, Martin wäre der Lover von Hilde gewesen, und die hätte Schluss gemacht und da...und dann, dann muss sich nur noch rausstellen, dass wir uns halt getäuscht haben..."

Jan schaut zweifelnd: „ Carsten kennt Martin doch vom Biergarten."

„Oh Nein!"

Jan zuckt die Schultern: „Wir sollten zurück sein, bevor Carsten was merkt!"

Damit schaltet er das Martinshorn ein.

ÜBER DIE AUTORIN

Frida Becker lebt als freie Autorin in München. Die ausgebildete Schauspielerin wechselte nach und nach immer mehr hinter die Kamera. Vom Casting geeigneter Gäste für diverse Fernsehshows über die redaktionelle Bearbeitung von Magazin Beiträgen kam sie zum Schreiben von Drehbüchern. Heute verfasst sie regelmäßig Geschichten für mehrere Serien. Liebe, Mord und Sterne ist ihr erster Roman, in dem sie Romantik, Humor und Spannung gekonnt vermischt.